# أدب الأطفال وثقافتهم

بسم الله الرحمن الرحيم

الطَّبْعَة الأولى
١٤٣٢هـ - ٢٠١١م

رقم الإيداع لدى دائرة المكتبة الوطنية (3985 /10/ 2010 )

810.9282
البشري، قدرية محمد
أدب الأطفال وثقافتهم/ قدرية البشري، سماح الخالدي، ناريمان لهلوب
عمان: دار الخليج، 2010
ر.أ.: (3985 /10/ 2010 )
الواصفات: /أدب الأطفال/ /الأدب العربي/ /الأطفال/

تم إعداد بيانات الفهرسة والتصنيف الأولية من قبل دائرة المكتبة الوطنية
- يتحمل المؤلف كامل المسؤولية القانونية عن محتوى مصنفه ولا يعبر هذا المصنف عن رأي دائرة المكتبة الوطنية أو أي جهة حكومية أخرى.

تلفاكس: ٤٦٤٧٥٥٩ ٦ ٠٠٩٦٢
ص.ب: ١٨٤٠٣٤ عمان ١١١١٨ الأردن
e-mail: daralkhalij@hotmail.com

# أدب الأطفال وثقافتهم

تأليف

قدرية محمد البشري

نائب مدير المنظمة الغربية التعليمية

مجلس أبوظبي للتعليم

د. سماح عبدالله الخالدي

وزارة التربية والتعليم-الكويت

د.ناريمان يونس لهلوب

وزارة التربية والتعليم-الأردن

# الإهـــــداء

إلى....

الأمل الذي دوما ننشده...

والنبض الذي نعيش به....

تلك الوجوه الباسمة....أجيال المستقبل.

نهدي هذا الجهد المتواضع

المؤلفات

# المحتويات

مقدمة 13

الفصل التمهيدي
مدخل إلى أدب الأطفال

– تمهيد 15
– إهتمام العلم بالطفولة 20

الفصل الأول
ثقافة الأطفال

– مفهوم الثقافة 31
– علوم دراسة الثقافة 33
– ثقافة الأطفال وثقافة المجتمع 40
– نظرة المجتمع إلى ثقافته وثقافة الأطفال 42
– خلاصة 46

الفصل الثاني
دور الثقافة في تكوين شخصيات الأطفال
وتحديد سلوكهم

– نظريات تفسير السلوك 49
– الثقافة وشخصية الطفل 51
– الثقافة وسلوك الأطفال 54
– الثقافة ونمو الأطفال 59
– خلاصة الفصل 64

أدب الأطفال وثقافتهم

## الفصل الثالث
## الاتصال الثقافي بالأطفال

- مقدمة 67
- اهتمام العلوم الإنسانية بدراسة الطفل 67
- الاتصال الثقافي 68
- المصدر "المرسل" 71
- الرسالة 72
- الوسطية 75
- الجمهور المتلقي 76
- التغذية الراجعة 79
- التأثيرات 82
- خلاصة الفصل 84

## الفصل الرابع
## مدركات الأطفال وإكتسابهم للثقافة

- الادراك عملية عقلية معرفية 87
- تأثر الإدراكات بالثقافة 89
- الإدراكات واكتساب الثقافة 93
- إدراكات الأطفال ومستوياتها 94
- وسائل التثقيف كمنبهات حسية للإدراك 95
- خلاصة الفصل 98

8

أدب الأطفال وثقافتهم

## الفصل الخامس
## الثقافة وخيال الأطفال

- **التخيل عملية معرفية** 101
- **الإنسان كائن خيالي** 103
- **الخيال الإبتكاري والخيال التقليدي** 105
- **دور الخيال في اكتساب الثقافة** 109
- **مراحل نمو الخيال لدى الطفل** 111
- **خلاصة الفصل** 117

## الفصل السادس
## تفكير الأطفال وعلاقته بالتثقيف

- **التفكير والمشكلات** 119
- **مراحل نمو التفكير لدى الأطفال** 122
- **أنماط التفكير الأطفال** 123
- **تأثير الثقافة في تفكير الأطفال** 124
- **وسائل الأتصال ودورها في نمو تفكير الأطفال** 126
- **خلاصة الفصل** 130

## الفصل السابع
## مضمون الإتصال الثقافي بالاطفال

- **الولادة الثقافية للأطفال** 133
- **المضمون النفسي** 135
- **المضمون الاجتماعي** 136

9

– المضمون المعرفي                                    138

– المضمون المثير للتفكير                             139

– خلاصة الفصل                                      144

الفصل الثامن
التجسيد الفني لمضمون ثقافة الطفل

– التسجيد الفني والمضمون                            145

– عجز اللغة عن التعبير الكامل                        146

– التجسيد الفني وإثارة الإنفعال                       149

– عناصر التجسيد الفني                               151

– خلاصة الفصل                                      156

الفصل التاسع
قدرات وسائل الاتصال في
تجسيد ثقافة الاطفال

– التجسيد الفني عبر التلفزيون                        159

– صحافة الأطفال                                     160

– برامج الأطفال الإذاعية                             167

– برامج الأطفال التلفزيونية                          171

الفصل العاشر
اللغة وعاء ثقافي للاتصال بالاطفال

– اللغة والمعنى                                       183

– اللغة والاتصال                                      186

– اللغة اللفظية واللغة غير اللفظية                    189

أدب الأطفال وثقافتهم

- نمو الطفل لغويا 190
- قاموس الطفل اللغوي 193
- اللفظية ظاهرة مرضية 193
- خلاصة الفصل 197

الفصل الحادي عشر
نشأت أدب الأطفال

- التعريف بأدب الأطفال 199
- نشأة أدب الأطفال وتطوره 203
- خلاصة الفصل 229

الفصل الثاني عشر
قصص الأطفال

- نشوء الحكاية 231
- تعلق الأطفال بالقصص 232
- انواع فصص الاطفال 235
- الحكايات 235
- الحكايات الشعبية 236
- الخرافات 240
- قصص الحيوان 242
- قصص البطولة والمغامرة 245
- قصص الخيال التاريخي 250
- قصص الخيال العلمي 252

| | |
|---:|:---|
| 256 | – القصص الفكاهية |
| 259 | – خلاصة الفصل |

الفصل الثالث عشر
أدب الأطفال العربي

| | |
|---:|:---|
| 261 | – الإرهاصات الأولى لأدب الاطفال العربي |
| 262 | – الخلفية التاريخية |
| 264 | – البدايات |
| 294 | – مصادر أدب الاطفال العربي |
| 301 | – أسس بناء ثقافة لاطفل قبل المدرسة (الكويت نموذجا) |
| 304 | – إنشاء أول روضتين في الكويت |
| 306 | – الأسلوب المتطور في رياض الأطفال |
| 312 | – خلاصة الفصل |

الفصل الرابع عشر
أدب الاطفال دولة الإمارات

| | |
|---:|:---|
| 313 | – مقدمة |
| 314 | – مؤسسات ومراكز رعاية الطفولة في الإمارات |
| 316 | – ضروب أدب الأطفال في الإمارات |
| 326 | – مجالات أدب الأطفال |
| 330 | – خاتمة |
| 331 | – قائمة المراجع |

# مقدمة

بسم الله الرحمن الرحيم

من تمام نعمة الله علينا أن ميزنا عن الكائنات بأن جعل بيننا اللغة وسيلة للتخاطب والتفاهم بيننا، فأصبحنا نتفاهم ونعبر عن مكنونات أنفسنا بكلمات يفهمها من يتكلمون لغتنا، ونستطيع أن نوثق ما نقول أو نسمع كتابة.

وقد ترك لنا السابقون من تراثهم ونتاجهم الفكري كثيرا، نستزيد منه ونتعلم، ونعلم أبنائنا، ونثقفهم، ونرسي ثقافتنا وأدبنا الخاص بنا، الذي سيكون زادا لمن هم بعدنا.

لقد كان موضوع أدب الأطفال شغلا للكل من خلال فترة ليست بالقصيرة، ووجدنا نقصا نسبيا في المكتبة العربية بالكتب التي تناولته، رغم أن كل منا يتعامل يوميا وبأشكال مختلفة مع الطفل وتعليمه وتربيته إلا أننا قليلا ما قرأنا عن أدب الطفل رفعا لجاهزيتنا وثقافتنا بهذه المسألة.

اخترنا أن يكون عملنا هذا بطريقة أكاديمية وتوثيقية فقد قمنا بتقسيم الكتاب إلى أربعة عشر فصلا، جاء الأول منها مدخلا وتوطئة للكتاب، والثاني وضحنا فيه مفهوم ثقافة الطفل وتأثرها بثقافة المجتمع الذي يعيش فيه، والفصل الثالث وقفنا على قضية بالغة الأهمية في نمو الطفل وهي تشكل شخصيته وسلوكه، أما الفصل الثالث عالجنا فيه الاتصال عموما والثقافي

خصوصا عند الطفل، وجاء الفصل الرابع محددا لمدركات الطفل واكتسابه الثقافة، وتلاه الفصل الخامس حيث تناولنا فيه أثر ثقافة الطفل على نمو الخيال كأحد أدوات الطفل في تفسير ما يجري من حوله، ليكون الفصل السادس معالجا لتفكير الطفل وعلاقته بالتثقيف.

وكان لا بد لنا من التطرق إلى مضمون الاتصال الثقافي بالطفل وهذا ما أنجزناه في الفصل السابع، أما الفصل الثامن والتاسع فقد توقفنا عند التجسيد الفني لمضمون ثقافة الطفل وقدرة وسائل الاتصال على تجسيد هذه الثقافة، وكانت اللغة كوعاء للاتصال عند الطفل محطة الفصل العاشر، وكان الفصل الحادي عشر مخصصا لنشأة أدب الأطفال، والثاني عشر مفصلا لقصص الأطفال من حيث كونها من أهم مفرداتنا في تثقيف الأطفال وتسليتهم.

وقد أفردنا الفصل الثالث عشر لأدب الأطفال العربي ببعض الاختزال الذي نأمل أن يكون كافيا لتقديم صور معقولة لهذه المفردة من الكتاب، أما الفصل الرابع عشر والأخير فقد خصصناه لأدب الطفل في دولة الإمارات العربية، لأن أدب الطفل في الإمارات من النماذج التي تستحق البحث والدراسة.

و الله نسأل أن نكون قد وفقنا في تغطية الجوانب التي تناولناها مع ثقتنا الكاملة أن الكمال لله وحده ونحن ندعوه أن يجعل هذا العمل في ميزان حسناتنا وعلم ينتفع به نلقاه عند بارئنا يوم لا ينفعنا إلا ما جنته أيدينا.

المؤلفات

# الفصل التمهيدي
## مدخل إلى أدب الأطفال

-تمهيد:

طويلة طويلة هي الفترة التي مرت بين الصيحة التي أطلقها سقراط -469 399ق.م يوم قال عبارته الشهيرة: اعرف نفسك، وتلك الصيحة التي أطلقها روسو 1712- 1778 يوم دعى: اعرفوا الطفولة، إنها امتدت نحو ألفين ومئة وتسعين سنة، وحتى اليوم لا يزال جهل الإنسان بنفسه وبالطفولة كبيرا، رغم أن "النفس" هي شغل الإنسان الشاغل.

صحيح أن سقراط، لم يشغل نفسه بمعرفة النفس، رغم ترديده تلك الحكمة الجليلة القديمة المتجددة، حيث ظل يعالج موضوعات الادراكات العقلية، والخير والشر، والأخلاق، دون أن يلتفت جديا إلى عواطف الإنسان وانفعالاته.

أما أرسطو384- 322 ق.م فقد كان يوما يقف على منضدة خشبية وهو يتمعن عبر منظاره في أجرام السماء، وفجأة زلت قدماه وارتمى على الأرض، فأطلق آهة ألم حزينة عالية شقت صمت بيته، فأسرعت إليه خادمته العجوز وأمسكت بيديه ثم جلست إلى جواره ليتكئ على قفاها ويسترد أنفاسه.

15

وبعد لحظات أفاق أرسطو، فاستدارت خادمته أمامه وابتسمت له وقالت: إنك يا سيدي تحب الحكمة، وتحيط بميادين العلم والشعر والسياسة وحياة الحيوان! وسبق لي أن سمعت منك ألف مرة ومرة أنك تبحث من أجل أن تعرف كيف يفكر الإنسان...وأودعت في كتابك ـ النفس ـ نظرتك إلى علاقة النفس بالبدن، ووصفتها بأنها مثل علاقة نغمات المزمار بالمزمار، وسبق لك أن اتهمت أستاذك أفلاطون بالسخف لأنه ذهب إلى تقسيم النفس إلى أجزاء حيث رأيت يا سيدي أن النفس واحدة لا تتجزأ...وأعرف عنك انك تحب الواقع، فلماذا تشغل نفسك برصد الأجرام البعيدة في السماء قبل أن تتبين موطئ قدميك على الأرض؟ ولا نعرف ما الذي رد به أرسطو على خادمته.( **أمين ومحمود، 2003)**

وهذه الأكذوبة ذات معنى، لان من الأكاذيب التي يختلقها الناس ما هو أكثر صدقا من حقائق التاريخ، إذ إن الناس هم الذين ينشئونها معبرين فيها عن أنفسهم بينما يتسلل في كثير من الأحايين إلى كتابة التاريخ مزيفون أو خائفون من البوح بالحقيقة. وتحمل هذه الأكذوبة حقيقة أن الفلسفة لم تكن قد عنيت بالنفس قدر عنايتها بالوجود والأخلاق والمنطق والطبيعة وما وراءها. ويصدق هذا على الفلسفات جميعا: الشرقية القديمة، واليونانية، وفلسفة عصر الازدهار الغربي، والفلسفة الحديثة.

وعلى أي حال، فان ظهور الفلسفة التي استهدفت في بدء نشأتها، أن تكون نبعا لمعلومات عن الكون وظواهره استنادا إلى العقل دون الوهم، لم تكن " النفس الإنسانية" محورا لاهتمامها. لذا كانت خادمة أرسطو المسكينة محقة كل الحق يوم أفصحت عن رأيها في تساؤلاتها البريئة، ولو تهيأ لنا أن نلتقى بها لوجب علينا أن نؤدي لها تحية عظيمة، لأنها قدمت نصيحة تثير الإعجاب والتقدير.

ويبدو أن الإنسان قبل عصر المعرفة الفلسفية، بل منذ أن وجد على هذا الكوكب، كان يشغل نفسه بمسائل بعيدة كل البعد عن "نفسه" حيث كانت اهتماماته منذ القدم اهتمامات "كونية" أراد بها أن يكشف عن علل وماهيات الاشياء والظواهر الطبيعية قبل أن يحاول الاهتداء إلى طبيعة نفسه. لذا تطلع إلى النجوم والكواكب، وتمعن في ظواهر الكون المختلفة، مطلقا لخياله العنان لأن يجول في الأجواء البعيدة قبل أن يتفحص مواضع قدميه على كوكبه.

ولا بد من أن الإنسان في ألازمان البعيدة، وهو يغرق في خيالاته في تلك الأفاق البعيدة، كان يجد ومضة من اللذة تسري للحظات في أعماقه، ثم لا تلبث أن تخبو ليعقبها دفق من الخوف والحيرة إزاء خذلانه في تفسير ما يجري حوله وما يدور في سمائه، أنه مثل محزون بائس من هذا العصر ما إن تتسلل إلى فمه ضحكة حتى يسارع إلى كبتها بإطلاق آهة حزن والإستعاذة من الشيطان الرجيم قائلا " اللهم إحمنا من هذا الضحك".

ويبدو أيضا، أن الإنسان لم يجد إزاء إخفاقاته المتلاحقة في استكشاف ظواهر الكون، الا أن يزداد حيرة، وان يضطر إلى أن يحنى قامته إذعانا لتلك الظواهر، لذا لم يجد الا أن يترنم، ويعزف، ويرقص، ويرسم، لا مزهوا بل متعبدا. وقد جعل من تلك الأجرام والظواهر الطبيعية آلهة يعبدها، لكن قرارا لم يقر له، لذا ظلت خيالاته تجوب الأفاق فابتدع السحر، وابتدع الخرافات والأساطير، وقد أراد بالأساطير أن يفسر ما عجز عن تفسيره في عصور لم يظهر فيها العلم بعد، لذا يعد السحر، والخرافة، والأسطورة أحفادا للعلم. وعلى هذا لم تكن الأساطير بالذات مجرد خيالات شاردة، بل هي قبل كل شيء نتاج محاولات الإنسان لتفسير المشكلات الطبيعية المعقدة مثل قضية خلق الكون، وخلق الإنسان، وخلق الكائنات الحية الأخرى وتعاقب الليل والنهار، ودوران الأجرام.

وابتدع الإنسان أساليب في استخدام الكلمة إلى جانب الصوت في أعمال السحر لتمنحه قوى خفيه يستطيع بها فرض سلطانه على بعض الظواهر، أو استرضاء قوى يجهل حقيقتها، أو محاولة وقف أخطار غامضة يجد فيها تهديدا له.

ورغم ظهور أنظمة فكرية عديدة، الا أنها لم تسعفه في الكشف عما كان يجهل، لذا ظل للمعتقدات الأسطورية والخرافية حضور في حياة الإنسان، ورغم ظهور العلم، الا أن تلك المعتقدات لم تمت، كما أن أنماطا كثيرة من السلوك التي تقف على النقيض من العلم شائعة.

ومن بين النظريات وأنماط السلوك التي لم يطلها العلم بكل فروعه ما تتعلق بالطفولة. وللإنسانية عذرها في ذلك، فلم يكن التفكير العلمي قد احتل موقعا يستطيع إخضاع الواقع وما ينجم عن الواقع من ظاهرات للدراسة العلمية، حيث كانت السيادة لأنماط اخرى من التفكير، كالتفكير الخرافي، والتفكير التسلطي أي التفكير بعقول الآخرين، والتفكير عن طريق المحاولة والخطأ.

ولكن امتلاك الإنسانية للعذر لم يعفها من الاتهام بأنها استرخت في خضم أنماط التفكير غير العلمي زمنا طويلا، بل هي نهضت على قدميها بعد طول قعود لتقاوم الإرهاصات الأولى للتفكير العلمي. وكم من عملاق أجبر على السكوت يوم حاول أن ينبس ببنت شفة، حين رأت الإنسانية في نبساته ما يخالف ما اعتادت عليه من أنماط التفكير والسلوك، الم يجبر سقراط على أن يتجرع السم بعد أن حكم عليه بالإعدام حين قال كلمات ثلاثا فاتهم بأنه يحاول إفساد الشباب، ألم يرغم غاليلو 1564-1642م على أن ينبذ ما انتهى إليه من تأكيد صحة نظرية كوبرنيكوس 1573-1643م في دوران الأرض حول الشمس؟ ألم يلق روجر بيكون 1561-1625م في السجن أربعة عشر عاما لأنه نادى بضرورة الأخذ بطرائق جديدة في التفكير غير تلك التي اعتاد عليها الأسلاف؟ ألم تكمم أفواه آخرين كثيرين لم يجرؤ حتى التاريخ إلى يومنا هذا على ذكر أسمائهم، لأنهم حاولوا تفنيد أفكار سائدة أو التشكيك في أساليب جاهزة في مواجهة المشكلات، أو لمجرد الدعوة إلى العقل بدل التفكير بعقول الأولين؟( **منصور، 2009** )

واليوم، مع أن العلم انتصب قائما، الا أنه لا يزال يقف على مقعد خشبي غير ثابت الأوصال. لكن رغم ذلك يعد هذا الوضع انتصارا للإنسانية، لان العلم حتى حين يجد نفسه في مهد طفل فانه يظل يقظا.

ويقظة العلم هذه جعلته دوما مشغولا بالواقع وما ينجم عنه، ولكنه كما يبدو لا يزال حزينا حيث يجد كثيرا من النظريات والأساليب غير العلمية شائعة بين الناس أكثر من شيوع نتائجه، ويجد أن كثيرا من نتائجه تستغل لغير صالح الإنسان أو يسيء الإنسان نفسه تطبيقها، لذا يعترف العلم بأن من العلم ما قتل، ولكنه يلقي اللوم على الإنسان نفسه.

## - إهتمام العلم بالطفولة

وتشكل دراسة الطفولة جزءا من اهتمام العلم، لكن واقع هذه الدراسة يؤلف مصدرا آخر من مصادر حزنه ـ دون ريب ـ فالعلم يرى أن الطفولة شريحة واسعة وهي عماد الغد، والتعامل معها يتطلب الركون إلى نتائجه، لكن العلم لا يجد إليه ركونا في هذا المجال الا على نطاق ضيق. علما بأن كل قضية يمكن النظر إليها من خلال منظارين اثنين على الأقل احدهما علمي والأخر غير علمي.

فيمكن تفسير أي نمط من أنماط السلوك، بما في ذلك سلوك الأطفال، بأسلوب تفكير خرافي أو تسلطي أو اعتباطي، ويمكن تفسيره وفق أسلوب تفكير علمي، تماما مثلما يمكن تفسير ثورة بركان أو وقوع زلزال أو هزيمة في حرب وفق منظور علمي يستعين بالأدلة، ويتسم بالموضوعية والقصد

الواقعين، أو وفق منظور غير علمي يقوم على الذاتية والعفوية والقدرية. لذا قيل إن العلم بمنهجه أولا لا بموضوعه. فكل موضوع واقعي يمكن أن يستعان عليه بالمنهج العلمي للوقوف على حقيقته. وحين يغيب المنهج يكون احتمال الخطأ فيه كبيرا إن لم نقل حتميا. والاهتمام بالطفولة! بالتأكيد، كان حاضرا منذ بدء الحياة الإنسانية، ولكن الاهتمام باكتشاف الحقائق في هذا المجال وفقا لمنهج العلم، لا يزال حديث النشأة.( **منصور، 2009 )**

والغربيون الذي يؤرخون لتطور دراسة الأطفال علميا، يشيرون إلى الفترة التي أعقبت عصر النهضة في أوروبا أي خلال القرن السادس عشر كبداية للمنهج العلمي الذي يعتمد على الملاحظة المنظمة والتجربة. أما الاهتمام الجدي بدراسة الطفولة فلم تبدأ قبل أكثر من ستة إلى ثمتنية عقود.

وكانت الدراسات الأولى كشفية ووصفية، ولم تظهر الدراسات التي تعني بالكشف عن العلاقات السببية الا بعد ذلك، فمثلا كانت هناك عناية بتتبع مراحل نمو الطفل، وتحديد الصفات التي تميز كل مرحلة من مراحل الطفولة مثل: تحديد عدد الكلمات التي يكتسبها الطفل خلال سنوات عمره، ووصف مدى إدراكه للمنبهات من حوله وقد أريد بتلك الدراسات الوقوف على طبيعة نمو الطفل في كل مرحلة، وفيما إذا كان مستوى ذلك النمو اعتياديا أم اكبر أم اقل من ذلك.

لكن الدراسات التي أعقبت ذلك هي التي تجاوزت الكشف والوصف إلى العناية بالعلاقات السببية! لذا نجد دراسات استهدفت الكشف عن متغيرات كثيرة وتأثيراتها في الطفولة.

والى جانب ذلك، ظهرت الدراسات الميدانية التي اعتمدت على أدوات في البحث أكثر تطورا ودقة، حيث كانت "الملاحظة" في الدراسات الأولى هي الأسلوب الأكثر شيوعا، لكن الدراسات التي أعقبت ذلك أضافت إلى الملاحظة شروطا جديدة وأوجدت قياسات اخرى متعددة شكلت طرقا قادت إلى موضوعية اكبر، وبذا عاونت تلك الدراسات في توفير معرفة علمية عن الطفولة لا يستهان بها من حيث الكم.

ويتجه الباحثون اليوم في دراسة الطفولة اتجاهات متعددة تبعا للإطار المرجعي، ويمكن القول عن تلك الدراسات إنها ذات جانبين: أولهما نفسي يتعلق بالأطفال أنفسهم، والثاني يتعلق بالمجتمع ومنظماته ووكالاته المختلفة كالأسرة والمدرسة ووسائل الإعلام والثقافة، لذا فان تلك الدراسات تحاول التعرف على أسس نمو الأطفال وأساليب المجتمع في إنمائهم والطرق التي يتبعها في تثقيفهم، ومضامين التثقيف وأنماط العلم الاجتماعي الأخرى مع الأطفال.

وعلى هذا الأساس وجدنا دراسات تعنى بالطفل ضمن الأسرة من خلال دراسة واقع الأسرة والمناخ السائد فيها، ومدى التماسك أو التفكك الأسري، ومستوى الوالدين التعليمي، والأساليب التي يستخدمها في

الاتصال الثقافي والمنشأ الريفي أو الحضري لهما، والسلم القيمي لكل منهما وطبيعة المهنة، والديانة وما إلى ذلك، مع تحديد اثر ذلك في الطفل.

ولا يقصر الباحثون اهتمامهم على الأسرة وحدها، بل يتجاوزون ذلك إلى وحدات اجتماعية وجماعات اخرى أوسع كدور الحضانة، والرياض، والمدارس، والأندية، مع وضع الظروف الاجتماعية والاقتصادية الأخرى في الحسبان باعتبارها مؤثرات قوية تفعل فعلها في الطفولة. إذ لا يمكن دراسة الطفولة بمعزل عن مجمل السياق التاريخي والظواهر الاجتماعية في المجتمع بما في ذلك العلاقات والنظم والمشكلات. فالعلاقات الاجتماعية بجانبيها المجمع والمفرق، والنظم بأنماطها الاقتصادية والتعليمية والإعلامية والثقافية، والمشكلات الاجتماعية كالإجرام والتفكك واختلال القيم والاغتراب كلها ذات تأثير في حياة الأطفال.

وعلى هذا فان الدراسات المستندة إلى مجمل الأطر المرجعية تستطيع الوقوف على الطفل، على "وجهه وقفاه" بينما نجد فيضا من الدراسات النفسية، والاجتماعية، والانثروبولوجية، والتربوية، والاتصالية، كلا على حدة، ويصل الأمر أن نجد بعضها في معزل عن بعض آخر. مع العلم أن التعرف على الطفل علما يتطلب، إضافة إلى ذلك، دراسات متكاملة، إذ ليس بالوسع فهم الطفل من خلال أي واحد من هذه العلوم بمفرده. وقولنا هذا لا يحمل الدعوة إلى مزج هذه العلوم معا، بل هو يلح على ضرورات التعاون

23

المتبادل بينها كي يتهيأ المجال لان تتقدم العلوم المختلفة خطوات أوسع! وتتضح صورة الطفل بشكل أدق. ( **الجوارنة**، 2008 )

ولهذا فإن دراسة الطفولة اليوم ليست من اختصاص فرع واحد من فروع العلم، بل هي حصيلة جهود علمية في العلوم الإنسانية، أي كل العلوم التي تعني بالإنسان والمجتمع.

وتعتبر دراسة الأطفال واحدة من المعالم التي يستدل بها على تبلور الوعي العلمي في المجتمع، لان الوعي العلمي الذي يشكل نتيجة لشيوع عمليات التفكير والبحث العملي يقود إلى تكوين أفكار مرنة وموضوعية ومتكاملة وشاملة عن الإنسان وواقعه ومستقبله.

وتعتبر دراسة الطفولة جزءا من الاهتمام بالواقع والمستقبل معا، حيث يشكل الأطفال شريحة واسعة في المجتمع، كما يشكلون الجيل التالي، لذا فان ما يبذل من جهود من اجلهم يؤلف مطلبا من مطالب التغير الاجتماعي المخطط الذي تعتبر التنمية إحدى صوره.

ودراسة الطفولة علميا تتيح الوقوف على الطفل نفسيا واجتماعيا وتهيئ وضع أسس سليمة لأساليب الاتصال بهم تعليميا أو تربية أو تثقيفيا، وتحقيق الأهداف المبتغاة من هذه العمليات بقدر عال من النجاح. حيث إن الدراسة العلمية للطفولة تعنى إخضاع الأطفال لمناهج وأدوات التفكير العلمي وصولا إلى فهم الطفولة، والتنبؤ بما تؤدي إليه المثيرات المختلفة فيها

لإمكان التحكم في أحوال المستقبل وظروفه. لذا نقول إن محور اهتمام الدراسين في هذه المجالات هو التعرف على الطفل، وفهم طبيعة سلوكه، والعوامل المسببة أو المؤثرة في ذلك السلوك لكي يصبح بالامكان إلى حد ما استخدام وسائل وأساليب ملائمة في ضبط ذلك السلوك وتوجيهه أو تعديله، لتشكل شخصيات للأطفال تتوافق مع متطلبات حياة الطفولة الحاضرة ومتطلبات المستقبل. ( شريف، 2004 )

ويعتبر علم النفس في مقدمة العلوم التي عنيت بدراسة الطفولة، وإفراد هذا العلم فرعا من فروعه لهذه القضية، وهو علم نفس الطفل، وهذا العلم رغم انه ظهر مع مقتبل القرن الماضي الا انه لا يزال جنينيا صغيرا في عمره، إذ انه لا يزال يحيا عصر طفولته المبكرة.

هذا من جانب، ومن جانب آخر فان محور دراسته هو الطفل كإنسان، ولما كان التجريب الذي يتطلبه البحث العلمي في الغالب صعبا أو مستحيلا، لذا فان ما انتهى إليه علم نفس الطفل حتى الآن لا يزال غير كاف لتحديد طرق التعامل مع الأطفال بما في ذلك عملية الاتصال كواحدة من تلك الطرق، يضاف إلى ذلك أن عملية تكوين شخصية الطفل وإكسابه القيم الثقافية ليستا مسألة نفسية فحسب، بل هي تربوية واجتماعية، ولن يستطيع علم نفس الطفل أن يكون بديلا عن العلوم الأخرى التي تعنى بدراسة الطفل.

وتشير الاستخلاصات مما انتهى إليه علم نفس الطفل إلى أن هذا العلم لم ينته إلى مسائل حيوية عن حياة الطفل بعد. كما تشير إلى أن الآباء. والمعلمين أيضا لا يزالون يعتمدون على تجاربهم المباشرة والشخصية أكثر من اعتمادهم على ما انتهى إليه أي علم من العلوم في هذا المجال، بما في ذلك علم نفس الطفل.

وعنى علم النفس الاجتماعي بدراسة الأطفال سعيا وراء التعرف على الطفل ضمن الجماعات الصغيرة، أو دراسته نفسيا في المواقف الاجتماعية المختلفة، وبذا تدخل العلاقات والمشكلات الاجتماعية للطفل ضمن دراسات هذا العلم وصولا إلى استخلاص محددات كلية على الصعيد الاجتماعي.

وعنى علم الاجتماع بالطفولة، ولكن تشعب اهتماماته جعلت عنايته بهذه القضية اقل بكثير من علم النفس.

ومن بين علماء الاجتماع الأوائل الذين أولوا الطفولة جانبا من اهتماماتهم عالم الاجتماع الفرنسي إميل دور كايم 1858-1917م الذي حاول أن يقدم صورة عن كيفية انتقال القيم والأفكار إلى الأطفال. وأكد على دور المجتمع في تشكيل شخصية الطفل. وعنى بدراسة نمو الطفل.

ومع أن علم اجتماع الطفل يركز على فترة الطفولة المتأخرة على أساس أن علاقات الطفل الاجتماعية تبدأ بالظهور بشكل أوضح، الا انه لم يغفل الفترات السابقة لهذه الفترة.

ويشار إلى علما جديدا بدأ بالتبلور منذ خمسة عقود وهو علم اجتماع نمو الطفل Sociology of Child Development الذي يعني بتحديد أوضاع مناسبة للأطفال كي يتهيأ قيام مجتمع أفضل. ( المحاميد، 2003 )

وقد عني علم الانثروبولوجيا الاجتماعية خلال العقود الأخيرة بالطفولة والتنشئة الاجتماعية وعلاقة الثقافة بشخصية الطفل وسلوكه. وقد احتلت بعض الدراسات الانثروبولوجية عن الطفولة في بعض الجماعات أهمية بالغة.

ودراسة الأطفال من الدراسات المعقدة، لأنها تواجه مشكلات منهجية وأخرى موضوعية، حيث لا تزال أدوات البحث في هذا المجال لا تمتلك الكفاءة في القياس الذي يمكن أن يصل بالنتائج إلى الدقة والتعميم والموضوعية نظرا لصعوبة إخضاع الأطفال لشروط منهج التجريب، ولعدم قدرة الأطفال على التعبير عن أنفسهم عندما نحاول الحصول على إجابات، أو عدم قدرتنا على فهم مضمون تعبيراتهم بالدقة المطلوبة، وعدم امكان عزل أنماط الظواهر المراد التقصي عنها عن تأثيرات خارجية اخرى كثيرا ما تلعب دورا في تضليل المشتغلين بالعلم أنفسهم.

ومن المشكلات الأخرى أن الأطفال يختلفون فيما بينهم وراثيا وبيئيا وثقافيا. فليس هناك طفلان يتشابهان تشابها تاما، لان لكل طفل صفاته الخاصة وخبراته، لذا فان بعض العلوم، وخاصة علم الاجتماع، ابعد نفسه عن هذه المشكلة وركز على التشابهات وحدها. ( المحاميد، 2003 )

أما الدراسات الخاصة بالطفولة في الوطن العربي فلا تزال بالغة الضيق، ومع أن منها ما تصل به المنهجية إلى مستوى المعرفة العلمية، الا أن هناك دراسات كثيرة ضالة، ومضللة. حيث أن البعض منها اعتمد أدوات بحث لا تلائم طبيعة دراسة الطفولة.

ويلاحظ أن أكثر الدراسات العربية عن الأطفال هي رسائل جامعية أراد بها واضعوها نيل الدرجة العلمية ثم إلقاءها بعد ذلك على الرفوف.

ومع أن هناك هَبّة نلمسها للعناية بالطفولة الا أن استراتيجية عربية للبحث العلمي في مسألة الطفولة لم تمس تفكير احد منا، فكل منا يعمل بمعزل عن الآخرين. وحين يتهيأ لنا اللقاء في ندوة أو ورشة علمية نجد أنفسنا، شئنا أم أبينا، خلال اللحظات الأولى في خضم العلم، ثم نبدأ بعدها السباحة في عالم الاجتهاد الفردي المضلل، فينزوي العلم جانبا، وحين يحاول العلم الإطلال علينا ـ عندما ينبري أحد المشتغلين بالعلم ـ تنزق أكثر النفوس لان هناك موهبة للذين سلعتهم الكلام، أما الذين يحملون العلم فلا يمتلكون مواهب الا أنهم تعلموا كيف يفكرون بشكل منهجي هادف ومنظم وموضوعي.

وبسبب هذه الظاهرة ظلت للانطباعات والتصورات الشخصية السيادة في كثير ما يقال أو يكتب عن الأطفال. والركيزة التي يتكئ عليها ذوو الالسنة الذلقة والتي تلاقي لدى البعض هوى هي أن ما يقولونه يبدو

من الأمور المعقولة، ويغيب عنهم أن ليس كل ما يبدو معقولا هو صحيح علميا، إذ لا بد من إخضاعه للبحث وفق منهج، واستخدام أداة لكي يتقرر الصحيح والخطأ.

ومما يثير الأسى هو أن طرح المسائل الجادة والحيوية والملحة غالبا ما يقابل بالتثاؤب من قبل الكثيرين. وهكذا ظلت جوانب عديدة خافية حول طفولتنا.

وإزاء النقص الكبير في دراسة الطفل العربي لم يجد بعض كتاب الأطفال ألا الاستعانة بالدراسات الأجنبية، أو الركون إلى المحاولة والخطأ، أو الاستناد إلى ما هو شائع بصرف النظر عن صحته أو خطئه.

وبوجه عام يمكن القول أن دراسة الطفولة في مجتمعنا لم تتناول الا موضوعات محددة، وكانت مجالاتها الزمانية والمكانية ضيقة، كما أن الأدوات والطرق التي استعان بها الباحثون افتقدت التنوع وجاء البعض منها تكرارا للآخر. ( **أبو عمشة، 1999** )

في وقت نميل إلى وجوب التعامل مع كل ظاهرة جديدة برفق، وان هذا الرفق يتطلب التهاون في إصدار الحكم، الا أننا نرى في الوقت نفسه أن التهاون مع مسألة البحث العلمي يقود إلى مزيد من الأخطار، لأن تمرير الغث في البحث العلمي هو خروج على شروط التفكير الصحيح وجنوح إلى الخطأ، ويكون من نتائج ذلك جناية بحق أطفالنا الذين لا نريد أن نجني عليهم.

- الخلاصة

إن دراسة الطفولة علميا تتيح للباحثين الوقوف على الطفل نفسيا واجتماعيا وتهيئ وضع أسس سليمة لأساليب الاتصال بهم تعليميا أو تربية أو تثقيفيا، وتحقيق الأهداف المبتغاة من هذه العمليات بقدر عال من النجاح. حيث إن الدراسة العلمية للطفولة تعني إخضاع الأطفال لمناهج وأدوات التفكير العلمي وصولا إلى فهم الطفولة، والتنبؤ بما تسفر عنه المثيرات المختلفة والقدر الذي بالإمكان التحكم في أحوال المستقبل وظروفه. لذا نقول إن محور اهتمام الدراسات في هذه المجالات هو التعرف على الطفل، وفهم طبيعة سلوكه، والعوامل المسببة أو المؤثرة في ذلك السلوك لكي يصبح بالإمكان إلى حد ما استخدام وسائل وأساليب ملائمة في ضبط ذلك السلوك وتوجيهه أو تعديله، لتشكيل شخصيات للأطفال تتوافق مع متطلبات حياة الطفولة الحاضرة ومتطلبات المستقبل.

وقد مرت هذه الدراسات أو التفسيرات بمراحل متعددة أقل ما يقال عنها أنها كانت مهمة جدا ولكن حتى الآن لا تزال دون المستوى الذي يتيح الوقوف الجاد والإجابة عن الأسئلة.

في هذا الفصل نستعرض المحاولات والإرهاصات الأولى لدراسة الطفل، مبينين اتجاهات البحث وطرق تلك الدراسات وما أفضت إليه. مع التأكيد أن دراسة الطفولة تستند إلى مجموعة من العلوم مما صعب هذه الدراسة إلى حد ما.

## الفصل الأول
## ثقافة الأطفال

- مفهوم الثقافة

استخدمت كلمة "الثقافة" في مفردات اللغات المختلفة منذ أزمان بعيدة، وقد أريد بها معاني متعددة. ولكن هذه المفردة لم تلبث أن أصبحت مصطلحا علميا يحمل معنى محددا، رغم أن الناس ما زالوا يستخدمونه ـ في أكثر الأحايين وفي كل مكان ـ بغير معناه العلمي. ولا ذنب للناس في ذلك بقدر ما هو ذنب أولئك العلماء الذين انتزعوا كلمة شائعة ليجعلوا منها مصطلحا علميا دون أن يحاولوا نحت مفردة جديدة تعبر عما يريدون لها أن تحمل.

ولسنا معنيين بالدعوة إلى أن يكف الناس عن استخدام هذه الكلمة بغير معناها العلمي، لأن دعوتنا لا يمكن أن تذهب أدراج الرياح، فالكلمة، أي كلمة، تتشكل نتيجة إجماع واصطلاح الناس عبر أجيال متعاقبة، ولا يمكنها أن تموت بدعاء أو تمحى بدعوة مالم يظهر الشيب فيها وتهرم.

ولكني أوجه اللوم هنا على أولئك الذين يكتبون عن ثقافة الأطفال حين يجنحون عن المعنى لهذه الكلمة إلى المعنى الشائع الذي يراد به ما يحمله الطفل من معلومات ومعارف فقط! في الوقت الذي ينطوي المعنى العلمي لها على ما هو أوسع من ذلك.

وكان علماء دراسة الإنسان قد أدخلوا كلمة "ثقافة" ضمن القاموس العلمي، ووضعوا تعريفات عديدة لها منذ أواسط القرن التاسع عشر، وانتهوا إلى وصفها بأنها جملة الإنجازات الإنسانية. وقد انتفع من هذا المفهوم واستعان به اغلب العلوم الإنسانية في تحليلها للظواهر في المجتمع، إذ تبوأ هذا المفهوم موقع الصدارة في اهتمامات المشتغلين بعلميات التربية، والتعليم، والاتصال، باعتباره أساسا لفهم العوامل المؤثرة في هذه العمليات، لما ينطوي عليه من سعة تشمل المجتمع ومؤسساته ونظمه وعلاقاته ومشكلاته، إضافة إلى شموله الفرد ودوافعه وقيمه وعاداته وما إلى ذلك من عناصر شخصيته، حيث إن الشخصية تتمثل الجانب الفردي من ثقافة المجتمع.(**الجوارنة، 2008**)

وكان الانثروبولوجي الإنكليزي ادوارد تايلر(Edward.Tylor 1832 -1917) قد استخدم مصطلح ثقافة (Culture) مرة، ومصطلح حضارة (Civilization) مرة اخرى، حتى استقر على استخدام الكلمة الأولى، وصاغ لها عام 1871 التعريف الكلاسيكي القائل "إن الثقافة هي ذلك المركب الذي يشتمل على المعرفة والعقائد والفنون والأخلاق والتقاليد والقوانين وجميع المقومات والعادات الأخرى التي يكتسبها الإنسان باعتباره عضوا في المجتمع". وتتابع الباحثون في وضع التعريفات لهذا المصطلح حتى أصبح بالوسع تقديرها بمئات التعريفات اليوم، ولكن تعريف تايلر لا يزال أساسا لأغلبها. ويعتبر بعض ما عرفت به الثقافة وصفا لها كالقول إن الثقافة هي طريقة الحياة في مجتمع كما ورثها ذلك المجتمع، وكما تعلمها، وأضاف إليها.

- علوم دراسة الثقافة

ولم يقتصر ثراء مفهوم الثقافة على تعدد تعريفاتها وتتابع الدراسات عنها، بل ظهرت تخصصات عديدة تعنى بدراستها مثل علم الثقافة **Culturology** الذي يرى الثقافة مسألة قائمة بذاتها، وأن دراستها تشكل مجالا له استقلاليته، وعلم الانثروبولوجيا الثقافية **Cuttural Anthropology** الذي يركز على دراسة الثقافة وعناصرها وسماتها، إضافة إلى ظهور كثير من المفاهيم ذات العلاقة بالثقافة كالتراكم الثقافي **Cultural Accumulation** والتغير الثقافي **Cultural Chang** والصراع الثقافي **Cultural Cunflict** والاتصال الثقافي **Cultural Contact** والتطور الثقافي **Culturl Evolution** والتكامل الثقافي **Cultural Integration** وبسبب تأثير الثقافة في الحياة والسلوك حظيت منذ مطلع هذا القرن باهتمام الباحثين في مختلف العلوم الإنسانية بحثا ودراسة على إختلاف الأوجه والمنطلقات.

ولتقديم صورة أوضح عن الثقافة بوجه عام وصولا إلى تحديد ثقافة الأطفال علينا النظر بتمعن في معالم طرق الحياة التي تحياها المجتمعات البشرية ليتضح أنها تشكل كيانا من أساليب السلوك التي تقوم على معايير وقيم ومعتقدات واتجاهات ومهارات ونتاجات فكرية ويدوية ونظم اجتماعية واقتصادية وسياسية وعائلية وتربوية مع معارف وقوانين وأساليب في التعبير. ويعبر عن هذا الكيان بشموليته بالثقافة.(**المحاميد، 2003**)

وهذا يعني أن الكيان الثقافي يشتمل على أنماط السلوك التي يكتسبها الإنسان مشاركا فيها أعضاء مجتمعه، أو هي بتعبير آخر، كل ما يتعلمه الإنسان ويتصرف على أساسه مشاركا الآخرين فيه، إذ إنها نمط للسلوك الإنساني يتبعه أعضاء المجتمع، إضافة إلى كونها نمطا من الأفكار والقيم التي تدعم ذلك السلوك، حيث إن كل عنصر من عناصر الثقافة يتضمن سلوكا.

وقوام الكيان الثقافي هو محصلة عناصر الثقافة في المجتمع، وهذا الكيان ليس مجموع هذه العناصر، ويبدوا انه ليس حاصل ضربها أيضا، بل هو الطريقة التي تنتظم بها تلك العناصر بعضها مع البعض الأخر لتؤلف كلا. فالعناصر الثقافية المختلفة، قد تتواجد في كل مجتمع، ولكنها تختلف في انتظامها ضمن بنيان الثقافة، مثلها في ذلك العمارات العديدة، التي تقام من مواد واحدة، الا أنها تختلف في تصاميمها الهندسية وفي وظائفها.

وتتجسد الوحدة والكلية في الثقافة، ويتضح ذلك في الاتساق العام في أنماط سلوك وطرق حياة الناس في المجتمع الواحد، ولكن يحدث في مجتمعات كثيرة أن تفتقد الثقافة الوحدة والكلية حيث لا يظهر التشابه في السلوك العام، أو يضعف الانسجام بين العناصر الثقافية مما يقود إلى ما يسمى بالفراغ الثقافي **Cultural Lag** الذي يتضمن تغير في بعض العناصر الثقافية بمعدلات أسرع بكثير من تغير العناصر الأخرى، وبذا تبدو تلك العناصر غير متوافقة. ومن الأمثلة التي يمكن أن نسوقها بهذا الصدد ما تتعرض له

بعض البلدان النامية التي هيأ لها الثراء المالي أن تأخذ بعض الأساليب الثقافية عن طريق استقدام الخبراء، وإقامة المباني والمنشآت واستيراد الملابس والأطعمة دون أن يوازي ذلك تطوير كاف في الجانب المعنوي للثقافة، فواجهت بذلك فراغا ثقافيا تمثل في تزعزع القيم والمفاهيم ونشوء بعض الظواهر الشاذة وفقدان التوازن.

وهذه الظاهرة لا تواجه بعض البلدان النامية فقط، بل تتعداها إلى البلدان الرأسمالية المتقدمة أيضا، حيث إن نسبة التقدم التكنولوجي تفوق التقدم المعنوي للثقافة، كما أن بعض الحصائل الطبيعية كثيرا ما تستخدم لأغراض غير إنسانية.

وللثقافة بعدان، أولهما معنوي وثانيهما مادي، ويتمثل البعد الأول في كل ما هو قيمي أو فكري... أما البعد الثاني فإنه يتمثل في جميع الاشياء المادية التي يستخدمها، أو يصنعها أعضاء المجتمع كالمباني والأدوات والألبسة ووسائل الاتصال والمواصلات وما إليها. لذا ذهب البعض إلى تقسيم الثقافة إلى ثقافة معنوية لا مادية **Non Material Culture** وثقافة مادية **Material Culture** لكن الكثيرين يرون أن الثقافة ما دامت كلا متكاملا فإن عناصرها متداخلة، وليس بالوسع الحديث عن أقسامها.

إذ يؤثر كل من الجانبين في الأخر بشكل متبادل حيث إن وجود أو استخدام أو صنع الاشياء المادية يفترض وجود طرق وعادات وأفكار ومفاهيم ومعايير لكيفية إنتاجها أو استخدامها.

والثقافة ذات بعد اجتماعي، لذا يقال عنها إنها فوق فرديـة Super Individyal لان عناصرهـا المختلفة لا يمكن أن تكون ذات طابع فردي. ومن هنا جاء نعـت الثقافة بأنهـا ذات صـفة اجتماعيـة، وهي ليست نتاج فرد أو بضعة أفراد، ولا جيل أو بضعة أجيال، بل هي نتاج المجتمـع، رغـم أن هنـاك أفرادا أثروا ويؤثرون في ثقافات مجتمعاتهم.

والثقافة متغيرة، في العادة، حيث إنها تشهد تعديلات متعددة إضافة إلى اسـتبعاد أو استحداث عناصر معينة أو إبدال عنصر مكان عنصر آخر بصورة جزئية أو كلية.

والثقافة حصيلة للنشاط الإنساني عبر الأجيال، لذا يطلق عليها أحيانا اسم البيئة المصنوعة، حيث يتسلم كل جيل عناصر من ثقافة الجيل الذي يسبقه ويحور فيهـا أو يضيف إليها، أو يستبعد منها ويخرجها في بنيان جديد.

والثقافة خصيصة إنسانية، فهي تميز الإنسان عن سائر الحيوانات الأخرى التي تعتمد في طرق حياتها على غرائز. لذا حافظت هذه الحيوانات على أسلوب حياتها دون تحوير يستحق الذكر منذ آلاف السنين، بينما استطاع الإنسان أن يقلب طرق حياته، لذا عد الإنسان "حيوانا ثقافيا".

والثقافة تتزايد من خلال ما تضيفه الأجيال إلى مكوناتها من مظاهر وخصائص وطرق انتظام هذه العناصر والخصائص، والتزايد في الثقافة هو عملية تغير، حيث يبدأ كل جيل من حيث انتهى إليه الجيل الذي سبقه ـ إلى حد ما ـ وتختلف العناصر الثقافية في طبيعة التزايد. واختلاف الثقافات في

المجتمعات المختلفة لا يرجع إلى اختلاف الناس في تلك المجتمعات في عوامل وراثة بل يرجع إلى الاختلاف في التزايد الكمي والنوعي الثقافي عبر التاريخ وفي الاتصالات الثقافية والتفاعل الاجتماعي بين الأفراد، والى طبيعة عمليات التثقيف التي يتبعها المجتمع في نقل ثقافته إلى الجيل اللاحق.

وكانت الحركة الاستعمارية منذ بدء نشأتها قد أسبغت على بعض الأفكار صفات علمية، وطوعتها لتكون حججا لتبرير توسعها واستغلالها للشعوب، وكانت في مقدمة ذلك الدعوة الزاعمة: أن بين الشعوب فوارق عنصرية أو جنسية وأن هناك شعوبا راقية جنسيا وأخرى منحطة. ولكن تلك الأفكار التي أحلها الاستعمار في موضع النظريات العلمية تبين بطلانها منذ حين، حيث ثبت أن ما بين الشعوب من فوارق يعود في أصوله إلى أسباب ثقافية بحته، فهناك ثقافات تتشبع فيها سمات متخلفة أو معرفة للنمو مثل الكسل والخمول، والتواكل، وحب الذات، وعدم تقدير قيمة الزمن، والنزوع إلى الاستسهال في إنجاز العمل دون الاكتراث للدقة وما إلى ذلك. ومن هنا جاء الاهتمام بدراسات تهدف إلى تشخيص معوقات النمو في عدد من البلدان من خلال دراسة العناصر الثقافية المعوقة.

وجدير بالذكر أن لكل مجتمع ثقافة خاصة به، وليس بالوسع تصور مجتمع بلا ثقافة، حيث إن وجود المجتمعات يعني بالضرورة وجود الثقافات ما دامت الثقافة أسلوب حياة. لذا فإن للمجتمعات البدائية الأولى ثقافات خاصة بها. والثقافة بهذا المعنى تشابه الحرارة من حيث وجودها، فالفيزيائيون

يقولون بوجود الحرارة في أي مكان وتحت أي درجة، ولا يقولون بوجود برودة لان ما نسميه برودة ليس الا درجة حرارة معينة اعتدنا أن نصف بها ما يقل عن درجة حرارة أجسامنا. وعليه فإن درجة ألف مئوي تحت الصفر ـ مثلا ـ هي درجة حرارة لا درجة برودة.

ومن جانب آخر فليس هناك مرحلة معينة من تاريخ أي مجتمع إنساني لا وجود فيه للثقافة، فالثقافة الإنسانية استمرت مع عصور الإنسان المختلفة كثقافة، ولكنها اختلفت على مر الأجيال في مكوناتها وفي انتظام عناصرها في كل واحد، حيث سادت ثقافات تكتنفها الأوهام والخرافات وأخرى تميزها الأساطير، وثالثة تسود فيها أنماط الحياة الرعوية أو الزراعية، ورابعة تزدهر فيها الآداب والفنون والفلسفات وهكذا.

ويكتسب الفرد الثقافة من مجتمعه، ولكنه لا يحمل كل ما في ذلك المجتمع من عناصرها، لذا تقسم الثقافة إلى عموميات وخصوصيات وبديلات. فهناك عناصر ثقافية عامة يشترك فيها جميع أعضاء المجتمع، كبعض الأفكار العامة والعادات والقيم واللغة، وهي ما يطلق عليها العموميات الثقافية أو النمط العام للثقافة **Cultral Universals or Universal Pattern of Culture**.

وسعة العموميات ورسوخها في مجتمع من المجتمعات يولد اهتمامات ومشاعر وأهدافا واتجاهات وطرقا مشتركة تقود إلى مزيد من التماسك الاجتماعي بينما تخفف قلة العموميات وضعفها من ذلك، وربما تقود إلى مظاهر التمزق.

والى جانب النمط العام للثقافة تختص بعض الجماعات أو القطاعات في المجتمع بسمات معينة أخرى، وهي ما يطلق عليها الخصوصيات الثقافية Cultural Speccialities فلكل شريحة متميزة من المجتمع: مهارات وممارسات وجوانب معرفية وأنماط سلوك اخرى تختص بها عن بقية الشرائح. ومع أن أفراد كل شريحة، بحكم الانتماء الطبقي أو التخصص الوظيفي أو المهني، يحيطون إحاطة واسعة بنوع من خصوصيات الثقافة الا أن بقية الأفراد في المجتمع ليسوا بمعزل كامل عنها، إذ إن الكثير منهم يلمون بها إلماما.

أما ثالث العناصر الثقافية في المجتمع فهو ما يطلق عليه بالمتغيرات البديلات Cultural Alternatives وهي عناصر دخيلة على ثقافة المجتمع ـ في الغالب ـ إذ تتسرب إلى الثقافة بسبب اتصالها بثقافات اخرى وتظل لفترة ـ قد تطول وقد تقصر ـ موضع التجريب حتى يتقبلها المجتمع ويضمها إلى ثقافة أو يرفضها. وتتميز الثقافات المرنة بكثرة البديلات فيها، حيث إنها سرعان ما تحتويها بعد تهذيبها وإسباغ ملامح معينة من الثقافة الأصيلة عليها. ولكن هناك بديلات تدخل إلى الثقافة بنفس صيغتها الأصلية وتسرى بين الناس عن طريق التقليد الأعمى أو لغرض المباهاة. وبذا تشكل ـ في كثير من الأحيان ـ بذورا لمشكلات ثقافية واجتماعية. وتتواجد داخل المجتمع نفسه مجموعة من الثقافات الفرعية Sub Culture التي تميز قطاعات رئيسة في المجتمع، وهي جزء من الثقافة الكلية للمجتمع، ولكنها تختلف عنها في بعض

المظاهر والمستويات، وعلى هذا الأساس يمكن تحديد ثقافات فرعية في كل مجتمع وفقا لتصنيفات عديدة كالعمر أو المستوى التعليمي أو المهنة، أو الانتماء الطبقي أو الديني أو غيرها. كما يمكن تحديد عموميات وخصوصيات وبديلات ضمن كل ثقافة فرعية أيضا.(المحاميد، 2003)

- ثقافة الأطفال وثقافة المجتمع

وبعد أن استعرضنا أبرز خصائص الثقافة، أصبح أمامنا الباب مفتوحا لمعالجة ثقافة الأطفال، فالطفولة هي مرحلة نمو يتصف بها الأطفال بخصائص وعادات وتقاليد وميول وأوجه نشاط وأنماط سلوك أخرى متميزة، وأشرنا إلى وجود جماعات أو قطاعات في المجتمع لها سمات وعناصر ثقافية تميزها عن سائر الجماعات أو القطاعات الأخرى، حيث تتشكل لهذه الجماعات ثقافات فرعية داخل الثقافة العامة للمجتمع، لذا فإن الثقافة الفرعية هي ثقافة قطاع متميز من المجتمع لها جزء ومستوى مما للمجتمع من خصائص إضافة إلى انفرادها بخصائص أخرى.(أبو عمشة، 1999)

وللأطفال في مجتمع مفردات لغوية متميزة وعادات، وقيم، ومعايير، وطرق خاصة في اللعب، وأساليب خاصة في التعبير عن أنفسهم، وفي إشباع حاجاتهم. ولهم تصرفات، ومواقف، واتجاهات، وانفعالات، وقدرات، إضافة إلى ما لهم من نتاجات فنية ومادية، وأزياء وما إلى ذلك، أي لهم خصائص ثقافية ينفردون بها، ولهم أسلوب حياة خاصة بهم، وهذا يعني أن لهم ثقافة هي: ثقافة الأطفال Children's Culture.

كما أن للمراهقين ثقافة Teen - age Cultre خاصة في أساليبهم الخاصة في السلوك والملبس والمفردات اللغوية والقيم والآمال وما إلى ذلك.

وثقافة الأطفال هي إحدى الثقافات الفرعية في المجتمع، وهي تنفرد بمجموعة من الخصائص والسمات العامة وتشترك في مجموعة اخرى منها إلى حد ما وما دام الأطفال ليسوا مجرد راشدين صغار فإن لهم قدرات عقلية وجسمية ونفسية واجتماعية ولغوية خاصة بهم، وما دامت لهم أنماط سلوك متميزة، وحيث إنهم يحسون ويدركون ويتخيلون ويفكرون في دائرة ليست مجرد دائرة مصغرة من تلك التي يحس ويدرك ويتخيل ويفكر فيها الراشدون، لذا فإن ثقافة الأطفال ليست مجرد تبسيط أو تصغير للثقافة العامة في المجتمع، بل هي ذات خصوصية في كل عناصرها وانتظامها البنائي.

وليس بالوسع تحديد أبعاد وخصائص ثقافات الأطفال في المجتمعات المختلفة، لان ثقافة الأطفال في مجتمع تختلف عنها في مجتمع آخر تبعا لإطار الثقافة العامة وما يتبع ذلك من وسائل وأساليب في الاتصال الثقافي بالأطفال.

لكن البلدان التي تنتهج اتصالا ثقافيا مخططا تضع في العادة في خططها برامج محددة لأساليب ومضمون الاتصال بالأطفال، وبذا تحدد إطارا عاما لعمليات إمداد الأطفال بالثقافة بدرجة ما.

وتظهر في ثقافة الأطفال الملامح الكبيرة لثقافة المجتمع في العادة، فالمجتمع الذي يولي أهمية كبيرة لقيمة معينة تظهر في العادة في ثقافة الأطفال.

والأطفال لا يشكلون جمهورا متجانسا، بل يختلفون باختلاف أطوار نموهم، لذا قسمت مرحلة الطفولة إلى أطوار متعاقبة، هي مرحلة الميلاد، ومرحلة الطفولة المبكرة، ومرحلة الطفولة المتوسطة، ومرحلة الطفولة المتأخرة. وقد ترتب على ذلك أن توفرت للأطفال في كل طور ثقافة فرعية خاصة، لذا أمكن القول أن هناك ثقافة خاصة للأطفال في كل طور من هذه الأطوار، بحيث تتوافق مع خصائص وحاجات الأطفال في كل طور من أطوار نموهم، وهي تشترك في سمات عامة ولكنها تختلف عن الأخرى في سمات عديدة، فقيم الأطفال في طور الطفولة المبكرة وعاداتهم وطرق التعبير عن انفعالاتهم، ووسائل إشباع بعض حاجاتهم وحصيلتهم اللغوية تختلف عن تلك التي يختص بها الأطفال في طور الطفولة المتأخرة. وثقافات الأطفال الجزئية تختلف في بعض الملامح في المجتمع الواحد تبعا للبيئة الاجتماعية التي تتوفر لهم، فالبيئة الاجتماعية في الريف تبث مؤثرات ثقافية مختلفة عن تلك التي تبثها البيئة الثقافية في المدينة، بل إن الأسر المختلفة هي الأخرى توفر للأطفال بيئات ثقافية متباينة، وكذا الحال بالنسبة إلى جماعات الأقران والمدارس ووسائل الاتصال.(أبو عمشة، 1999)

- نظرة المجتمع إلى ثقافته وثقافة الأطفال

وحتى لو توفرت للأطفال في مجتمع واحد ظروف متشابهة فلا يمكن للطفل أن يتعرض لكل المؤثرات الثقافية في ثقافة مجتمعه، بل يتعرض لجزء

منها كما انه لا يستطيع أن يستوعب الا جانبا من الثقافة. ومن هنا تظهر في ثقافة الأطفال عموميات وخصوصيات وبديلات، ويختلف الأطفال في قدر ونوع كل من هذه العناصر إلى حد ما.

والعموميات في ثقافة الأطفال تشمل العناصر التي تشيع بين الأطفال في المجتمع الواحد بصرف النظر عما بينهم من فروق في الانتماء المهني أو الطبقي لذويهم. ويشار إلى لغة الأطفال وبعض أنماط لعبهم وطرق التعبير عن المشاعر على أنها من العموميات، وهي تمثل ما تنطوي عليه ثقافة الأطفال من تجانس.

أما العناصر التي لا يشترك فيها جميع الأطفال في المجتمع الواحد، بل يختص بها أعضاء جماعات معينة منهم، فهي ما يطلق عليها خصوصيات ثقافة الأطفال، حيث تتوزع هذه العناصر على بعض أطفال طبقات اجتماعية أو فئات مهنية كأبناء الفلاحين أو العمال أو الأطباء أو أبناء سكنة المناطق الزراعية أو الصناعية... إذ إن أبناء الفلاحين ـ مثلا ـ يحملون في ثقافاتهم سمات ينفردون بها، وهي غير شائعة لدى الأطفال في البيئات الأخرى.

أما بديلات ثقافة الأطفال فهي العناصر التي تشيع بين فئات من الأطفال ممن يتهيأ لهم الاتصال المباشر أو غير المباشر بثقافات أخرى غير ثقافة مجتمعهم، لذا فان الجزء الأكبر منها دخيل على ثقافة الأطفال، فالأطفال الذين يتسنى لهم التعرض للتلفاز أو الصحافة أو غيرهما من وسائل الاتصال أو الذين يتهيأ لهم السفر خارج بيئاتهم تدخل عناصر جديدة تصبح جزءا من

الخصوصيات. وقد تصبح جزءا من عموميات الثقافة بمرور الزمن عند تبني الأطفال لها على نطاق واسع.

والبديلات الثقافية باعتبارها عناصر جديدة ذات أهمية كبيرة في إثراء ثقافة الأطفال. لذا يقتضي نقلها إلى الأطفال باحتراس ودقة.

وتستغل كثير من دور النشر ووسائل الاتصال الأخرى في الدول المتقدمة خصوبة عالم الطفولة واستعداد الأطفال لتقبل كثير مما يتميز بالإثارة والجاذبية، لذا فهي تمطر الأطفال في البلدان النامية بفيض من العناصر الثقافية التي لا يتوافق الكثير منها مع سياق الأطفال، ولا تنسجم مع الخطط التي يرسمها الكبار لهذا السياق. ويراد ببعض من هذا الفيض زعزعة ثقافة الأطفال في بعض البلدان النامية.

هذا بصدد ما يتعلق بعموميات وخصوصيات وبديلات ثقافة الأطفال، أما عن العلاقات بين ثقافة المجتمع وثقافة الأطفال فيمكن القول: ما دامت ثقافة الأطفال هي إحدى الثقافات الفرعية في المجتمع، لذا فهي جزء من ثقافة المجتمع، وهي تشارك الثقافة العامة في صفات عدة، ولكنها لا تشكل نسخة مكررة منها بأي حال من الأحوال، كما إنها لا تشكل تصغيرا أو تبسيطا لها، بل هي كيان متميز، ويتضح ذلك من استعراض ما بين ثقافة الأطفال وثقافة المجتمع من فروق. فلغة الأطفال، وعاداتهم في العمل واللعب، وتقاليدهم، وطرقهم في التعبير عن أنفسهم وعواطفهم وانفعالاتهم، ومهاراتهم المختلفة،

وطرقهم في التفكير والتخيل، ومثلهم العليا، ونتاجاتهم الفنية، والقصص التي يتناقلونها، والأغاني التي يتغنون بها، والموسيقا التي تروق لهم، وأوجه سلوكهم الأخرى تختلف في مجملها عن تلك التي يختص بها الكبار لا من حيث الدرجة، بل من حيث النوع والاتجاه. لذا فنحن نتحدث عن لغة الأطفال ولغة الكبار كموضوعين مختلفين، وهكذا بالنسبة إلى الجوانب الأخرى، على أساس أن هذه الجوانب مختلفة.ولا تختلف ثقافة الأطفال عن ثقافة المجتمع في مضمون عناصرها فقط. بل هي تختلف أيضا في انتظام تلك العناصر أيضا، لذا فإن سلم العادات أو سلم القيم أو سلم الميول في ثقافة مجتمع ما يختلف في ترتيب مفرداته عما هو في ثقافة الأطفال.(**الدسوقي، 2001**)

والى جانب ذلك فان هناك عناصر ثقافية في ثقافة الأطفال غير موجودة في ثقافة المجتمع، والعكس صحيح.

ومع ذلك فان ثقافة الأطفال ترتبط بثقافة المجتمع برباط متين، وذلك لان كل مجتمع يعمل، في العادة، على نقل ثقافته إلى الأطفال، لكن الأطفال في كل جيل لا يمتصون غير جوانب محددة من ثقافة مجتمعهم، إضافة إلى أنهم يحورون فيها، ويضيفون إلى البعض الأخر، إذ يمكن القول إن الأطفال يمتصون الثقافة بطرقهم الخاصة، كما أن المجتمع لا يستطيع أن يسيطر على المضمون الثقافي الذي يلتقطه الأطفال كما سنوضح حيث إن الأطفال يمتصون كثيرا من المعاني بشكل غير مقصود من قبل الكبار.

ولهذه العوامل، ولعوامل أخرى تعود إلى ما ينطوي عليه التغير الثقافي من ظواهر، فان ثقافة الأطفال في كل جيل تختلف ـ إلى حد ما ـ عن ثقافة الأطفال في الجيل السابق، لذا فإن الآباء أنفسهم في كل جيل يضجون بالشكوى لحال أطفالهم الذين لم يكونوا مثلهم، عقلاء، مطيعين: ويبدو أن هذه الشكوى قديمة كل القدم، فقد عثر على ورقة من البردي تعود إلى أيام الفراعنة، "وقد كتب عليها أحد الآباء متحسرا وهو يقول: آه... لقد فسد هذا الزمان... إن أولادنا لم يعودوا كما كنا أنقياء... إن كل واحد منهم يريد أن يؤلف كتابا".

وهناك عوامل عديدة تؤثر في تكوين ثقافة الأطفال منها: نظرة المجتمع نفسه إلى الطفولة، ووسائله في نقل الثقافة إلى الأطفال، ومدى القداسة التي يخلعها على بعض عناصر ثقافته والتي يرى أن من اللازم أن يتبناها الأطفال، وطبيعة نظمه الاجتماعية والاقتصادية، وآماله، أي أن ثقافة المجتمع ترسم إلى حد كبير الإطار العام لثقافة الأطفال.(شريف، 2004)

- خلاصـــة الفصل

الكيان الثقافي هو محصلة عناصر الثقافة في المجتمع، في وقت ليس مجموع هذه العناصر، ويبدوا انه ليس حاصل ضربها أيضا، بل هو الطريقة التي تنتظم بها تلك العناصر بعضها مع البعض الأخر لتؤلف كلا ذو خصوصية. فالعناصر الثقافية المختلفة، قد تتواجد في كل مجتمع، ولكنها تختلف في انتظامها ضمن بنيان الثقافة، مثلها في ذلك العمارات العديدة، التي تقام من مواد واحدة، إلا أنها تختلف في تصاميمها الهندسية وفي وظائفها.

ويتضح تأثير الثقافة في الاتساق العام في أنماط سلوك وطرق حياة الناس في المجتمع الواحد، ولكن يحدث في مجتمعات كثيرة أن تفتقد الثقافة الوحدة والكلية حيث لا يظهر التشابه في السلوك العام، أو يضعف الانسجام بين العناصر الثقافية مما يقود إلى ما يسمى بالفراغ الثقافي (Cultural Lag) الذي يتضمن تغير في بعض العناصر الثقافية بمعدلات أسرع بكثير من تغير العناصر الأخرى، وبذا تبدو تلك العناصر غير متوافقة. وما تتعرض له بعض البلدان النامية التي هيأ لها الثراء المالي أن تأخذ بعض الأساليب الثقافية عن طريق استقدام الخبراء، وإقامة المباني والمنشآت واستيراد الملابس والأطعمة دون أن يوازي ذلك تطوير كاف في الجانب المعنوي للثقافة مثالا واضحا لهذا الخواء، فواجهت بذلك فراغا ثقافيا تمثل في تزعزع القيم والمفاهيم ونشوء بعض الظواهر الشاذة وفقدان التوازن.

حاولنا في هذا الفصل دراسة المسألة عبر عناوين اجتهدنا أنها توضح هذه المسألة مفردين مساحة جيدة لعلوم دراسة الثقافة كمدخل لدراسة ثقافة المجتمع ومدى تأثيرها أو صياغتها لثقافة الطفل الذي يعيش في هذا المجتمع.

# الفصل الثاني
# دور الثقافة في تكوين شخصيات الأطفال وتحديد سلوكهم

## - نظريات تفسير السلوك

أوضحنا أن الثقافة هي صنيغة الإنسان عبر الأجيال، ونحاول في هذا الفصل أن نحدد المدى الذي يكون فيه الإنسان صنيعة للثقافة ابتداء من مرحلة طفولته.

ويقتضي تناول هذا الموضوع الإشارة إلى أن الإنسان يحيا في بيئة ذات بعدين:

- **أولهما:** بيئة جغرافيه Geographic Environment أو ما يطلق عليها أحيانا البيئة الطبيعية التي تشمل جميع الظواهر التي ليست بالأساس من صنع الإنسان كالأرض والمناخ والتضاريس وما إليها.

- **وثانيهما:** البيئة الثقافية التي تتضمن جميع المثيرات الثقافية التي يتعرض لها الإنسان في المجتمع. ويكشف لنا التاريخ أن الإنسان ابتدع البيئة الثانية لمواجهة بعض ظواهر البيئة الأولى، بينما ظلت الحيوانات الأخرى أسيرة الطبيعة.

وكان المفكرون منذ وقت طويل قد أشاروا إلى تأثير البيئة في تكوين الفرد. فالطبيب اليوناني أبقراط Epicurus، الذي يعرف بـ "أبي الطب"، والمشهور

بالقسم الذي يؤديه الأطباء حتى اليوم في العالم اجمع، قد أشار إلى ذلك التأثير في تشكيل حياة الأفراد والمجتمعات في كتابه عن الأهوية والمياه والأماكن.

ويبدو أن تأثير البيئة الطبيعية في الإنسان كان كبيرا قبل أن يضع ثقافة مؤهلة لتلبية حاجاته ومواجهة قسوة الطبيعة. وقد تناقص تأثير الطبيعة في حياة الإنسان اليوم عما كان عليه من قبل بفضل ما توصل إليه من نظم وقوانين ومعارف وعلوم وفنون وآداب وإبداعات مادية، لذا صح ما يقال إن أثر البيئة الطبيعية يتناسب عكسيا مع درجة ثقافة الإنسان ومقدار نصيبه من الحضارة.

ويتخذ الإنسان له من الوسائل والأساليب ما يستطيع بها مواجهة مظاهر الطبيعة، إذ إنها تفرض عليه بعض طرق حياته إضافة إلى تأثيرها في نموه، لكن البيئة الثقافية ذات تأثير أكبر بكثير من تأثيرات البيئة الطبيعية! بل هي تغيير العامل الأساسي في تكوين شخصية الإنسان وتحديد سلوكه، فالإنسان الذي يحيا بمعزل عن الثقافة لن يكون كائنا اجتماعيا بل مجرد كائن عضوي. لذا لو كتب للأبناء أن يودعوا في كوكب بعيد بعد ولادتهم. لما استطاعت أجيالهم اللاحقة إيقاد النار إلا بعد آلاف طويلة من السنين، بينما يستطيع الطفل في عالمنا إيقادها في عامه الثالث بفضل وجود علبة الكبريت واكتسابه طريقة استخدامها من الآخرين.

وكانت دراسة حالات الأطفال الذين نشأوا لسبب أو لأخر في عزلة عن المجتمع الإنساني أو بين الحيوانات، إن أولئك الأطفال كانوا يفتقدون

الكثير من الصفات والخصائص الإنسانية التي تميز الإنسان عن بقية الحيوانات. وحتى العوامل الوراثية لا تضمن وحدها تكوين شخصية الإنسان رغم أنها تضمن انتقال صفات جسمية معينة من الآباء إلى ذريتهم.

وعلى هذا يمكن تحديد اثر الثقافة في الطفل من خلال تناول ثلاثة جوانب أساسية هي، دور الثقافة في تكوين شخصيات الأطفال، وفي تحديد انتقال صفات جسمية معينة من الإباء إلى أبنائهم.(**الخطيب، 2003**)

وعلى هذا يمكن تحديد اثر الثقافة في الطفل من خلال تناول ثلاثة جوانب أساسية هي، دور الثقافة في تكوين شخصيات الأطفال وفي تحديد أنماط سلوكهم، وفي نموهم الحركي والعقلي والانفعالي والاجتماعي.

- الثقافة وشخصية الطفل

رغم تعدد المذاهب في النظر إلى الشخصية Personality وفي تعريفها، الا انه يمكن القول عنها إنها أسلوب عام منظم نسبيا لنماذج السلوك والاتجاهات والمعتقدات والقيم والعادات والتعبيرات لشخص معين، وهذا الأسلوب العام هو محصلة خبرات الشخص في بيئة ثقافية معينة وتتشكل من خلال التفاعل الاجتماعي. لذا يقال إن الطفل لا يولد شخصا Person بل يولد فردا Individual ولا يتهيأ له ذلك الا نتيجة التأثيرات الثقافية الكثيرة من حوله، فلكي يصبح الفرد شخصا لا بد من اكتسابه لغة وأفكارا وأهدافا

وقيما، فالشخص هو من يشارك الآخرين في بعض خصائصهم الاجتماعية إضافة إلى انفراده بخصائص تميزه عنهم.

وعلى هذا فان الشخصية لا تتشكل مع ولادة الطفل، بل يكتسبها بفعل تفاعله واتصاله ببيئته قبل كل شيء، لذا تتخذ شخصية الطفل الصيغة التي تطبعها بها المؤثرات الثقافية، أي أن شخصية الطفل تتحدد له بفضل ما يمتصه من مجمل عناصر الثقافة. لذا فان هذه الشخصية هي وليدة الثقافة أولا.

وهذا يعني انه لولا البيئة الثقافية لما تبلورت شخصيات للأطفال، حيث تهيئ هذه البيئة أسباب نمو الشخصية من خلال تكون ذلك النسق من العناصر التي يتميز بها الطفل، وبذا تكون شخصية الطفل صورة اخرى مقابلة لثقافته التي ترعرع في أحضانها إلى حد كبير.

وتعتبر عملية تكون شخصية الطفل بالدرجة الأولى عملية يتم فيها صهر العناصر الثقافية المكتسبة مع صفاته التكوينية لتشكلا معا وحدة وظيفية متكاملة تكيفت عناصرها بعضها مع بعض تكيفا متبادلا. لذا فان الطفل يعد صنيعة للثقافة إلى حد كبير.

وكان الرياضي والفيزيائي والفيلسوف الفرنسي رينيه ديكارت (Descartes Rene) 1596 - 1650 قد أشار، منذ وقت مبكر في تاريخ العلم الحديث، إلى هذه المسألة في كتابه "رسالة في المنهج" بالقول: "لقد اقتنعت بأن

الشخص الذي يعيش منذ طفولته بين الفرنسيين أو الألمان يمكن أن يكون مختلفا تماما فيما لو نشأ بين اليابانيين أو بين آكلي لحوم البشر". (**أبو عمشة، 1999**)

ومع أن شخصيات الأطفال في الثقافة الواحدة تتشابه في طابع عام، الا أنها تتفاوت في خصائص وسمات اخرى. ويرجع ذلك إلى أسباب عدة من أبرزها اختلاف الأطفال في خصائصهم الموروثة بيولوجيا، واختلافهم في نوع وكم وطبيعة ما يمتصونه من عناصر الثقافة، وفي طبيعة تلك العناصر في سلالم عناصر شخصياتهم، حيث إن جوانب الشخصية تشكل سلما مركبا تمتزج فيه العناصر الجسمية والعقلية والانفعالية والاجتماعية معا، وتتأثر الواحدة بالأخرى، إضافة إلى وجود فروق فردية تجعل لكل فرد نسقا شخصيا خاصا به.

ويمكن القول إن الطفل لا يستجيب للمؤثرات الثقافية بشكل سلبي، بل يتفاعل معها فتكون حصيلة ذلك تبلور شخصيته والتي تكون على الشكل التالي:

1- تحمل عناصر تشابه ما لدى جميع الأطفال الآخرين.

2- وعناصر تشابه ما لدى البعض منهم فقط، إلى جوانب يختص بها ولا تشابه ما لدى أي كان من الأطفال.

حيث إن شخصية الطفل تنطوي على النسق الذي يشارك فيه الآخرون كلا وجزءا إضافة إلى ما هو متميز عن أي طفل آخر، وهذا الأخير هو الذي يجعل الأطفال يختلفون في شخصياتهم في الثقافة الواحدة،

لذا يقال إن الثقافة لا تخلق شخصيات متطابقة تمام التطابق مثل قطع الحلوى التي ينتجها مصنع واحد.

وبسبب التلازم المستمر بين الشخصية والثقافة ظهرت إلى الوجود دراسات جديدية تتخذ من الثقافة والشخصية معا مجالا لها من خلال دراسة التأثير المتبادل بينهما. ووصل الربط بين الشخصية والثقافة ببعض الباحثين إلى استخدام مصطلح الثقافة في الشخصية أو الشخصية في الثقافة بدلا من استخدام إحداهما بمعزل عن الأخرى.

وتؤلف الطفولة مرحلة حاسمة في تشكيل شخصية الطفل، ويؤكد بعض الباحثين على أن السنوات الخمس الأولى من حياة الطفل هي الفترة الأكثر خصوبة وأهمية، والتي تنجم عنها ملامح شخصية الطفل. كما أن بعض السمات الثقافية التي تدخل في كيان شخصية الطفل يصعب أو يستحيل تغيير البعض منها، لذا تركز التربية الحديثة على هذه المرحلة لبناء شخصيات الأطفال بناءا سليما.(**أبو عمشة، 1999**)

- الثقافة وسلوك الأطفال

يتضمن السلوك **Behavior** كل ما يمارسه الشخص ويحس به ويفكر فيه، بصرف النظر عن الهدف الذي تنطوي عليه الممارسة أو الإحساس أو التفكير، وعلى هذا فان السلوك يشتمل على ما يقوم به الفرد من أعمال أو

أنشطة أو تعبيرات أو استجابات. ومن السلوك ما هو ظاهر ومنه ما هو مستتر تصعب على الآخرين ملاحظته بسهولة.

وقد تباينت النظريات التي تفسر السلوك، ويرجع ذلك إلى التباين إلى ضعف مستويات نمو مناهج وطرق وأدوات البحث في السلوك إضافة إلى أن بعض الباحثين في هذه المجالات لم يستطع التخلص مما تمليه عليه بيئته الثقافية من بعض أنماط السلوك كالتعصب والتحيز، لذا ظهرت تأملات عن السلوك لا تتعدى كونها انطباعات ذاتيه للباحث أو الدارس لها.

ومن بين النظريات التي لاقت شيوعا كبيرا في تفسير السلوك لأمد غير قصير تلك التي تقول بأن الغرائز هي التي تكمن وراء السلوك على أساس أنها ميول فطرية وراثية دافعة للقيام بسلوك ما لإشباع حاجة حيوية. وكان عالم النفس البريطاني مكدوكل (William Mc 1938-1871 Dougal)أول من أكد هذه النظرية. أما الطبيب النمساوي سيجموند فرويد 1939-1856(Sigmund Freud)فقد كان يرى أن طاقة نفسية تولد مع الإنسان تتولى تحريك السلوك، وابتداع واطسون (J.B Watson) 1958-1878 النظرية السلوكية التي اعتمدت على أبحاث سابقة عن سلوك الحيوانات. ومرت المدرسة السلوكية بمراحل عدة حتى ظهرت في الثلاثينات مجموعة من الباحثين ممن أطلق عليهم اسم السلوكيين الجدد، أو الشرطيين الذين تأثروا إلى حد ما بأفكار بافلوف

(Bavlov) 1849-1936 الذين يعزون السلوك إلى الاستجابة الشرطية، وينكرون دور الجهاز العصبي في السلوك.

أما نظرية الصيغة Gestalt فإنها أدخلت اتجاها جديدا في دراسة السلوك من خلال تركيزها على الطابع المنظم للخبرة والسلوك، حيث تركز هذه النظرية على دراسة الإدراك على أساس عدة مقومات في مقدمتها أن الأجزاء المدركة تتخذ صيغتها من خلال علاقتها بالكل.

وتبع ذلك ظهور نظرية المجال Field Theory التي ترتبط بنظرية الصيغة، حيث ابتدعت مفاهيم جديدة لتفسير السلوك مستندة إلى التفكير الحديث في علم الطبيعة والرياضيات في تفسير الظواهر النفسية، وعنيت بالموقف الذي يتفاعل فيه الفرد، واستبعدت الخبرات الماضية في تحديد المدركات الجديدة.

وتلاقي هذه النظريات في الوقت الحاضر نقدا حيث ترجح النظريات الحديثة اعتبار البيئة الثقافية هي نقطة البداية في دراسة السلوك، ما دام الشخص في تفاعل اجتماعي مع تلك البيئة، لذا يكتسب منها أنماطا من السلوك، ويتصرف على أساس ذلك. وعلى هذا فان النظريات التي تنسب السلوك إلى ذات الفرد وحدها أو إلى البيئة وحدها ليست دقيقة، لان السلوك هو محصلة للتفاعل بين الشخصية التي عملت الثقافة على بلورتها وبين الثقافة نفسها، حيث إن الشخص يحس ويدرك ويستجيب ويفكر ويعمل

بطريقة تحددها عناصر الثقافة التي يحيا في كنفها ويتشكل سلوكه منها ليتلائم وينسجم معها.(**الخطيب، 2003**)

والطفل على هذا الأساس يكتسب خلال أطوار طفولته أنماطا من السلوك مختلفة والتي هي سائدة في المجتمع، لذا فانه لو عزل عن الثقافة لاتبع سلوكا مختلفا يمكن أن يوصف بأنه ساذج وبدائي، وعلى هذا لو بعث إنسان من العصر الحجري القديم إلينا لدهش لما يراه من أنماط السلوك السائد في ثقافتنا الحالية، ولقال عنا: "إنهم بشر" على ما يبدو ومع هذا يتبعون أساليب "غريبة في السلوك"، ولتجمعنا نحن من حوله وكل منا يريد أن يرى سلوكا غريبا لإنسان هو في حقيقة أمره لا يختلف عنا الا في المستوى الثقافي، حيث رسمت لنا الثقافة أطرا جديدة من طرق الحياة، وجعلتنا بمقتضى ذلك نسلك سلوكا جديدا مغايرا عن من هم قبلنا.

والسلوك في مجمله لا يخضع في غالب الأحيان للعقل قدر خضوع العقل للمعايير الثقافية السائدة، حيث إن الاشياء والمعاني تفقد دلالتها خارج إطارها الثقافي، لذا يقال إن الثقافة هي نظرية في السلوك أكثر من كونها نظرية في المعرفة.( **الخطيب 1999**)

وتأكيدا على خضوع العقل للثقافة في أكثر الأوقات نشير إلى أننا لو حاولنا التقصي عما يثبت صحة كثير ما نحمل من أفكار ومعتقدات لوجدنا أنفسنا عاجزين عن ذلك، ويرجع هذا إلى أن الإنسان يتقبل الكثير من

الأفكار والمعتقدات ذات التأثير في السلوك دون أن تتوفر له أسباب منطقية أو مبررات تحمله على ذلك التقبل، وكل ما هنالك أنها انتقلت أثناء تفاعله بالمجتمع فأصبحت جزءا من بنيان سلوكه.

وحتى العلماء الذين ابتدعوا كثيرا من النظريات حول الموضوع الذي نتناوله وهو "السلوك" خضعوا إلى حد ما للثقافة السائدة في مجتمعاتهم، فوليم مكدوكل الذي عزا السلوك إلى الغريزة تأثر بالواقع الثقافي في مجتمعه - رغم توجهه العلمي - حيث اعتبر بعض الأفكار السائدة في ثقافة مجتمعه حقائق مسلما بها بما في ذلك الأيمان بتفوق عنصر إنساني على آخر، واتفاق نظرته مع النظرة الشائعة في عصره ذات الصفة الميكانيكية التي تنظر إلى أي ظاهرة طبيعية من خلال البحث عن مكوناتها الأولية.لذا كانت نظريته في السلوك اقرب إلى الوصف منها إلى التفسير حيث وضع تقسيمات للأنماط السلوكية، وأطلق على كل قسم منه اسم غريزة دون تفسير طبيعة الغريزة نفسها. أما فرويد فقد اتجه في تفسير السلوك إلى وجود دوافع فطرية، وكانت عوامل عديدة قد أثرت في اتجاهه هذا، منها نشأته في أسرة واجهت كثيرا من الصعاب المالية والمشكلات العائلية، والتزامه بالديانة اليهودية، وإسهامه في الحرب العالمية الأولى كطبيب، وتعبيره إزاءها بأنها تعبير عن الوحشية الكامنة في النفس الإنسانية مما جعله ينظر إلى الإنسان نظرة متشائمة.

أما النظريات السلوكية فقد تأثر مفكروها الأمريكان بما حصل من تقدم في الجوانب المادية كالتطور الآلي، لذا ذهبوا في تفسير السلوك على أساس ميكانيكي من خلال تحليل السلوك إلى عناصر خارجية وداخلية واستجابات أو ردود أفعال.

وعلى أي حال فإن سلوك الأطفال هو وليد الثقافة حيث يتعلم الطفل أنماطا محددة من السلوك. وتهيىء له الثقافة مقابلة المواقف الجديدة التي يواجهها لأول مرة من خلال تعميمه نمطا سلوكيا محددا، وينطبق هذا على ما هو سلوك عملي، أو سلوك انفعالي من خلال ما يبديه من أنماط سلوكية في المواقف المتماثلة أو المتقاربة.(علاونة، 2008)

## - الثقافة ونمو الأطفال

للثقافة أثرها في أوجه نمو الأطفال المختلفة كالنمو العقلي والانفعالي والحركي والاجتماعي. وهذا التأثير لا يتخذ نسبة واحدة بل يتباين إلى حد كبير. فالبيئة الثقافية لا تؤثر في النمو الجسمي إلا في نطاق محدود بينما تؤثر تأثيرا كبيرا في النمو الانفعالي والاجتماعي.

ففي مجال النمو العقلي الذي يتمثل في الذكاء وكفاية العمليات العقلية كالإدراك والتصور والتخيل والتفكير ونمو اللغة يمكن التدليل على اثر الثقافة فيها من خلال الإشارة إلى ما تفعله في هذه الجوانب. فالذكاء الذي يرتبط بالنجاح في التكيف مع البيئة الطبيعية والثقافية والذي يقاس عادة

بالقدرة على حل المشكلات أو بقياس ما لدى الطفل من مهارات ترتبط في الوقت نفسه بما يتعلمه الإنسان من بيئته الثقافية. إذ يتأثر بتلك البيئة وبمدى ما تقدمه له من عناصر فالوحدات الاجتماعية التي يحيا فيها الطفل كالأسرة والمدرسة وجماعات اللعب ذات تأثير في تشكل ونمو ذكائه.

أما بالنسبة إلى العمليات العقلية المعرفية فإنها تتأثر جميعا بالحيز الثقافي وما يهيئه للأطفال من ظروف حيث إن ما يكتسبه الطفل من خبرات ومهارات تفعل فعلها في رسم العوالم الإدراكية للأطفال وفي توجيه تخيلاتهم نحو الإنشاء أو الهدم وفي تحديد أنماط ومجالات تفكيرهم.

لذا يمكن أن تكون البيئة الثقافية عاملا من عوامل إنضاج ذكاء الأطفال وعملياتهم العقلية أو عامل كبت لها. إذ إن القدرات العقلية والعمليات المعرفية هي خصائص طبيعية أي قابلة للتغير لذا يمكن للمجتمع أن يطفئ جذوتها فتخمد أو يلهبها فتنمو وتستعر.

وفي مجال النمو الانفعالي الذي يعني مستويات النضج المتمثلة في قدرة الطفل على استخدام انفعالاته استخداما بناء فان الثقافة تلعب دورا كبيرا في ذلك. فالانفعالات هي في واقع الحال ظواهر نفسية اعتيادية ولكنها تميل إلى الانحراف عندما تتحول إلى ما يسمى بالاضطراب الانفعالي عندما تؤول الاستجابات إلى ما هو غير متناسق أو عندما تؤدي بالطفل إلى أن يسلك سلوكا انفعاليا ضارا بنفسه أو بالآخرين حيث إن الانفعال هو استجابة يبديها

الطفل عند تعرضه لموقف مثير وإدراكه له بشكل من الأشكال واستجابات الطفل الانفعالية لها علاقة وثيقة بتحديد نوع السلوك.

ولا يعنينا هنا الاختلاف القائم بين الباحثين حول اتجاهين:

- الأول: يرى أن الطفل يولد فردا مزودا ببعض الانفعالات.

- والثاني: أنه ليس لدى الطفل عند ولادته سوى نوع من التهيج العام.

وعلى أساس أي من هذين الاتجاهين يظل للبيئة الثقافية أثرها في إكساب الطفل نوع وطبيعة الانفعالات وفي تطويرها أو تعديل مظاهرها وفي طرق وأشكال النزوع والتعبير عنها.

ومن المعروف أن مجموعة من انفعالات الطفل المتجانسة كثيرا ما تنتظم في موقف ما ينتج في كل حالة من هذه الحالات ما يسمى بالعادات الانفعالية كالعواطف والميول والاتجاهات النفسية ولهذه العادات هي الأخرى تأثيرها في السلوك من جهة وفي اكتساب الأطفال للثقافة من جهة أخرى باعتبارها المداخل الأساسية للمضمون الثقافي إضافة إلى كونها جزءا من بنيان ثقافة المجتمع وثقافة الأطفال معا ويؤلف ما يتوافق مع عادات الأطفال من المضمون الثقافي منبها أو حافزا لقبول الأطفال له.

ويتخذ الطفل من عواطفه معيارا يقيم على أساسه بعض المواقف أو الأشياء أو الأشخاص في الغالب حيث إن العواطف تقوم على أساس شخصي لا عقلي. وكذا الحال بالنسبة إلى الميول.

أما الاتجاهات النفسية التي تمثل حالة استعداد ذهني نحو الأشياء أو الأشخاص أو الأفكار فإنها هي الأخرى تكتسب من البيئة عن طريق الخبرة والتعلم. وهي تؤثر في سلوك الطفل بما في ذلك إدراكه لما حوله من مثيرات ثقافية واجتماعية.

وهنا لابد من الإشارة إلى أن ما يكتنف الثقافة من ظروف غير اعتيادية كالقوة أو الخوف الشديد أو القلق تؤثر تأثيرا سلبيا في النمو الانفعالي للأطفال. لذا فان وسائل ثقافة الأطفال تعمل على إبعاد شبح هذه الظروف عن الأطفال.

أما بالنسبة إلى علاقة الثقافة بالنمو الاجتماعي للطفل فيمكن القول انه ما دام الطفل يحيا في ثقافة هي بيئة اجتماعية قوامها الوحدات الاجتماعية الأولية المتمثلة بالأسرة والجيران وجماعات اللعب والوحدات الاجتماعية الثانوية المتمثلة بالمدرسة وغيرها من تنظيمات المجتمع فان الطفل يتفاعل مع مفردات هذه الوحدات ويكتسب بعض عاداتها وقيمها ومعاييرها وأفكارها وأوجه سلوكها الأخرى مما ينقله ويرتقي به إلى كائن اجتماعي.

بقي أن نشير إلى علاقة التفافة بالنمو الحركي. وهذا النوع من النمو يتدرج من الحركات البسيطة الاعتباطية مرورا بالقبض على الأشياء والمشي وانتهاء بالحركات القوية والسريعة والمتوافقة.

وتعتمد سيطرة الطفل على حركاته على مدى نضجه الجسمي وما يكتسبه من مهارات حركية لذا فان دور الحضانة والرياض والمدارس كوحدات في البيئة الثقافية تعمل على توجيه أنشطة الأطفال الحركية من خلال التدريب وإثارة دوافعهم إلى الحركات المنظمة.

وتنمية قدرة الأطفال ذات اثر كبير في حياتهم وفي حياة المجتمع فقد كان لقدرة الإنسان على تكييف حركات أطرافه وأعضاء جسمه الأخرى دورا كبيرا في إنتاجه الكثير من المعالم الثقافية.

وتعتبر الطفولة فترة خصبة لاكتساب المهارات الحركية تبعا لمدى النضج حيث إن هناك مهارات حركية يسهل على الأطفال إجادتها بينما يصعب ذلك على الكبار أيضا.

وللثقافة علاقة بالنواحي الجسمية الأخرى إذ إنها تملي على الأطفال ممارسات معينة كالوشم على الأيدي أو الوجه لدى بعض الجماعات أو المحافظة على الرشاقة أو العمل من أجل تجنب البدانة، وما إلى ذلك.

ويمكن القول إضافة إلى ذلك إن للثقافة تأثيرها من خلال ارتباط هذه العمليات بنظم الناس وتقاليدهم الثقافية فالجهاز التنفسي يتأثر بطرق الناس بارتداء الألبسة أو التهوية أو ممارسة الرياضة أو ما إلى ذلك والجهاز الهضمي يتأثر بطرق طهي الأطعمة ومكوناتها وطرق تناولها وهكذا.

ولذلك مجتمعا وكل على حدة فإن للثقافة دورها الكبير في نمو الأطفال عقليا من خلال تأثر النشاط العقلي بما يستمده الطفل من البيئة الثقافية وفي نموهم عاطفيا وانفعاليا من خلال تنمية استجاباتهم للمؤثرات المختلفة وإكسابهم الميول والاتجاهات وطرق التعبير عن انفعالاتهم، وفي نموهم اجتماعيا من خلال بناء يسبق علاقاته بالآخرين وفي نموهم حركيا من خلال تنظيم حركاته ونشاطاته ومهاراته وينطوي ذلك كله على بناء شخصياتهم وتحديد سلوكهم.(علاونة، 2008)

- خلاصة الفصل

إن سلوك الأطفال هو وليد الثقافة حيث يتعلم الطفل أنماطا محددة من السلوك. وتهيئ له الثقافة مقابلة المواقف الجديدة التي يواجهها لأول مرة من خلال تعميمه نمطا سلوكيا محددا، وينطبق هذا على ما هو سلوك عملي، أو سلوك انفعالي من خلال ما يبديه من أنماط سلوكية في المواقف المتماثلة أو المتقاربة.

وللثقافة أثرها في أوجه نمو الأطفال المختلفة كالنمو العقلي والانفعالي والحركي والاجتماعي. وهذا التأثير لا يتخذ نسبا واحدة بل يتباين إلى حد كبير. فالبيئة الثقافية لا تؤثر في النمو الجسمي إلا في نطاق محدود, بينما تؤثر تأثيرا كبيرا في النمو الانفعالي والاجتماعي.

من هنا تناولنا في هذا الفصل نظريات تفسير السلوك كمدخل للحديث عن الشخصية، ومدى تأثير الثقافة وانعكاساتها على شخصية

الطفل المتشكلة على اعتبار أن الطفل في مراحل تطوره المختلفة ينهل من ثقافة المجتمع السائدة مفردات وعيه ومنها يشكل المفاهيم التي سيكون حاصل تشبعها سمات شخصيته المستقبلية. مؤكدين أن النمو بجانبيه البدني والعاطفي "الانفعالي" هما مثار الاهتمام عند دراسة الطفولة وأوضحنا مدى عظم تأثير الثقافة التي يعيشها الطفل ويكتسبها على النمو الانفعالي في وقت لا تنعدم فيه الثقافة من التأثير على النمو الجسمي.

# الفصل الثالث
# الاتصال الثقافي بالأطفال

- مقدمة

كما هيأ اللـه للأطفال الصغار أن يرضعوا الحليب من الأثداء تهيأ لهم أن يرضعوا شيئا من ثقافة المجتمع من خلال اكتسابهم التدريجي لبعض عناصرها.

وعملية اكتساب الأطفال للثقافة اتخذت تسميات عديدة إذ نجد مصطلحات مثل التعلم **Learning** والتربية **Education** والتنشئة الاجتماعية **Soeialization** والتنشئة الثقافية **Enculturation** والتثقيف **Acculturation** وغيرها الكثير. والذين يتحدثون عن هذه المفاهيم يختتمون أحاديثهم، في العادة بالقول: "إننا نريد أن نرى جيلا مثقفا" لذا يبدو أن تكوين ثقافة للأطفال هدفا، وأن هذه العمليات هي أساليب نقل وتكوين لهذه الثقافة.

- إهتمام العلوم الإنسانية بدراسة الطفل

وتعدد هذه المفاهيم وظهور المذاهب الفكرية المختلفة بشأنها لم يأتنا بشكل عفوي، أو حبا في التسميات، بل يدلان على اهتمام العلوم الإنسانية على اختلاف موضوعاتها بالطفل وثقافته. حيث تنطوي هذه العمليات جميعا على عملية أساسية تتكيف فيها نماذج استجابات الأطفال مع البيئة، وتحدث

تعديلات في سلوكهم وإعادة تنظيم هذا السلوك، كما تحمل معنى التكيف النفسي والاجتماعي، واكتساب خصائص كالقيم والأساليب والنظم، وإنماء الأطفال وتكوين شخصياتهم.

وهذه العمليات في مجملها تقوم على الاتصال Communication، فالنسيج الثقافي المتمثل بالحقائق والآراء والأفكار والمهارات والخبرات والأحاسيس والاتجاهات والقيم وطرق الأداء المختلفة ينتقل من شخص إلى آخر، ومن جماعة إلى اخرى، ومن مجتمع إلى آخر، ومن جيل إلى جيل عبر عملية الاتصال.

وعلى هذا فان علم الاتصال قد حسم الموقف حين أطلق على مجمل عمليات نقل الثقافة وتلقيها من قبل الأطفال أو الراشدين "اتصالا" دون أن يلغي أيا من تلك المفاهيم أو يتجاوز هدفا من أهدافها، بل هو استخلص أسسا عامة لهذه العمليات استنادا إلى عدد من معطيات العلوم الإنسانية دون أن يتجاهل الاستناد إلى بعض الحقائق الطبيعية والرياضية.(أبو معال، 1995)

## - الإتصال الثقافي

والاتصال على هذا الأساس هو فن نقل المعاني من طرف إلى طرف. وهذا النقل ليس أمرا يسيرا بل يؤلف عملية اجتماعية معقدة تنطوي على عملية اخرى هي التفاعل الاجتماعي Social Interaction حيث يعتمد التفاعل الاجتماعي على الاتصال، وبدون الاتصال لا يحصل تفاعل اجتماعي، أي لا يحصل تأثير متبادل في السلوك من خلال الكلام أو الإشارات أو غيرها، على أساس أن

موقف التفاعل الاجتماعي يتضمن عناصر ذات تنظيم نفسي واجتماعي لدى الأفراد والجماعات. وعمليات معرفية متعددة كالإحساس والإدراك والتمثيل والتفكير وما يترتب على هذه العمليات من تغيرات في سلوك الفرد والجماعة. واستنادا إلى العلاقة الوثيقة بين الاتصال والتفاعل الاجتماعي استعاض بعض الباحثين مصطلح التفاعل الرمزي Symbolic Interaction أو الاتصال الرمزي Symbolic لاعتماد التفاعل على الرموز سواء كانت كلاما أو إشارات أو ألوانا أو حركات أو أصواتا أو ألوانا.

ويحمل مفهوم الاتصال معنى إقامة الصلة بين طرفي أو أطراف عملية الاتصال، وإذا نظرنا إلى هذه الصلة على أنها علاقة Relation فان الاتصال لا يقود بالضرورة إلى صلات حميمة بين أطراف العملية، إذ قد يقود في حالات عديدة إلى النفور، لأن العلاقات الاجتماعية ذات بعدين أحدهما إيجابي ويتمثل في الود أو الوفاق أو الصداقة، وثانيهما سلبي ويتمثل في الكره أو العداء أو الصراع.

وبوجه عام فان الاتصال يعد ايجابيا في تأثيره حين يقود إلى تكوين شكل من العلاقات المجتمعية بين الناس.

وللاتصال بالنسبة إلى الأطفال وإلى الراشدين معا ثلاثة مستويات رئيسة هي:

- الاتصال الشخصي Personal Communication ويمثل تفاعلا متبادلا بين شخصين أو ثلاثة أشخاص، أو يتعدى ذلك إلى مجموعة صغيرة في موقف ما.

- الاتصال المجتمعي Societal Communication ويرتبط بمواقف التفاعل بين عدد غير قليل من الأشخاص.

- الاتصال الجماهيري Mass communication ويرتبط بمواقف التفاعل بين عدد كبير من الأشخاص، ويتجه عادة إلى جمهور Audience كبير وغير متجانس، ويستعين بوسائل Media لنقل المضمون.

والاتصال الجماهيري عبر الصحف والكتب والإذاعة والتلفاز والسينما أكثر تعقيدا من الاتصال الشخصي لأنه يستلزم قيام منظمة بدور المرسل، كما انه يتوجه إلى أعداد كبيرة من الناس، ولا يعرف المرسل عنهم الا القليل، ولا يستطيع أن يتبين ردود أفعالهم بصورة مباشرة بينما يتوجه الاتصال الشخصي والاتصال المجتمعي إلى عدد محدود من الأفراد الذين يعرف المرسل في العادة معلومات كثيرة عن تكوينهم أو خصائصهم الاجتماعية والنفسية. ولكن أوجه التشابه بين الاتصال الشخصي والاتصال الجماهيري أكثر بكثير من أوجه الاختلاف حيث أنهما يواجهان معا معوقات نفسية، ويعتمدان معا على نفس الأسس النفسية للإقناع.

ولفهم طبيعة الاتصال الثقافي بالأطفال يمكن الحديث عن هذه العملية من خلال الأبعاد التالية:

- المصدر وهو المرسل.
- الرسالة وهي مادة أو موضوع الإتصال.
- الوسيلة وهي الأداة التي تنقل عبرها الرسالة.
- الجمهور وهو المتلقي للرسالة.
- التغذية الراجعة وهي ردود فعل المتلقي أو المتلقين للرسالة.
- التأثيرات وهي نتيجة الإتصال.(الجماعي، 2005)

- المصدر" المرسل "Sender:

يتولى المصدر ألاتصالي أو المرسل أو القائم بالاتصال أو المرمز صوغ الأفكار والمعاني والمعلومات التي يسعى إلى إيصالها إلى الأطفال.

والمصدر قد يكون فردا أو مجموعة قليلة من الأفراد أو منظمة اتصالية. فالمتحدث إلى الطفل سواء كان أما أو أبا أو معلما أو زميلا هو مصدر، والاتصال الذي يكون مصدره فرد أو مجموعه قليلة من الأفراد هو في الغالب اتصال شخصي، أما الاتصال بجمهور الأطفال فيتم في العادة عن طريق دور النشر ودور الصحف، ومحطات الإذاعة، ومحطات التلفاز؛ واستوديوهات إنتاج الأفلام السينمائية.

ويتصل المصدر الاتصالي بجمهور الأطفال عبر وسيط اتصالي هو وسيلة الاتصال، ويلزم أن تتوفر لدى المصدر الإتصالي مهارات ترميز بحيث يستطيع وضع المضمون في رموز، بحيث يحدث أعمق تأثير ممكن في الأطفال،

وأن تتوفر له قدرة وضع ذلك المضمون. في رسالة تنسجم وقدرات الأطفال ومدى نموهم العقلي والعاطفي واللغوي والاجتماعي، كما تنسجم مع قدرات الوسيلة الاتصالية، حيث إن لكل وسيلة من وسائل الاتصال قدرات يمكن أن تستغل إلى مدى واسع في إحداث التأثير.

ويتطلب الأمر إضافة إلى ذلك أن يحظى المصدر بثقة الأطفال. وهكذا يتضح أن المصدر الإتصالي سواء كان فردا أم منظمة لا بد من أن يراعي مجموعة من الضوابط إضافة إلى وجوب توفر مؤهلات أو قدرات خاصة به. ومن بين تلك الضوابط ما يرتبط بالأطفال، ومنها ما يتعلق بوسيلة الاتصال أو أسلوبه وبنوعه سواء أكان شخصيا أم جماهيريا، إضافة إلى الضوابط الفنية التي تنتهي بالمضمون إلى صيغة جذابة، ومؤثرة ومفهومة.**(الجماعي، 2005)**

- الرسالة Masege:

أشرنا إلى أن المصدر يضع المعاني التي يريد أن ينقلها إلى الأطفال في شكل يمكن نقله إليهم، أي أن تلك المعاني توضع في رموز كالكلمات أو الصور أو الأصوات أو غيرها من الرموز فيما يسمى باللغة اللفظية واللغة غير اللفظية، والشكل الذي ينتهي المصدر إلى صياغته وإرساله إلى الأطفال هو ما يسمى بالرسالة، وعلى هذا يكون للرسالة مضمون في شكل قابل للنقل عبر وسيلة الاتصال في حالة الاتصال الجماهيري، أو بصورة مباشرة في حالة الاتصال الشخصي.

وهناك عدة مطالب تستلزم أن تتوفر في الرسالة هي:

1- أن تصمم وترسل إلى الطفل في صيغة تثير انتباهه، وأن تصل إليه في وقت ومكان مناسبين وأن تحمل من العناصر ما يجعلها جذابة له.

2- أن تستخدم فيها الرموز التي يستطيع الطفل فكها دون عناء أو إلتباس.

3- أن تثير الحاجات الشخصية للطفل، وتقترح بعض الطرق لمقابلة بعض تلك الحاجات وأن يراعى في وضعها موقع الطفل في الجماعة أو الجماعات التي ينتمي إليها، أو يتصل بها نظرا لما تلك الجماعات من أثر في سلوك الطفل الإتصالي.

4- أن يراعى مدى نمو الطفل من النواحي الاجتماعية والعاطفية والعقلية، وأن يكون من بين أهدافها الأساسية إنماء هذه النواحي.

وتنطبق هذه المطالب على الرسالة المرسلة إلى الأطفال على مستوى الاتصال الشخصي ومستوى الاتصال بجمهور الأطفال. ولكن كي يصبح وصف رسالة ما بأنها لجمهور الأطفال لا بد من توفر الشروط التالية:

أ- أن تصل الرسالة عبر وسيلة من وسائل الاتصال إلى عدد كبير من الأطفال في أماكن مختلفة.

ب- أن تكون الرسالة متاحة لجزء كبير من الأطفال دون أن تقتصر على عدد قليل منهم.

ج- أن تكون الرسالة مفهومة من قبلهم.

وقد يحدث للرسالة عند انتقالها إلى الأطفال وكما هو الحال عند انتقالها إلى البالغين بعضا من الاضطراب أو البلبلة أو التشويش، إذ أن الرسالة لا تصل كما هي إلى الجمهور ولا تتطابق معانيها لدى المصدر مع ما هي لدى جمهور الأطفال، في الغالب، ويرجع ذلك إلى عدة عوامل منها ما هي طبيعية ومنها ما هي نفسية واجتماعية وأبرز هذه العوامل:

1- التشويش في دلالات الألفاظ Semantic Noise: ويحصل عند استخدام المصدر لكلمات لا يتسع لها قاموس الأطفال اللغوي أو لتعابير لا تقوى بعض مستويات الأطفال الإدراكية على فهمها، أو عند تناول موضوعات ليس للأطفال معرفة بأولياتها، أو استخدام كلمات تحمل معنى معينا بالنسبة إلى المصدر بينما تحمل معنى مختلفا بالنسبة إلى الأطفال.

2- اختلاف إطار الدلالة لمصدر عن إطار الدلالة للأطفال: فقد بينت عديد من الدراسات العملية أن المستقبل طفلا كان أو بالغا يفسر الرسالة الاتصالية استنادا إلى الأطر الدلالية الخاصة به. وترسم ذلك الإطار أفكار الشخص وميوله واتجاهاته النفسية وأفكار وميول واتجاهات الجماعة أو الجماعات التي ينتمي إليها ذلك الشخص أو يرتبط بها، أي أن ذلك الإطار يؤلف مرشحا خاصا يمر به كل ما

يسمعه أو يراه، وهذا المرشح يجعل الأحاسيس تدرك بأسلوب يختلف باختلاف الأفراد وباختلاف ظروفهم وخبراتهم السابقة.

3- افتقار بعض الأطفال إلى بعض المهارات الاتصالية: يستلزم فهم الرسالة الاتصالية عددا من المهارات الاتصالية كالقراءة أو الانتباه وما إليهما من العادات الاتصالية. لذا فان النقص في هذه المهارات تقود الأطفال إلى تفسيرات خاطئة للرسالة الاتصالية، أو تفسيرات غير مطابقة لما يريده أو يقصده المصدر.

والأطفال قبل سن المدرسة يتعرضون عادة للاتصال المرئي والمسموع دون المقروء، وحتى بعد دخولهم المدرسة فإنهم يظلون أكثر اهتماما بما هو مرئي. ومن جانب آخر فان خبرات الأطفال بالتعرض للرسالة الاتصالية تظل منقوصة عند مقارنتها بخبرات الراشدين. لذا فان احتمال تفسيرهم المضمون للرسالة بغير معناها أمر شائع إلى حد كبير.

وحتى الذين تتوفر لديهم مهارات اتصالية فان هناك ما يسبب لهم إدراك الرسالة بغير صورتها الأصلية حيث إن الحواس نفسها تقع في الخطأ في بعض الأحيان.**(الجماعي، 2005)**

- الوسيـــــلة:

وسيلة الاتصال بجمهور الأطفال هي الوسيط الذي يتيح للأطفال أن يروا أو يسمعوا أو يروا ويسمعوا في آن واحد رموز الرسالة الاتصالية، أي

أنها الوسيط الناقل للرسالة، حيث تستخدم الأجهزة في هذا النوع من الاتصال لإنتاج المطبوعات أو المواد المسموعة أو المرئية. وتعتبر الصحافة والإذاعة والتلفاز والسينما في مقدمة وسائل الاتصال بجمهور الأطفال.

ولكي يصبح إطلاق الصفة الجماهيرية على وسيلة الاتصال بالأطفال من المفترض أن تتوفر شروطا لقيامها بالوظيفة ومنها أن تكاليفها قليلة أو محدودة بالنسبة إلى الطفل بحيث تكون ميسورة بصفة عامة من الناحية المالية.

وهناك من يضع شروطا اخرى لوسيلة الاتصال بجمهور الأطفال منها أن تكون تلك الوسيلة أداة نقل للمضمون بحيث تصل إلى الأطفال في وقت واحد أو في أوقات متقاربة. وعلى هذا يمكن القول أن وسيلة الاتصال بجمهور الأطفال هي الأداة التي تبث إلى عدد كبير من الأطفال رسائل متماثلة في وقت واحد.(**الحسن، 2009**)

## - الجمهور المتلقي:

استخدم مصطلح "الجمهور" في العلوم الاجتماعية ليعني مجموعة من الناس يتركز اهتمامها حول موضوع مشترك، وتكون استجاباتها إزاءه معلنة أو غير معلنة، دون اشتراط أن يكون أفرادها متقاربين مكانيا ومع التقدم العلمي والتكنولوجي في وسائل الإتصال أصبح من الممكن أن يكونوا متباعدين جغرافيا.

ولكن هذا المصطلح اكتسب مع ظهور وسائل الاتصال التي ولدها التقدم التكنولوجي، والتي أصبح بامكانها الوصول إلى أعداد كبيرة من

الناس في الأماكن المختلفة معنى محددا هو أولئك الذين يستقبلون وسائل الاتصال الجماهيري.

وقبل أن تظهر وسائل الاتصال الجماهيري الحديثة إلى الوجود كانت هناك جماعات كبيرة من الناس تتعرض لوسائل اتصالية متعددة، ولكن التطور الحديث أوجد أجهزة وطرقا للوصول إلى الناس لا تختلف عن الطرق القديمة من الناحية التكنولوجية فحسب، بل تختلف عنها من حيث المفاهيم والأفكار والمعاني التي تنقلها، ويعود ذلك إلى ما حصل من تغير اجتماعي رافق ظهور تلك الوسائل الاتصالية الحديثة. كما أن التغير الاجتماعي لم يؤد إلى زيادة تجمع الناس فقط، بل أدى إلى ظهور مجموعات تتصل بالرسائل التي تبثها هذه الوسائل أكثر من اتصالها بمن حولها من الناس.

وتعتبر هذه الظاهرة عن مفهوم الجمهور الذي يتألف من زمر أو جماعات كبيرة ومتنوعة وموزعة في أماكن متفرقة، بحيث لا يمكن الاتصال بها لا من خلال أنظمة الإنتاج والتوزيع الجماعية التي تبث بالرسائل الاتصالية المتماثلة في وقت واحد أو بحدود فترات زمنية قصيرة مما يؤدي إلى خلق واستمرار نوع من المعنى الثقافي المنظور والمشترك بين الأفراد؛ أي أن التطور الحديث أوجد وسائل تستطيع نقل الأصوات والحركات والألوان إلى الناس أينما كانوا مما جعل منهم جماهير لوسائل الاتصال، كما أن ذلك التطور خطا بحاجات المجتمع المتزايدة إلى اتصال جماهيري أفضل.

والجمهور على أساس تكوينه لا يمثل طبقة اجتماعية بل يمثل مزيجا متداخلا وواسعا، لان الطبقة الاجتماعية تشير إلى جميع الأفراد المتآلفين والمتماسكين الذين تحقق لديهم في مجتمع ما خصائص متماثلة.

ويتألف جمهور الأطفال من أشخاص، ولكن هؤلاء الأشخاص يرتبطون في الغالب بجماعة أو عدد من الجماعات كعائلة، وجماعة الأصدقاء، وجماعة المدرسة، وغيرها، وقد منح هذا الاتصال قدرة أخرى هي أن إرسالها إضافة إلى استقبالها بصورة مباشرة من قبل الأفراد، فان أولئك الأفراد ينقلون بدورهم بعض المعاني إلى الجماعات التي ينتمون إليها، وهذا يعني أن جمهور الأطفال يمارسون نشاطا اتصاليا لا يحسه الكثيرون، رغم أنه موجود في حقيقة الأمر، بل إن هذا النشاط يؤثر في غالبية صور الأطفال سواء شعروا بذلك أم لم يشعروا. ولا بدّ من الإشارة إلى أن وسائل الاتصال تتوجه إلى الطفل كشخص وإلى جمهور الأطفال معا، وهي لا تستطيع الفصل بينهما، ولكنها في توجهها إلى الطفل الشخص لا تسعى إليه باعتباره فردا قائما بذاته، بل من خلال كونه عضوا في ذلك الجمهور له بعض ما للجمهور من خصائص عامة مشتركة كالدوافع والمشاعر والمعايير، ولكن الطفل الذي يتعرض لوسائل الاتصال الجماهيري لا يشعر في العادة بأنه جزء من جمهور كبير بل يشعر بصلته بالمصدر من خلال:

- حجم الجمهور، أي عدد الأطفال الذين يتعرضون للوسيلة الاتصالية.

–  تركيبة الجمهور، ويراد بها الجماعات أو الفئات الاجتماعية التي يتألف منها جمهور الأطفال.

–  درجة التجانس، ويراد به مدى الاختلاف بين أفراد وفئات الجمهور في عدد من المتغيرات كالفئة العمرية، ومدى النمو، والمستوى التعليمي.

–  طول فترة التعرض، ويراد بها المدى الزمني الذي يقضيه أفراد الجمهور في الاستماع أو المشاهدة إلى الوسيلة أو في المشاهدة والقراءة في آن واحد.

ونشير هنا إلى أن جمهور الأطفال الذين يتعرضون لوسائل الاتصال دائم التغير من حيث مشاركة الطفل في التعرض مع المجموع ومن حيث تعرضه الفردي، كما أن تعرض الطفل يتأرجح بين الزيادة والنقصان.

وبعد كل ما ذكرنا عن جمهور الأطفال الذين يتعرضون لوسائل الاتصال الجماهيري، لا بد أن نحدد ماذا يعني بصفة (كبير) التي يوصف بها الجمهور ـ عادة ـ ونقطة الفصل في هذا الأمر هو أن جمهور الأطفال يعد كبيرا إذا كان هذا الجمهور يتعرض لعملية اتصالية خلال فترة زمنية محدودة ويكون حجمه على درجة لا يستطيع معها المصدر أن يتفاعل مع الأطفال وجها لوجه، مع ثبوت بقية الصفات كالتنوع وعدم معرفة المصدر لأفراد الجمهور معرفة شخصية مسبقة.(**الحسن، 2009**)

- التغذية الراجعة Feed Back:

تخضع عملية الاتصال الإنساني لضوابط معينة كي تحافظ على سلامة سريان المعاني والمفاهيم إلى المستقبل وتحقق الهدف المطلوب بكفاءة.

وتعتبر التغذية المرتدة Feed Back أبرز عوامل تحقيق ضبط العملية الاتصالية، إذ يمكن من خلال التحقق من نجاح العملية الاتصالية، أو فشلها عن طريق ما يصل إلى المصدر من معلومات مرسلة من المستقبل حول نجاحه أو تعثره في هدفه، مما يعرض ضبط الرسالة المقبلة للخطر.

وتعبر التغذية الراجعة أو المرتدة عن مدى إحساس المرسل بطبيعة استجابة الطفل لرسالته الاتصالية، حيث يستدل المرسل من خلال التغذية المرتدة فيما إذا وصلت الرسالة أم لم تصل، وفيما قوبلت برضى أو تردد أو برفض، وفيما إذا فهمت أم لم تفهم.

وتوصف التغذية الراجعة بأنها ايجابية عندما يفهم المصدر أن عملية الاتصال تمضي على ما يرام، وتوصف بأنها سلبية عندما يفهم المصدر أن عملية الاتصال يعتريها إرسال إشارات إلى المرسل من المستقبل تعبيرا عن الاستجابة للرسالة الأصلية.

كما تعتبر التغذية المرتدة إحدى الصفات التي تميز الاتصال الشخصي(الذي يقوم وجها لوجه) عن الاتصال بالجمهور، حيث إن الاتصال الشخصي يتخذ طريقين من المرسل إلى المستقبل ومن المستقبل إلى المرسل، بينما يتخذ الاتصال بالجمهور طريقا واحدا من المصدر إلى الجمهور فقط. وبسبب ضخامة عدد أفراد الجمهور في عملية الاتصال الجماهيري، ووجود مسافات تفصل بين المصدر وبينهم، إضافة إلى أنهم غير مرئيين

بالنسبة له. لذا يستحيل تعرف المصدر "المرسل" على ردود أفعالهم بشكل فوري على رسائله الاتصالية. وعلى هذا فان المرسل في الاتصال الشخصي استنادا إلى ما يصله بصورة فورية من استجابات المستقبلين من الأطفال يستطيع ضبط العملية الاتصالية بينما يعجز المصدر الجماهيري عن ذلك لعدم وصول التغذية المرتدة إليه.

ولما كان لا بد لمصدر الاتصال الجماهيري من أن يتعرف على استجابات الجمهور تمهيدا لضبط عملياته الاتصالية اللاحقة، لذا فقد وجد بديل للتغذية الراجعة هو إجراء البحوث والدراسات المسحية عن الجمهور للتعرف على استجابات أفراده إزاء الرسائل الاتصالية الجماهيرية، وهي ما تسمى ببحوث الجماهير Audience Research حيث قادت حاجة المصادر الاتصالية الجماهيرية إلى التعرف على حقائق ضرورية عن جماهيرها إلى نشوء وتبلور هذا النوع من البحوث في عديد من البلدان. وهي تركز عادة على التعرف على ردود أفعال الجمهور إزاء الرسائل التي ترسلها، إضافة إلى اهتمامها بالوقوف على الأسس التي تجعل الرسائل جذابة للجمهور، ومؤثرة فيه. ومدى استقباله لهذه الرسائل من حيث الحجم والنوع. وقد شملت هذه الدراسات الأطفال والراشدين معا. وهي وان كانت تتبع مناهج واحدة في البحث الا أن أدوات وطرق البحث تختلف إلى حد ما عند دراسة الأطفال عنها عند دراسة الراشدين.(**علم الدين، 2009**)

والدراسة التي تعنى باستقبال الجمهور Exposure Research للرسائل الاتصالية هي ما يطلق عليها "بحوث التعرض". ومن بين اهتماماتها دراسة العوامل المتعلقة بالتعرض كدوافع الاستماع والمشاهدة والقراءة والمشكلات التي تعيق تعرض الناس للرسائل خصوصا بعد أن تبين أن توفير وسائل الاتصال لم يعد ذا أهمية مالم يتحقق تعرض الناس لهذه الوسائل الاتصالية.

- التأثيرات:

يهدف الاتصال عادة إلى إحداث تأثيرات في المستقبلين، ويندر أن نجد اتصالا لا هدف له.وبعد أن ظهرت وسائل الاتصال الجماهيري الحديثة إلى الوجود تتابعت الدراسات حول تأثيرات هذه الوسائل في الأفراد والجماعات.

وقد تمثلت النظرة إلى تأثيرات وسائل الاتصال بالجمهور في البداية في أن لتلك الوسائل تأثيرات فعالة ومباشرة، حتى شبه ذلك التأثير بحقنة الإبرة أو بالرصاصة السحرية. على أساس أن الأفكار أو المشاعر أو الدوافع تنتقل اتوماتيكيا "آليا" من عقل إلى آخر.

ولكن الملاحظات المقننة والبحوث العلمية عن تأثيرات وسائل الاتصال الجماهيري تجاوزت نظرية حقنة الإبرةHypodermic Theory أو نظرية الرصاصة السحرية. إذ تبين أن الأفراد أطفالا كانوا أم راشدين لا يتلقون المعاني والأفكار بعقل سلبي، بل إن ما يمتصون منها يتحدد حسب خلفياتهم واحتياجاتهم، أي أن الأفراد ليسوا سلبيين في تلقيهم لرسائل

الاتصال الجماهيري، بل هناك ما يجعلهم ينقدون، أو يرفضون، أو يضعون أصابعهم في آذانهم عازفين.

وهناك معوقات عديدة تحد من تأثير وسائل الاتصال ويرجع ذلك إلى عوامل عديدة منها: أن طبيعة هذه الوسائل وتنوع الجمهور لا يتيح للمصدر الإتصالي أن يكيف رسائله وفقا لمقتضيات حاجات الأفراد المستقبلين.

في وقت يمكن القول أن عملية الاتصال بالجمهور لا تتيح تغذية راجعة تتيح للمصدر أن يتعرف فوريا على مواقف المستقبلين، ومن جانب آخر فان الرسالة الاتصالية عبر هذه الوسائل تصاب ببعض التعديل أو التغيير أثناء انتقالها عبر الوسيلة، وتواجه معوقات تحول دون تعرض أعداد كبيرة من الناس لها، إضافة إلى أن الأطفال يلجأون لمذاهب متعددة في تفسيرها.(علم الدين، 2009)

ولكن هناك مزايا عديدة يختص بها الاتصال بالجمهور، منها انه يهيئ الأطفال للمشاركة. إذ يمكنهم من إشراك أنفسهم إلى درجة ما في مواقف وخبرات قد لا يمرون بها في حياتهم الاعتيادية، ويمنحهم الفرصة لدخول عالم غير عالمهم، وتقمص أدوار ذاتيه وأخرى اجتماعية في العديد من الجماعات التي قد لا يتاح لهم في واقع الحياة أداء مثل هذه الأدوار.

وقد نوقشت نظريات تأثير وسائل الاتصال بالجمهور من خلال دراسة تأثيراتها في الثقافة والشخصية.وتنطوي هذه النظريات على أن للاتصال الجماهيري دورا في التأثير في مدارك ودوافع واتجاهات ومستويات فهم

واهتمامات وأذواق ووجهات نظر وقيم وأنماط سلوك الأطفال بصرف النظر عن مدى ذلك التأثير. ومن بين ما كان يتوقعه الكثيرون أن يكون الأطفال على درجة عالية من التأثر بوسائل الاتصال بالجمهور، ولكن كثيرا من التوقعات في هذا الاتجاه لم تتحقق.(الحسن، 2009)

- خلاصة الفصل

يحمل مفهوم الاتصال معنى إقامة الصلة بين طرفي أو أطراف عملية الاتصال، وإذا نظرنا إلى هذه الصلة على أنها علاقة Relation فان الاتصال لا يقود بالضرورة إلى صلات حميمة بين أطراف العملية، إذ قد يقود في حالات عديدة إلى النفور، لان العلاقات الاجتماعية ذات بعدين أحدهما ايجابي ويتمثل في الود أو الوفاق أو الصداقة، وثانيهما سلبي ويتمثل في الكره أو العداء أو الصراع.

وبوجه عام فان الاتصال يعد ايجابيا في تأثيره حين يقود إلى تكوين شكل من العلاقات المجتمعية بين الناس.

وقد عرضنا في هذا الفصل لعملية الاتصال من خلال تناول أبعادها التالية:

— المصدر وهو المرسل.

— الرسالة وهي مادة أو موضوع الاتصال.

— الوسيلة وهي الأداة التي تنقل عبرها الرسالة.

— الجمهور وهو المتلقي للرسالة.

– التغذية الراجعة وهي ردود فعل المتلقي أو المتلقين للرسالة.
– التأثيرات وهي نتيجة الاتصال.

مبينين خصوصية الاتصال بالأطفال في كل بعد من أبعاد عملية الاتصال هذه وكيفية حدوث التأثيرات على الأطفال.

## الفصل الرابع
## مدركات الأطفال واكتسابهم للثقافة

- الإدراك عملية عقلية معرفية

وكما أشرنا يمكننا القول أن تثقيف الأطفال هو وليد اتصالهم بالمجتمع، والاتصال في طبيعته عملية معقدة لها عناصر اجتماعية وأخرى نفسية، وله مراحل تبدأ بالنسبة إلى الطفل بالإحساس وتنتهي بتبني أو رفض المضمون الثقافي الذي يبث أو يرسل.

وعلى هذا فان عملية اتصال الأطفال ترتبط بعمليات عديدة في مقدمتها العمليات العقلية أو العمليات المعرفية، ومن بين هذه العمليات: الإدراك والتخيل والتفكير. فالطفل يحس ويدرك ويتنبه ويتذكر ويتخيل ويفكر، وقد هيأت له عملية الإحساس أن يرى ويسمع ويتذوق ويشم ويلمس، وساعده الإدراك على إجراء اختيار وتنظيم وتحوير للأحاسيس، ومكنه التذكر من استعادة الخبرات السابقة لتكوين جديد، ومهد له التخيل تكوين توقعات مقبلة، وساعده التفكير على حل المسائل والمشكلات.

والطفل يتعرض للمؤثرات الثقافية في بيئته بعد ولادته مباشرة، بأشكال مختلفة، وهو يتفاعل معها شيئا فشيئا، وتعتبر حواسه هي المداخل التي تستقبل

تلك المؤثرات، سواء أكانت مؤثرات بصرية أم سمعية أم شمية أم ذوقية أم لمسية. ولكن الطفل لا يتلقى تلك الأحاسيس بصورة آلية وخصوصا بعد أن يمضي في نموه، بل يؤولها ويحورها وفقا لمدى نموه النفسي والاجتماعي والجسمي والعقلي، ووفقا للموقف موضع الإحساس. لذا فان الإحساس الواحد لدى الأطفال المختلفين يؤول في العادة إلى إدراكات متباينة، لان لكل طفل عالمه الادراكي الخاص به، وتتباين أيضا مدركات الطفل الواحد من موقف إلى آخر، لان الإدراك هو نشاط نفسي له علاقة وثيقة بالشخص وحالته النفسية وثقافته وله علاقة أيضا بموضوع الإدراك نفسه.

وهذا يعني أن للثقافة دورها في تشكيل المدركات. فأفكار الطفل وميوله وقيمه تؤلف بنيانا ذهنيا تستجيب له الأحاسيس عند تحولها إلى مدركات يضاف إلى ذلك أن دوافع الطفل وحاجاته النفسية وخصائصه الفردية المتميزة هي الأخرى تؤثر تأثيرا واضحا في طبيعة إدراكه، وفي فهمه لما يرى ويسمع ويشم ويذوق ويلمس، أي أن موضوع الإدراك يخضع لعوامل ثقافية ونفسية فضلا عن خضوعه لموضوع الإدراك نفسه، وعلى هذا فان أي فكرة أو موقف أو حدث أو شيء لا تعني بالضرورة نفس المعنى بالنسبة إلى الأطفال المختلفين، ومع هذا فان مدركات الأطفال تتقارب إلى حد كبير في البيئة الثقافية الواحدة، وهي تتقارب أكثر في مرحلة النمو الواحدة لدى الأطفال في الثقافة الفرعية الواحدة.(علاونة، 2008)

- تأثر الإدراكات بالثقافة

والقول إن للثقافة دورا في تشكيل المدارك حول الموضوعات يحتم الإشارة إلى أن إدراك الطفل يتأثر إلى حد بعيد ببيئته ما دام يكتسب خبراته عن طريق الصلة الادراكية بينه وبين المجال الخارجي حيث تعمل الثقافة على تحديد أسس تنظيم المدركات من خلال المفاهيم وأنماط السلوك التي تؤكد عليها.

والفهم الذي يتمثل في تمييز المدركات أو تنظيمها أو الاختيار من بينها هو نتيجة للإدراك أو أساس له وهو المدخل لتثقف الطفل، والطفل العاجز عن الإدراك هو كائن بيولوجي لا ثقافي، ووجود فكرة أو موقف أو حدث أو شيء في عالم الطفل الخارجي لا يعني له شيئا مالم يحس به ويدركه، ومن ثم يفهمه، بل إن الفهم يتطلب توفر خبرات سبق للطفل الإحساس بها. ويتردد ذكر الطفل الذي ولد أعمى وأجريت له عندما بلغ الثامنة عملية جراحية وأعيدت له القدرة على الإبصار، ولكنه في البداية عجز عن فهم الأشكال والألوان والأشياء التي عرضت أمامه، وحين اقتيد إلى إحدى النوافذ وسئل عما إذا كان يرى السور الذي يمتد أمامه كان جوابه بالنفي، ويعود ذلك إلى انه لم يكن يمتلك خبرة بما يرى، لذا لم يكن يفهم ما تبصره عيناه. أي أن الإدراك يستلزم بين ما يستلزمه خبرة حسية. لذا فان وسائل الاتصال الثقافي بالأطفال تحرص على أن توفر للأطفال خبرات بديلة عن الخبرات الواقعية من خلال

تكوين مدركات مختلفة اعتمادا على الكلمات والصور والرسوم والأصوات، وكل ما يجسد المعاني والمواقف.

ورغم أن الأطفال وكذا الكبار يختلفون في أطرهم الادراكية الا أن للإدراك بوجه عام خصائص متميزة، يمكن الوقوف عند عدد منها، كالحذف، والإضافة، والانتقاء، والترتيب والمحدودية، والخطأ والذاتية.

فالطفل لا يدرك تفاصيل الموقف أو الفكرة أو الحدث أو الشيء بأكملها، ولا يستجيب لجميع المؤثرات لاستحالة توجيه انتباهه إلى مجمل تلك التفاصيل، حيث يتحقق التركيز في العادة على بعض الجوانب منها، وتختلف تلك الجوانب باختلاف الأطفال، وهذا يقود إلى القول إن الأطفال يحذفون جوانب من موضع الإدراك.

ويميل الأطفال وكما هو حال الكبار إلى إضافة تفاصيل إلى الأصل ليست واردة فيه بالأساس، إذ إنهم يكملون الصورة الناقصة أو يسدون بعض الجوانب التي ينشغلون عن الانتباه إليها، لذا يقال إن الأطفال لا يدركون موضوع الإحساس كما هو بل كما يكون أولئك الأطفال من تلك اللحظة. وعلى هذا فان الإدراك ينطوي على الإضافة في نفس الوقت الذي ينطوي فيه على الحذف.

أما السمة الثالثة التي يتصف بها الإدراك فهي: الترتيب الذي يتمثل في تكوين الطفل لكيان من المدركات من خلال الربط بسبب تشابهها أو تقاربها مكانيا أو زمانيا.(علاونة، 2008)

ومن جانب آخر فان الطفل وكذا حال الراشد يميل إلى الانتقاء في إدراكه للأحاسيس، حيث إن المثيرات في البيئة من السعة والكثرة بحيث تعجز الحواس عن استقبالها في وقت واحد، لذا يختار منها جانبا ويجعلها في مركز الاهتمام في اللحظات المختلفة، وقدرات الحواس محدودة حيث إن هناك الكثير من المثيرات التي تعجز تلك الحواس عن الإحساس بها، فحاسة البصر الإنسانية لا ترى كل ما حولها، وحاسة السمع لا تلتقط كل الأصوات وبالتالي لا تستطيع إدراكها في وقت يمكّن أحياء حيوانية من الإحساس ببعض المثيرات البصرية أو السمعية أو غيرها مما لا يستطيع الإنسان الإحساس به.

وفوق هذا وذاك فان الحواس نفسها كثيرا ما تقع في الخطأ مما يقود إلى تكوين مدركات بعيدة عن الواقع، حيث إن الإحساس كعملية عقلية نزوعية يسبق الإدراك كعملية عقلية معرفية، ويطلق على جانب من الخطأ في الإحساس (الخداع الحسي).

وعلى هذا فان الطفل وكذا البالغ. لا يتلقى الأحاسيس سلبيا بل هو يؤول فيها ويعدل ويخطىء وفقا لخبراته وحالته النفسية والجسمية

والاجتماعية، ومدى نمو العمليات العقلية المعرفية لديه كالتذكر والتصور والتخيل والتفكير، إضافة إلى تأثير العوامل الخارجية في ادراكات الفرد، ويراد بالعوامل الخارجية ما يرتبط بالأشياء التي تصدر عنها المنبهات الحسية، كالأشياء المتقاربة زمانيا أو مكانيا، أو الاشياء المتشابهة في الشكل أو اللون.

ومن الأمثلة التي تساق كثيرا عن تأثر الإدراك بعوامل متعددة ما انتهت إليه إحدى التجارب عن مجموعة من الأطفال، حيث قسم ثلاثون طفلا في سن العاشرة ومن ذوي الذكاء المتوسط إلى ثلاث فرق كل فرقة من عشرة أطفال،وكانت الفرقة الأولى أطفالا من طبقة اجتماعية عالية الدخل، والثانية من طبقة منخفضة الدخل، أما الفرقة الثالثة والتي هي مجموعة ضابطة في البحث التجريبي، فقد كانت مؤلفة من أطفال من طبقات اجتماعية عالية ومتوسطة ومتدنية أي أنها مختلطة.

وقد عرضت أمام كل طفل من أطفال الفرقتين الأولى والثانية عملات نقدية معدنية بأحجام وقيم مختلفة، وعرضت أمام كل طفل من أطفال الفرقة الثالثة أقراص ورقية بنفس أحجام العملات، ثم عرضت أمام الأطفال مساحات دائرية من النور في غرفة مظلمة، وقد تبين ما يلي:

- أن أطفال الفرقة الثالثة قدروا للعملات المعدنية أحجاما أكبر من أحجام أقراص الورق رغم أنها مساوية لها.

- كلما ازداد حجم العملة ازدادت المبالغة في تقدير ذلك الحجم.

- ازدادت المبالغة في تقدير أحجام العملات من قبل الأطفال الفقراء أكثر من زيادة المبالغة من قبل الأطفال الأغنياء.

وهذه التجربة توضح أن تقدير الأطفال لحجم العملة يتأثر بتقديرهم لقيمتها مما يعطي المؤشر على أن الإدراك يتأثر بما للأطفال من خبرات ودوافع وميول.

وعلى هذا فإن عوامل موضوعية وأخرى ذاتية تدخل في عملية إدراك الطفل، وإذا كانت العوامل الموضوعية تؤدي إلى تنظيم إدراكي وتقارب لدى الأطفال الأسوياء في المرحلة الواحدة فان العوامل الذاتية تتغير مع تغير الظروف النفسية للطفل بما في ذلك حاجاته ودوافعه ومزاجه والظروف الأخرى في بيئته الثقافية. **(صالح، 2001)**

## - الإدراكات وإكتساب الثقافة

وإذا كان الإدراك هو أساس حياة الطفل المعرفية باعتباره يقود إلى الفهم أي إكتساب عناصر الثقافة فإن للثقافة نفسها دورا أساسيا في تحديد طرق تنظيم الإدراكات، حيث إن الطفل يفهم ما حوله من مثيرات في ضوء الانطباعات التي ترسمها مداركه، تلك الانطباعات التي يكتسبها في العادة من ثقافة مجتمعه.

ويستمد الطفل خبراته التي يربط بها بين المثيرات البصرية أو السمعية أو الشمية أو اللمسية أو الذوقية وبين دلالاتها من البيئة الثقافية وحواس الطفل رغم أنها مهيأة لالتقاط المثيرات بعد ولادته بوقت قصير، الا انه غير مهيأ لفهم معانيها بسبب افتقاره إلى الخبرة التي يربط بها بين تلك المثيرات أو فهم ما تحمله من معان. والطفل لا يتعلم من بيئته كيف يسمع أو يبصر بل

يتعلم معنى ما يسمع ومعنى ما يبصر، وكذا الحال بالنسبة غلى اللمس والشم والذوق، وعلى هذا فان اتصال الطفل بالبيئة الثقافية يهيىء له إدراك معاني أحاسيس، لذا فان مدركات الأطفال في ثقافة ما تختلف في كثير من الوجوه عن مدركات الأطفال في ثقافة اخرى.

وعلى هذا فان إدراك الأطفال يؤلف حاصل ضرب مجموعة من التأويلات والمواقف والخبرات والظروف. وهو لا يمثل تفسيرا واقعيا صرفا للأحاسيس موضع الإدراك. (منصور، 2009)

- إدراكات الأطفال ومستوياتها

وقد قادت هذه السمات إلى مشكلات متعددة في عملية الاتصال بالأطفال حيث يعتبر علماء الاتصال ما ينطوي عليه الإدراك من حذف وإضافة وانتقاء وترتيب ومحدودية قدرات الحواس أحد العوامل الأساسية في عدم وصول الرسالة الاتصالية إلى الأطفال بنفس المعاني التي يريدها المصدر، وبالتالي عدم فهمها من قبل الأطفال بالشكل المقصود، وخصوصا تلك المرسلة عبر وسائل الاتصال الجماهيري كالإذاعة والتلفاز والصحف والكتب والسينما، لان المصدر في هذا المستوى من الاتصال لا يستطيع الوقوف بصورة مباشرة وفورية على ردود أفعال الأطفال.

وتقل نسبة ما يعتري الرسالة الاتصالية من تغير في الاتصال المواجهي الذي يمهد للمصدر أن يتكيف إلى حد ما مع المستقبل بعد ملاحظة ردود أفعال الأطفال الفورية من خلال ما يسمى بالتغذية المرتدة.

ويعد تعرف المصدر الاتصالي إلى مدركات الأطفال مسألة جوهرية لان الاتصال يعني المشاركة في الخبرة والمعاني عبر رموز مشتركة. وإذا لم تتهيأ للمصدر صياغة الرسائل بصورة يستطيع بها الأطفال إدراك ما تحمل من معان فان الاتصال يعني أنه غير فعّال.(صالح، 2001)

والتعرف على مدركات الأطفال، أو الوقوف على الإطار الإدراكي للطفل مسألة غاية في التعقيد، لذا يعتبر هذا الأمر مشكلة أخرى من مشكلات الاتصال بالأطفال. إذ يتحتم في الاتصال الفعال أن يصاغ المضمون الثقافي في رسائل متوافقة مع الإطار الادراكي للأطفال.

ورغم طبيعة الإدراك المعقدة، واختلاف العالم الادراكي بين الناس، وارتباط الإدراك بالشخص وحالته النفسية وثقافته وبيئته الثقافية وبطبيعة الشيء أو الموقف المدرك الا انه يمكن الحديث عن عالم إدراكي عام للأفراد، وخصوصا الأطفال في كل مرحلة من مراحل نموهم نظرا لاشتراكهم في الحاجات، ومواجهتهم مشاكل ومواقف وخبرات مشتركة إلى حد ما.

- وسائل التثقيف كمنبهات حسية للإدراك

ومن بين ما انتهت إليه الدراسات الاتصالية انه كلما كان عدد الحواس التي تتلقى المثيرات اكبر كان الإدراك اقرب إلى أن يكون صحيحا، فالطفل الذي يتهيأ له أن يرى آلة موسيقية ويسمع نغماتها يكون إدراكه لها اكبر من إدراك طفل آخر تهيأ له سماع النغمات وحدها أو رؤية الآلة وحدها.

ولهذا يعتبر خبراء الاتصال أن التلفاز أكثر قدرة على إيصال الرسالة الاتصالية من الاذاعه لاعتماد التلفاز على الصورة والصوت معا، بينما تقتصر الإذاعة على الصوت، كما أن صحف وكتب الأطفال المصورة أكثر قدرة على تكوين المدركات من الصحف والكتب التي تعتمد على المادة المقروه فقط. وتستقر أذهان خبراء الاتصال اليوم على وجوب قيام وسائل الاتصال بتقديم الخبرات العوضية للأطفال عن الأشياء والأشخاص والأفكار والمواقف.

وتراعي وسائل الاتصال مراحل نمو مدارك الأطفال في صياغة رسائلها. حيث إن إدراك الطفل في الأشهر الأولى من عمره هي مدارك حسية تنحصر في المحيط الضيق الذي يعيش فيه. وتفاعل الطفل مع الثقافة يأخذ شكلا تدريجيا فتتراكم تأثيرات عديدة في ذهن الطفل وبذا يزداد إدراكه بما يحس سعة وتنوعا، ويستمر به الأمر حتى يصل إلى الإدراك الكلي وخاصة في فترة المراهقة إذ يتهيأ له التأليف بين المفردات ذات الخصائص المشتركة أو المتشابهة أو المتقاربة فيشكل منها مدركا كليا.(**صالح، 2001**)

ومدارك الأطفال إزاء الأشخاص والمواقف والأفكار تظل في حالة نمو مستمر مع استمرار نمو الطفل عقليا ونفسيا وجسميا واجتماعيا، لذا فان دراسات عديدة تتناول تطور إدراك الطفل للأشكال، والألوان، والأحجام، والأوزان، والمسافات، والأعداد والعلاقات المكانية والزمانية في كل مرحلة من مراحل نمو الطفل.

والمعروف أن الأطفال لا يدركون في صغرهم المعنويات كالعزة والكرامة والثورية وما إليها، لذا تبتعد مصادر الاتصال بالأطفال عن إطلاق هذه المعنويات في رسائلها الاتصالية، وهي حالة استخدامها تستعين بمحسوسات مألوفة للأطفال ذات علاقة بتلك المعاني كي تقربها من مداركهم، وهي في حالة إغفال ذلك تصبح كمن يحدث المصاب بعمى الألوان عن خضرة الشجر، وحمرة الورد، و زرقة البحر.

ولما كان الإدراك انتقائيا، لذا فان وسائل الاتصال تعمل على جذب انتباههم من خلال الألوان والأضواء والحركات السريعة والصور الغريبة وما إلى ذلك من أساليب التشويق، كما تحاول هذه الوسائل ربط محتوى الرسائل الاتصالية بحاجات الأطفال ودوافعهم نظرا لما بين تلك الحاجات والدوافع من علاقة بالإدراك. وبوجه عام يعمل المصدر الاتصالي على جذب إهتمام الطفل إلى بؤرة الموضوع دون أن يجعل ذلك سببا في عزوف الطفل عن حاشية الموضوع، على أساس أن الرسالة الاتصالية كيان متكامل.

وتعمل وسائل الاتصال على تنمية قدرات الأطفال على الإدراك الصحيح، وترى في سلامة إدراك الطفل مهارة أساسية من مهارات فك الرموز الاتصالية التي يتطلبها فهم الطفل لمعاني الرسالة.(**أبو عمشة، 1999**)

وفي الختام لا بد من التأكيد على أن الإدراك الصحيح هو الطريق إلى فهم الطفل لثقافة مجتمعة.

- خلاصة الفصل

إن عملية اتصال الأطفال ترتبط بعمليات عديدة في مقدمتها العمليات العقلية أو العمليات المعرفية، ومن بين هذه العمليات: الإدراك والتخيل والتفكير. فالطفل يحس ويدرك ويتنبه ويتذكر ويتخيل ويفكر، وقد هيأت له عملية الإحساس أن يرى ويسمع ويتذوق ويشم ويلمس، وساعده الإدراك على إجراء اختيار وتنظيم وتحوير للأحاسيس، ومكنه التذكر من استعادة الخبرات السابقة لتكوين جديد، ومهد له التخيل تكوين توقعات مقبلة، وساعده التفكير على حل المسائل والمشكلات.

مما يعني أن للثقافة دورها في تشكيل المدركات. فأفكار الطفل وميوله وقيمه تؤلف بنيانا ذهنيا تستجيب له الأحاسيس عند تحولها إلى مدركات يضاف إلى ذلك أن دوافع الطفل وحاجاته النفسية وخصائصه الفردية المتميزة هي الأخرى تؤثر تأثيرا واضحا في طبيعة إدراكه، ومع هذا فان مدركات الأطفال تتقارب إلى حد كبير في البيئة الثقافية الواحدة، وهي تتقارب أكثر في مرحلة النمو الواحدة لدى الأطفال في الثقافة الفرعية الواحدة.

ولهذا تناولنا في هذا الفصل تأثر الإدراكات بالثقافة لن الإدراك هو أساس حياة الطفل المعرفية باعتباره يقود إلى الفهم أي اكتساب عناصر الثقافة فإن للثقافة نفسها دورا أساسيا في تحديد طرق تنظيم الإدراكات، حيث إن الطفل يفهم ما حوله من مثيرات في ضوء الانطباعات التي ترسمها مداركه، تلك الانطباعات التي يكتسبها في العادة من ثقافة مجتمعه.

وكان لا بد من أن نعرج على الحديث عن إدراكات الطفل ومستوياتها حتى تستقيم الأمور وتتضح بشكل أفضل. مما قادنا إلى تناول وسائل التثقيف كمنبهات حسية عند الأطفال.

## الفصل الخامس
## الثقافة وخيال الأطفال

### - التخيل عملية معرفية

من المسلم به أن الكائن الإنساني يتمتع بقدرة كافية على استحضار الحوادث والوقائع والمدركات، عموما، دون الحاجة إلى وقوعها من جديد، أي انه يستطيع استيحاء الخبرات السابقة في غياب التنبيهات الأصلية، ويكون لتلك التنبيهات صورا ذهنية مشابهة للصور الأصلية، إلا أنها ليست مطابقة لها في العادة. ويطلق على هذه العملية مصطلح: التصور، وهي في الواقع عملية قريبة من عملية التذكر.

ولكن قدرة الإنسان تفوق ذلك، بحيث انه يستطيع ممارسة عملية عقلية أكثر تعقيدا، وأكثر شمولا من التصور، من خلال قدرته على التجوال بذهنه، ورسم صور رمزية تختلف عن استحضار التنبيهات السابقة، إلى تكوين وتأليف جديد مغاير للأصل تماما، وهذه العملية هي التخيل Imagination.

وعلى هذا، فان التخيل هو عملية استحضار صور لم يسبق إدراكها من قبل إدراكا حسيا، كاستحضار الطفل صورة لنفسه وهو يقود مركبة فضاء. وهذا يعني أن التخيل هو تأليف صور ذهنية تحاكي ظواهر عديدة تذكرية، لذا تعد

الصور المتخيلة بديلات تنشئها المخيلة عندما تتصرف في الصور الذهنية وتخرجها في كيان جديد.

ونحن ننبهر بانتظام خلايا النحل، ومثلنا ينبهر أكثر المهندسين إبداعا، كما ننبهر بدقة نسيج العنكبوت، ومثلنا ينبهر أكثر النساجين مهارة. ونشك في أن تكون النحلة، أو العنكبوت قد مارست عملية عقلية تخيلية آلت بها إلى تصميم مأواها، وإذا صح هذا الشك؛ فانه يبرر لنا التسليم بما يكتفي به علماء النفس حين يعززون سلوك الحيوان إلى فعل غريزي، رغم أن هذا التفسير لا ينطوي على معنى، وهو أن انطوى فانه يظل شديد الإبهام.

والقول إن الخيال ليس من بين أنشطة الحيوان يجعلنا نقول ونحن أمام ضروب شتى من الأنشطة الخيالية الإنسانية الطويلة، إن "الإنسان كائن خيالي". ويبدو أن الخيال رافق الإنسان منذ أن وجد على هذا الكوكب. لذا فان قصة الإنسان المديدة هي في نفس الوقت قصة للخيال، ما دام الخيال رفيق الإنسان.

ومع أن التخيل ينتهي إلى تأليف صور جديدة، الا انه يرتبط بالإحساس والإدراك والتذكر، فالفرد أثناء تخيله ينتقي ويرتب ويحور ويؤول وصولا إلى الصورة الجديدة، ويرتبط التخيل بالخبرات الماضية.

ويقوم التخيل بدور هام في عملية التفكير، أي أن هناك رابطة بين التخيل والتفكير، وهذه العلاقة تتغير وفقا لمرحلة نمو الطفل أو البالغ.(**الجماعي، 2005**)

## - الإنسان كائن خيالي

وقد مهدت عملية التخيل للإنسان الوصول إلى حقائق لم يكن من الممكن إدراكها عن طريق الحواس، لذا أمكن القول انه لولا قدرة الإنسان على التخيل لما استطاع أن يستوعب وقائع التاريخ، أو أن يفهم الفنون والآداب والعلوم، أو أن يكتسب عناصر الثقافة الأخرى. ولولاها أيضا لما أصبح بوسعه أن يتأمل ويرسم الخطط والتصاميم الجديدة لمختلف جوانب الحياة. لذا فان لعملية التخيل والعقائد والنتاجات الأدبية والفنية، كما أن التخيل وفر للإنسان اختيار غايات ووضع احتمالات لتحقيقها.

ومصطلح الخيال يستخدم أحيانا، استخداما مضللا دون أن يسبب اضطرابا، لان كثيرا من الناس اعتادوا على استخدامه في الحياة الاعتيادية، تعبيرا عن الإثارة أو الإيهام أو الأحلام، أو التفكير الهامس، أو التذكر، مع أن له معنى محددا.

وفي مجال علم النفس، اختفى مصطلح "الخيال" Imagination لسنوات عديدة، ولكن يبدو أن بحوث علم النفس في العقود الأخيرة من القرن العشرين وبداية القرن الواحد والعشرين بدأت تستعيد الإشارة إليه من جديد، أو تتناوله بإيجاز، وقد يعود سبب اختفاء المصطلح لفترة من الزمن. إن موضوعه ينتمي إلى نوع قديم من النظريات في علم النفس، أو انه ينتمي إلى علم نفس الملكات، وظهرت كلمة بديلة هي الفنتازية Fantazy ولكن بعض الدراسات النفسية حاولت استعادة مصطلح "التخيل" Imagination وذلك بإدخاله تحت باب الابتكار، رغم أن هذا الأخير لا يمكن أن يرادف الخيال.

وفي المناقشات الفلسفية كان مصطلح الخيال يتمتع بشيوع كبير، الا أن اغلب الفلاسفة كانوا ينظرون إليه، على انه نوع من النشاط الذي لا يتمتع الا بمرتبة منخفضة، وكان يبدو للبعض منهم على انه يرتبط بصور الأحاسيس أو بالذاكرة.

وكانت هناك مناقشات كثيرة حول الخيال الشعري، والخصائص التي تميزه...وفي هذا المجال كان الخيال يحظى بموقع ذي أهمية لأنه كان يعد موهبة نادرة لا يختص بها الا أفراد قليلون أو معدودون.

واتهم البعض الخيال بأنه يقود إلى الكسل البدني والذهني، ومع أن حجة الكسل البدني قد تبدو معقولة شكلا إلا أنه لا يمكن الإقرار بأن الشخص الذي يتخيل موضوعا في قصة، أو مشهد، لا يبذل جهدا ذهنيا راقيا.

وهناك من ربط بين الخبرات الخيالية وبعض العواطف ذات التأثير الضار في حياة الطفل، وقد ترددت مثل هذه الآراء كثيرا في الولايات المتحدة الأمريكية، في خمسينات القرن الماضي خلال فترة نقد عنيفة ضد صحف الكوميكس.

ومهما يكن من أمر، فان الخيال نشاط عقلي قد يكون له بعض الأضرار في حالات معينة، ولكنه يمثل صفة إنسانية مكنت الإنسان من أنجاز الإبداعات المختلفة، ولولاه لكانت الإنسانية في وضع آخر يصعب علينا تخيله. فالإنسان، من خلال تخيله لأمور أفضل، وسعيه إلى إنجازها، استطاع أن يواصل نموه باستمرار... وهناك نظرية ترجع النمو والتقدم إلى القدرة المسماة "التقمص الوجداني Empaathy وهي تقوم على التخيل، إذ إنها تشير إلى قدرة

الفرد أو المجتمع على وضع نفسه في موضع فرد أو مجتمع آخر، ومن ثم تبني بعض أنماط سلوكه وأفكاره، أو إبداء الطواعية أو الاستعداد لتغيير أنماط سلوكه. وحسبما لما يثار من مشكلات، حول الجوانب السالبة والموجبة في التخيل، ابتدع المختصون خطا فاصلا في عالم الخيال، وقيل عن الحيز الأول انه خيال بنائي أو إنشائي، وعن الثاني انه هدام، وعلى أساس ذلك عدت للخيال مجالات وحدود يصبح في حالة تجاوزها هداما، ويطلق عليه التوهم أو الشرود الذهني، ويفقد صفته البنائية والإبتكارية، ويجنح إلى الهدم.(**الجماعي، 2005**)

- الخيال الابتكاري والخيال التقليدي

ومن التخيل ما هو إبداعي، ومنه ما هو تقليدي، وفي التخيل الإبداعي يستحضر- الفرد صورا خيالية لم يسبق تكوينها من قبل، أما في التخيل التقليدي فان الفرد يستحضر- التخيلات التي ينشئها الآخرون، فالطفل الذي يقرأ قصة يمارس عملية تخيل تقليدي، لأنه يترجم تخيلات الكاتب التي تحملها القصة عبر مخيلته.

وما يتجاوز الخيال الابتكاري والتقليدي يعد في الغالب توهما، عندما تزوّر المخيلة الأشياء والمفهومات، ويلاحظ أن الأطفال يختلفون وقائع وأحداثا ويبالغون في بعض صفاتهم، أو يلتبس عليهم الخيال بالواقع، فنصفهم نحن الكبار بأنهم كذابون ولكننا نبرئهم فنصف كذبهم بأنه ابيض، ولكن بعض أنماط هذه التخيلات أنماط منحرفة في النشاط الذهني.

ويشغل التخيل حيزا كبيرا في نشاط الأطفال العقلي منذ السنوات الأولى من أعمارهم، وهم يتخيلون وقائع وحوادث، ويقوم كثير من أفكارهم وألعابهم وآمالهم على الخيال.

ويكون الطفل بين الثالثة والخامسة ذا خيال حاد، ولكن ذلك الخيال محدود في إطار البيئة الضيقة التي يحيا فيها، فهو يتصور العصا حصانا، ويمسك بها ويضعها بين ساقيه، ويجري بسرعة، متخيلا نفسه فارسا من الفرسان، ويتصور الدمية كائنا حيا، فيكلمها برفق ونعومة، أو يغضب منها فيطلق عليها قذائف السباب والشتيمة.

ويتهم الأطفال، في هذه المرحلة، بالكذب حين يميلون إلى اختلاق مواقف خيالية لا وجود لها في الواقع، وهذا الكذب ليس من قبيل كذبنا نحن الكبار لأننا نزوق الحقائق ونقلب المفاهيم، ونجعل من سافل الدنيا عاليها، عن عمد وسبق تخطيط وإصرار، تحقيقا لمصالح ذاتية وأنانية، أما الأطفال فإنهم مدفوعون إلى ذلك استمتاعا بحياتهم، وتعبيرا عن انفعالاتهم وقدراتهم العقلية، وإشباعا لرغباتهم المكبوتة، من خلال تخيل عالم آخر غير الذي يفرضه عليهم الكبار.

ويؤدي خيال الطفل في هذه المرحلة، وظيفة مهمة في نموه لأنه يشكل له طريقة لتنظيم الكثير من نشاطاته، وأساسا لممارسة مهاراته الحركية، وتنشيط فعالياته الأخرى.

أما الأطفال بين السادسة والثامنة أو التاسعة فان خيالاتهم تكون قد تجاوزت النطاق المحدود بالبيئة، وطبعت بطابع إبداعي أو تركيبي موجه، ويسمى هذا الدور من ادوار النمو الخيالي دور الخيال المنطلق، حيث يتشوقون فيه إلى الصور الذهنية غير المعقدة التي ترسم لهم أو ترسمها مخيلاتهم، لذا فهم يميلون إلى القصص والمسرحيات والمقالات والقصائد ذات المضامين التي تشبع هذا اللون من التخيل، والتي تنقلهم إلى أفاق غريبة عن نطاق عالمهم.

وبعد هذه المرحلة، وحتى الثانية عشرة من أعمارهم، يكونون قد انتقلوا إلى دور أخر اقرب إلى الواقع، فهم يهتمون اهتماما واضحا بالواقع دون أن يتخلوا عن التخيل. ويكون التخيل القائم على الصورة البصرية هو الغالب. ولكن الطفل بعد ذلك يميل نحو التخيل المجرد الذي يقوم على الصور اللفظية.

وبوجه عام، يمكن القول: أن الصورة البصرية تشغل حيزا واضحا في نشاط الطفل الخيالي، خلال فترة الطفولة المبكرة والمتوسطة، ثم يأخذ الاتجاه نحو الخيال المجرد، الذي يقوم على الرموز وتكوين الأفكار.

وللمخيلة أهمية كبيرة في خلق الصور الذهنية التي تقود إلى الفهم فأحداث التاريخ والأفكار والمعلومات في العلم والأدب والفن يستوعبها الطفل، مستعينا بمخيلته التي تصور كل العناصر في تراكيب خاصة دون ما حاجة إلى أن تعاد الأحداث أمامه من جديد، أو ترسم له الأفكار والمعلومات

آليا، لذا يقال إن المخيلة هيأت للطفل أن يبصر ويسمع ويذوق ويشم ويلمس بعقله مالا يستطيع الإحساس به عن طريق حواسه مباشرة، وتصور ما ليس له وجود أصلا... ولولا هذه القدرة لما استطاع أن يصل، إلى أي معنى أدبي أو فني أو علمي، ولعجز عن فهم ما يدور في بيئته الثقافية فهما صحيحا، ولما استطاع أن يرسم الخطط المقبلة، وعلى هذا فالخيال طريق لامتصاص الأطفال للثقافة، وهو أسلوب لتجسيد عناصرها فنيا، فالوقائع والأحداث والأفكار والمفاهيم هي في حد ذاتها ميتة، ولكن الخيال يبعث فيها الحياة ويمنحها بعدا، ويصوغها في هياكل، ويلبسها حلة قشيبة ويظهرها بالشكل الجديد.

وعلى هذا فإن الخيال يتيح للأطفال أن يتصوروا عوالم غير التي يحيونها، ويدركوا مالا يمكن إدراكه عن طريق الحواس، ويشكل في الوقت نفسه عاملا للاستمتاع بالآداب والفنون وأنماط السلوك. ولهذا فان المصادر الإتصالية تحاول تهيئة أذهان الأطفال للتخيل، من أجل أن يفهم الأطفال المعاني والعلاقات والمعلومات، ومن أجل أن يستمتعوا في نفس الوقت بصور الخيال المشوقة، وحين يعجز المصدر الإتصالي عن تشكيل صور خيالية مناسبة وواضحة للأطفال فان هذا يقود إلى خلل في فهم الطفل لما يتلقاه من مضامين، كما يقود إلى حرمان الطفل من المتعة.

ولهذا يعتبر القدر المناسب من الخيال، في أسلوب ومضمون وجو أي عنصر من عناصر الأدب، معيارا أساسيا تقاس على أساسه جودة ذلك الأدب.

وكان الشاعر الإنكليزي كريستوفر فراي، مؤلف الروايات التمثيلية، يقول: " إن أول قدرة يجب أن تهتم بها، قبل أن تصدأ بسبب عدم الاستعمال، هي الخيال، فالخيال هو الذي يجعل العالم يبدو لنا كل يوم جديدا".**(الجماعي، 2005)**

- دور الخيال في إكتساب الثقافة

ويمكن أن يجد الطفل مصادر الخيال وموضاعاته في كل شيء وكل معنى، بل يجده في أدوات نقل المعاني نفسها، فالألفاظ والإشارات والحركات والأضواء والألوان تؤلف مصادر للخيال، وعلى هذا فان المعاني وأدوات نقلها، ممثلة باللغة اللفظية وغير اللفظية تعد مصادر للخيال.

ويتفاوت القدر الخيالي بتفاوت طبيعة المصادر وطبيعة الأطفال، فكل مادة أدبية تحمل تصويرا خياليا، وحتى الأنواع الأدبية التي يقال عنها إنها واقعية، هي في واقع الحال تحمل لمسات خيالية، لأنها ليست تصويرا فوتوغرافيا لشيء، أو معنى، أو موقف. وهناك تعريفات للأدب تشير إلى أن لغة الخيال أو التعبير عن الخيال، لذا يقال إن الكلام الذي لا يحمل شيئا من الخيال لا يدخل في باب الأدب والفن.

والأديب يمارس، عند إنتاجه الأدب، عمليات عقلية معرفية متعددة يشترط أن يكون التخيل من بينها، وفي كثير من الأحيان يطغى على غيره من العمليات، كما أن ملتقى الأدب يمارس عمليات عقلية معرفية متعددة عند تعرضه للأدب، والا أصبح من غير الممكن فهم الملتقى لما يريده الأديب.

والصور الخيالية، التي يشكلها في مضمون الأدب، وفي لغته، لا تكون بالضرورة مطابقة تمام التطابق لتلك التي يرسمها الملتقي عند استقباله المادة الأدبية، نظرا لوجود مرشحات مختلفة لدى الأفراد المختلفين حيث يشكل الإحساس والإدراك والقدرة على التخيل نفسها، والقدرة على التفكير، متغيرات في هذه المسألة، ويصل الأمر في بعض الأحيان، أن يكون الملتقى صورا خيالية مغايرة تماما لتلك التي رسمها الأديب.

وإذا كان الخيال في المضمون الأدبي يتضح من خلال تركيب عناصر فكرية، في عنصر جديد غير موجود في الواقع، فان الخيال في اللغة يتضح عند استخدام الأديب للتشبيه والاستعارة والمجاز، أو غيرها من فنون صناعة وصياغة الكلام، وقد قاد هذا إلى القول إن هناك خيالا لفظيا، حين يعبر الفرد عن معان لا يفصح عنها الكلام المألوف. والكلمة الواحدة يمكن وضعها في موقع، بحيث تؤدي وظيفة فنية بينما يمكن أن تؤدي في موقع آخر وظيفة بعيدة عن الفن، وعلى هذا فان الخيال في اللغة يعد قوة تتصرف بالمعاني، وتخرج منها صورا مؤلفة من عناصر صاغتها المخيلة في كيان جديد.

إن العلم يعنى بالواقع وما ينجم عن الواقع من ظواهر، حيث إن جميع الانتاجات العلمية باستثناء تلك التي حصلت عن طريق المحاولة والخطأ، أو عن طريق الصدفة كانت لها تصاميم خيالية، رسمها عقل الإنسان، وهي ليست صورا للواقع بل هي تأليف لصور جديدة، ولو كانت صورا

فوتوغرافية لما كانت غير نسخ مكررة لحقيقة أو مجموعة من الحقائق الواقعية، ولما كان هناك إنتاج علمي متجدد ومستمر.

والتفكير العلمي يعتمد في العادة، على فروض تشكل تخمينات لحل مشكلة، أو الإجابة عن سؤال، ويلعب الخيال دورا كبيرا في وضع تلك الفروض.

وكان الفيزيائي الايرلندي جون تندول.(John Tyndall) 1820-1893 الذي خلف الفيزيائي فارادي Farady في رئاسة المعهد الملكي قد كتب عن الخيال في العلم يقول:"كان انتقال نيوتن من تفاحة ساقطة إلى قمر ساقط عملا من أعمال الخيال المتأهب. ومن بين الحقائق الكيماوية استطاع خيال دالتون البناء أن يشيد النظرية الذرية. أما فارادي فقد مارس هذه الموهبة على الدوام، فكانت سابقة مرشدة لجميع تجاربه. وترجع قدرته وخصوبته كمكتشف، إلى حد كبير، إلى القوة الدافعة للخيال".

وعلى أي حال فان كل نوع فني أو أدبي مقدم للأطفال، يتطلب قدرا من الخيال، يتوافق مع مستوى النمو الخيالي للأطفال، ويزيد في الوقت نفسه من مستوى ذلك النمو.(**علاونة، 2008**)

- مراحل نمو الخيال لدى الأطفال

وبسبب الدور الكبير الذي يلعبه الخيال في حياة الطفل، وجدنا تصنيفا لمراحل الطفولة مستندة إلى الخيال، وهذه المراحل هي:

1- مرحلة الواقعية والخيال المحدود بالبيئة 3-5 سنوات:

في هذه المرحلة يعيش الطفل في بيئة تتشكل من أفراد الأسرة وبعض معارفه من الجيران والأقارب والباعة في محيطه، إضافة إلى الدمى التي يلهو بها، والملابس التي يرتديها، والطعام الذي يتناوله، والحيوانات الأليفة التي تحيا قريبا منه فضلا عن المؤثرات الجوية والظواهر الطبيعية كالبرد والحر والضوء والظلام، وما إلى ذلك.

ويتأثر الطفل بعناصر هذه البيئة، مستجيبا لتأثيراتها المختلفة مشغولا بالكشف عنها، لذا تراه كثير التساؤل، شديد الفضول، لأنه يسعى لاكتشاف عالمه والوقوف على خفاياه. وحين يقع بين يديه شيء جديد يتطلع إليه، ويهزه، ويلويه، ويقلبه على وجهه وقفاه، وهو بعد ذلك يحاول فتحه أو تفكيكه ليتعرف على ما في داخله.

ويكون خيال الطفل، في هذه المرحلة، حادا ولكنه محدودا في إطار البيئة التي يحيا فيها، كما يكون إيهاميا... فالطفل يتصور غطاء القدر مقود سيارة يلف به ذات اليمين وذات الشمال، ويتصور الدمية كائنا حيا يحدثها برفق ونعومة، أو يغضب منها، فيطلق عليها قذائف السب والشتيمة، ومثل هذه الأنماط السلوكية التي يقوم بها الطفل تسمى "اللعب الإيهامي" ويذهب علماء النفس إلى القول: إن للإيهام وظيفة مهمة في نمو الطفل، لأنه وسيلته إلى تنظيم الكثير من نشاطاته، وأساس لممارسته مهاراته الحركية، وسبيله إلى اتصالاته الاجتماعية، ومشروعاته الجماعية، وطريقة إلى تنشيط عملياته العقلية.

وقد أجريت دراسات عديدة حول العناصر التي تتشكل منها خيالات الأطفال في سن ما قبل المدرسة. وقد انتهت إحدى الدراسات المهمة في هذا المجال إلى أن معدل ما يقوم به الطفل، الذي يقبل على السنة الثالثة من عمره، من مواقف خيالية هو ستة مواقف ونصف في كل مئة وخمسين دقيقة، ويزداد المعدل حين يبلغ الثالثة إلى ست وعشرين موقفا خياليا.(علاونة، 2008)

أما ميل الطفل إلى المحاكاة فانه يدفع الطفل إلى تمثيل القصص التي يسمعها، والى تقليد الناس الذين يستغرب، أو يستملح أعمالهم أو أشكالهم، حيث يقال عن أطفال هذه المرحلة إنهم يمارسون عملياتهم العقلية الخيالية بأيديهم، أو بأرجلهم أو بأصواتهم، لذا فان توجيه الأطفال نحو التمثيل والرياضة والألعاب الحركية الأخرى، يعد أمرا ضروريا،حيث يكون الطفل كثير الحركة... وقد عنيت التربية الحديثة بمسألة اللعب، فاستعانت به أسلوبا من أساليبها من تربية الأطفال، وأطلق البعض على هذه المرحلة من مراحل الطفولة مرحلة اللعب.

واستنادا إلى الخصائص، التي يتميز بها الأطفال في علمية التخيل، يتحدد إلى حد كبير المضمون الثقافي المناسب للأطفال، ويتحدد الشكل الذي يسكب فيه أيضا، حيث يستمرئ خيال الأطفال، في هذه الفترة، الشكل القصصي ـ الذي ينطوي على موضوعات وشخصيات مألوفة، فالشخصيات من الحيوانات والنباتات، والشخصيات البشرية كالأمهات والآباء

والأخوات والإخوان، التي تحمـل صـفات جسـدية أو لونيـة أو حركيـة أو صـوتيه سـهلة الإدراك، تجتذب الأطفال في هذه المرحلة، وهذا يعني أن أطفال هذه المرحلة ميالون إلى القصص الواقعية الممزوجة بشيء من الخيال لأن تخيلاتهم محدودة بالبيئة.

ولما كان اللون والحركة والحجم والصوت من الظواهر والأحياء والأشياء التـي تلازم البيئة التي يحيا فيها الطفل، لذا فان الطفل يتأثر بها ما دامت ضمن إطار واقعـه وخيالـه، فحين تكون الدجاجة "بطلا" في قصة طفل، في هذه المرحلـة، لا بـد مـن أن تجسـد للطفل سمات الدجاجة كلونها الأبيض وعينيها الحمراوين وريشها النـاعم، وقرقرتهـا وهـي تطـارد نملة أو دودة.

وبوجه عام فان الإيقاع والحركة السريعة واللون والصوت تعد مـن العناصـر التـي تغني المضمون الثقافي والأدبي، وتزيد من شغف وولع الأطفال به.

ويهتم الأطفال في هذه المرحلة بموسيقا الكلمات، ويستمتعون بالجمـل المنغومـة، وتهزهم العبـارات الموزونـة أو المسـجوعة، وينتشـون للأغنيـات ذات الإيقـاع السـريع، وللأصوات المرحة التي تطلقها شخصيات قصصهم.

ولا يناسب الأطفال، في هذه المرحلة، كل ما ينطوي على إثارة مخـاوفهم أو إيقـاع الحيرة في نفوسهم! كقصص الجان والعفاريت والسحرة، وقصص العنـف والجريمـة، لان مثل هذه الخبرات بعيدة عن بيئتهم، كما أنها بعيدة عـن آفـاق خيـالاتهم.(علـم الـدين، 2009)

114

وتجسيد المواقف المحزنة أو المفجعة تثير أحزان الأطفال، وتبعث القلق في نفوسهم، وليس بالضرورة أن تنطوي قصصهم في هذه المرحلة على عقد أو مشكلات، لأنهم كثيرا ما يستمتعون بقصص ذات أسلوب وصفي منغم العبارات.

والفترة الأخيرة من هذه المرحلة توجب تهيئة الطفل للمرحلة التالية عن طريق العمل على توسيع خيالاته إلى ابعد من الواقع وتهيئته اجتماعيا ونفسيا لها، وتشجيع ميوله الاستقلالية بدل التركيز حول الذات، وإكسابه خبرات مناسبة.**(علاونة، 2008)**

**2- مرحلة الخيال المنطلق 6-8 سنوات:**

في بدء هذه المرحلة، يبدأ الطفل بالتحول من التخيل المحدود بالبيئة، متجاوزا النوع الإيهامي إلى النوع الإبداعي، أو التركيبي الموجه إلى هدف عملي، إذ يكون الطفل قد قطع مرحلة التعرف إلى بيئته المحدودة المحيطة به، ذلك إلى ما هو ابعد... لذا تتضح عنايته بموضوعات جديدة، ويزداد حبه في الاستطلاع، ويكثر من التساؤل عن أشياء وأسباب وعوامل، فضلا عن التساؤل عن مسائل قيمية.

ويتميز الطفل في هذه المرحلة العمرية بسرعة نمو تخيله، وبشدة تطلعه إلى الآفاق البعيدة، لذا يتبلور ولعه بالقصص الخيالية، التي تخرج في مضامينها عن محيطه وعالمه: بل هو ينجذب للإنصات إلى القصص الخرافية، بما في ذلك

قصص الجان والعفاريت والأعاجيب، ولكن أكثر القصص نفعا لهم هي التي تنقلهم إلى أفاق بعيدة خارج حدود معارفهم دون أن تغفل الواقع والتي تكون قصص الخيال العلمي مناسبة جدا.

ويتشبه الأطفال، في هذه المرحلة، بالمغامرين الإبطال، لذا ينجذبون إلى قصص المغامرات الخيالية، وهذا يستوجب أن تراعي في مثل هذه المغامرات، أن تمضي الحوادث وفق عامل السببية قدر الامكان، حتى لا تبدو الحياة أمام الأطفال وكأنها مجموعة من المقالب والأفخاخ.(**زهران، 1990**)

**3- مرحلة البطولة 8-12 سنة:**

في هذه المرحلة، ينتقل الطفل من مرحلة الواقعية والخيال المنطلق، إلى مرحلة أقرب إلى الواقع، إذ يبتعد عن التخيل الجامع بعض الابتعاد، ويهتم بالحقائق، ويشتد ميله إلى الألعاب التي تتطلب مهارة ومنافسة، وتظهر على الطفل أنماط سلوكية فيها تحد للأسرة ولبعض تقاليد المجتمع. وتستهوي الطفل قصص الشجاعة والمخاطرة والعنف والمغامرة، وسِير الرحالة والمكتشفين، كما تستهويه القصص الهزلية، والقراءات العلمية المبسطة، وكتب المعلومات.

**4- مرحلة المثالية 12-15 سنة:**

وفي هذه المرحلة ينتقل الطفل من فترة تتصف بالاستقرار العاطفي النسبي، إلى مرحلة دقيقة وشديدة الحساسية، ويميل إلى القصص التي تمتزج فيها المغامرة بالعاطفة، وتقل فيها الواقعية، وتزيد فيها المثالية.

وأكثر المغامرات التي يتشوق إليها الأطفال في هذه الفترة، هي التي تقوم ببطولتها شخصيات تتصف بالرومانتيكية، وخاصة تلك التي تواجه الصعاب الكبيرة والعوائق المعقدة، من اجل الوصول إلى حقيقة من الحقائق، أو الدفاع عن قضية، ويتشوقون إلى القصص من اجل الوصول إلى حقيقة الجاسوسية. أما الموضوعات التي تتناول العلاقات الجنسية، فإنها تجذبهم كثيرا، حيث إنهم يشارفون على البلوغ الجنسي.(**زهران، 1990**)

ومع أن الأطفال يميلون إلى قراءة قصص ذات نزعه سريعة فإنهم يميلون أيضا إلى اختلاف أقاصيص من الخيال، وهذا ما يسمى بأحلام اليقظة.

وتتميز هذه المرحلة بسعة خيال الطفل، ولكن هذه السعة ليست بالصيغة المنطلقة ولا بالصيغة الفجة؛ إذ يتضح في أخيلته تزيين وزخرفة.

- خلاصة الفصل

يعرف التخيل بأنه عملية استحضار صور لم يسبق إدراكها من قبل إدراكا حسيا، كاستحضار الطفل صورة لنفسه وهو يقود مركبة فضاء. وهذا يعني أن التخيل هو تأليف صور ذهنية تحاكي ظواهر عديدة تذكرية، لذا تعد الصور المتخيلة بديلات تنشئها المخيلة عندما تتصرف في الصور الذهنية وتخرجها في كيان جديد.

ولأن التخيل ينتهي إلى تأليف صور جديدة، إلا انه يرتبط بالإحساس والإدراك والتذكر، فالفرد أثناء تخيله ينتقي ويرتب ويحور ويؤول وصولا إلى الصورة الجديدة، ويرتبط التخيل بالخبرات الماضية.

ويقوم التخيل بدور هام في عملية التفكير، أي أن هناك رابطة بين التخيل والتفكير، وهذه العلاقة تتغير وفقا لمرحلة نمو الطفل أو البالغ فكان هذا الفصل ليوضح أهمية الثقافة في نمو التخيل لدى الطفل سواء الإبتكاري أو التقليدي.

وترافق الثقافة نمو الخيال لدى الطفل في مراحل نموه المختلفة وقد تناولنا هذه المراحل وفق التقسيم العلمي الدارج لها وسمات كل مرحلة من هذه المراحل.

## الفصل السادس
## تفكير الأطفال وعلاقته بالتثقيف

### - التفكـير والمشكـلات

يواجه الأطفال منذ صغرهم ما يبدو لهـم صـعبا، أو محـيرا، أو محرجـا أثنـاء أداء فعالياتهم اليومية كاللعب وإنجاز واجباتهم. وهم قد يستنجدون بالآخرين حينا لحسـم شيء من ذلك، وقد يتصرفون حينا آخر بشكل ذاتي لمواجهة مواقف أخرى. وتعني الحالـة الثانية أنهم يمارسون عملية التفكير.

ويجد الأطفال أنفسهم في حاجة لان يفكروا عند ممارستهم أنماطا عديدة من السلوك بما في ذلك عملية إكتسابهم للثقافة. ويطلق البعض مصطلح التفكير Thenking ليشير إلى كل أوجه النشاط العقلي، لكن المختصين يريدون به معنى محددا هو ذلك النشاط العقلي الذي يواجه به الفرد المشكلات بقصد الوصول إلى حل من خلال تكوين جديد للعلاقات اعتمادا على مقومات.

وعلى هذا فان المشكلات تشكل حوافز للتفكير، للوصـول إلى فكـرة تؤلـف جوابـا أو حسما لموقف. وعلى هذا فان التفكير نشاط ذهني يمارسه الفرد لشـعوره بحـيرة أو تـردد أو شك أو كل ما يبدو بمثابة مشكلة تتطلب سلوكا أو حلا.

وعلى هذا يعد التفكير نشاطا قصديا ما دام يهدف إلى مواجهة مشكلات، كـما يعـد واقعيا ما دام يتناول موضوعات واقعية أو ناجمة عن الواقع.

119

ويتفاعل الطفل عند قيامه بالتفكير مع البيئة وفي إطارها من خلال اعتماده على معان معينة، والفكرة التي ينتهي إليها هي وليدة ربط بين خبرات ماضية وأخرى حاضرة، أو بين خبرات ماضية بعضها مع بعض، أو ربط بين الأسباب والنتائج.

ويستعين التفكير بالمعاني الرمزية باعتباره أحد العمليات العقلية التي تدخل ضمن نطاق السلوك الرمزي، لذا فهو يعتمد على المعاني أولا للوصول إلى غرضه. وعليه فان الطفل الذي يستعين بحبات الحمص ليعرف مجموع عددين لا يمارس في سلوكه تفكيريا لاعتماده على المحسوسات دون الرموز. فالتفكير هو انعكاس للعلاقات بين الموضوعات في شكلها الرمزي. وتعتبر اللغة وعاء رمزيا للتعبير عن الأفكار، والتفكير يبدو وكأنه حديث مع النفس مرة، وحديث مع الأخرى مرة أخرى، والإنسان حين يفكر في موضوع ما فانه يكتفي بالتصور الحسي سواء أكان بصريا أم سمعيا أم شميا أم لمسيا أم ذوقيا مستعيدا بذلك صورة الموضوع مع إدخال الألفاظ كصور حسية بصرية أو سمعية. ومع هذا يمكن للإنسان أحيانا أن يستغني عن الصور الحسية، ويمكن أيضا أن تظهر في الذهن فكرة غير مرتبطة بخبرات سابقة.

والتفكير كالسلوك هو عملية مستمرة لدى الإنسان سواء أكان طفلا أم بالغا، ولكن التفكير يختلف في مبعثه وهدفه ونوعه بين الأطفال والبالغين، كما يختلف لدى الأطفال والبالغين أنفسهم.

ويصعب التعرف على أبعاد عملية التفكير بشكل تفصيلي، شأنه في ذلك شأن العمليات المعرفية الأخرى التي يمارسها الإنسان، لذا يكتفي في العادة بتعداد صفات هذه العملية وعلاقاتها بالعمليات العقلية الأخرى.

وفي البداية من اللازم اللإشارة بان القول برمزية التفكير لا يعني أن جميع الأنشطة الرمزية تعد تفكيرا لان معظم تلك العمليات هي رمزية أيضا.

وتترابط العمليات المعرفية الأخرى مع التفكير كالإدراك والتذكر والتصور والتخيل وكثيرا ما تنتهي هذه العمليات إلى تفكير، لذا فهي تشكل خلفية للتفكير، وليس من الممكن القيام بالتفكير دون بعض أو جميع هذه العمليات. وبسبب التلازم بين هذه العمليات يخلط البعض بينها فيقال إننا "نفكر" عند محاولة تذكر تاريخ موقعة أو استعادة صورة صديق في الذهن، أو إنشاء صورة جديدة، مع العلم أننا في الحالة الأولى "نتذكر" وفي الحالة الثانية "نتصور"، وفي الحالة الثالثة "نتخيل".

وتنمو قدرات الأطفال على التفكير بصورة تدريجية مع ازدياد خبراتهم واتصالاتهم وتطور وجوانب نموهم الأخرى بما في ذلك نموهم العقلي واللغوي والاجتماعي والنفسي، أي أن للبيئة الثقافية أثرها في تطور التفكير لدى الأطفال. ويعتمد الطفل الصغير في تفكيره على العلاقات الحسية وهو يعجز عن التفكير القائم على ما هو غير محسوس، لذا يقال إن تفكير الطفل يقوم في فترة الطفولة المبكرة والوسطى على التأليف بين المعلومات اعتمادا على العلاقات المباشرة والمحسوسة فيما بينها.(**زهران، 1990**)

- مراحل نمو التفكير لدى الأطفال

ويرى بياجيه Jean piaget أن الطفل قبل سن الحادية عشرة أو الثانية عشرة غير قادر على التفكير القائم على التعليل المنطقي، وهو يبدأ بالتدرب على هذا النوع من التفكير بعد ذلك. ويوصف تفكير الطفل قبل هذه السن بأنه تفكير قائم على التعليل الحسي الذي يربط ما هو مادي بظواهر أخرى خارجية. والطفل في مرحلة الطفولة المتوسطة يعد بصريا في تفكيره أولا، أي انه يستعين بالصور البصرية إلى حد كبير. ومع ذلك فان هناك دراسات عديدة أثبتت أن الأطفال في مرحلة الطفولة المتوسطة يفكرون في موضوعات عن علاقات متعددة ولكنها ليست ذات صفة معقدة. وبوجه عام فان الطفل لا يصل إلى التفكير المعنوي المجرد إلا بعد هذه السن، إذ يبدأ هذا النوع من التفكير بالتبلور ابتداء من مرحلة الطفولة المتوسطة، ويزداد تبلورا في الطفولة المتأخرة.

وعند الحديث عن تفكير الأطفال يقال دوما انه يراد للأطفال أن يفكروا تفكيرا سلبيا، وهذا يقود إلى التنويه بان هناك أساليب في التفكير تفتقر إلى السلامة. ومن هذه الأساليب التفكير الخرافي الذي تعزى من خلاله الظواهر والمشكلات المختلفة إلى أساليب وعوامل شائعة لم يتم التحقق من صحتها، أو لم يتم التحقق من كونها خاطئة، أما الأسلوب الثاني من أساليب التفكير وهو التفكير التسلطي، أو التفكير بعقول الآخرين فهو يقوم على

استيحاء الفرد تفكيره من أساليب الآخرين وإخضاع تفكيرهم له، وهذا يعني أن الفرد يلغي تفكيره بشكل شعوري أو لا شعوري جزئيا أو كليا، وهنا قد يخضع الفرد تفكيره لأسلوب جماعة من الجماعات أيضا دون أن يتيح لنفسه التفكير إلا في حدود ضيقة.(**زهران، 1990**)

- أنماط تفكير الأطفال

أما التفكير الذي يعتمد على إقناع الفرد لنفسه بعد تردد أو شك أو حيرة بكلمات لفظية تأثرا بالداء المسمى داء اللفظية Verblism فيمكن أن نطلق عليه اسم التفكير اللفظي، حيث يستعين بالكلمات المؤثرة دون الأفكار للاستدلال.

وعلى هذا فان تربية الأطفال على نبذ أساليب التفكير الخرافي والتسلطي واللفظي وطبعهم على التفكير العلمي يعد مطلبا تربويا أساسيا. والمقصود بالتفكير العلمي هنا ليس تفكير العلماء لأن العلماء يخضعون ظاهرات في مجالات متخصصة لهذا النمط من التفكير بقصد حل المشكلات أو تفسيرها أو التنبؤ بما يمكن أن تؤول إليه، ويستعينون بلغة متميزة للتعبير عن نمط تفكيرهم، ويتبعون مناهج معينة ويستعينون بأدوات وطرق محددة للوصول إلى الهدف. أما التفكير العلمي المطلوب إشاعته بين الأطفال فهو طبع الأطفال على الحكم على المسائل والمشكلات بوعي شامل استنادا إلى ضوابط معينة، وليس هناك ما يجعل هذه الضوابط حكرا على العلماء دون غيرهم، أو البالغين دون

123

الأطفال إذا ما استثنينا بعض الفوارق في الدرجة خصوصا وان التفكير العملي هـو نشـاط ذهني يراد له أن يظل قائمـا لـيس في النظر إلى الظـواهر المختلفة التـي أصبحت موضـع اهتمام العلوم، بل يتعداه إلى مختلف مسائل الحياة اليومية.

وما دمنـا نريـد للأطفـال أن يحلـوا المسـائل المتعلقـة بحيـاتهم والمشـكلات التـي يواجهونها، ويفسروا الظواهر تفسيرا صحيحا، فان هذا يعنـي أننـا نريـد لهـم أن يفكروا بطريقة علمية.

وبالإضافة إلى ذلك، فإننا نريد لتفكير الأطفال أن يكـون غـير جزافي، وان يمضي في خطوات معتمدة على بعضها، وان يكون هادفا، ودقيقا، ومرنا، وبعيدا عن الجمـود وغـير قائم على التعصب، وان يكون واقعيا... وهـذه السـمات هـي خصائص للتفكير العلمـي عموما.

وترافق توجيه الطفل نحو التفكير العلمي ظـواهر عـدة أبرزهـا غـرس اتجاهـات لقبول نتائج الفكر العلمي، واتجاهات البحث عـن الأسباب الحقيقية للظواهر وتنميـة حب الاستطلاع في جوانب الحياة ذات القيمة المرغوب فيها، وبناء الآراء استنادا إلى أدلة كافية.(قناوي، 2001)

- تأثير الثقافة في تفكير الأطفال

وتؤثر البيئة الثقافية التي تنشأ فيها الأطفـال تـأثيرا كبيرا في أساليب وأهـداف ومستويات التفكير لديهم، حيث إن هذه البيئة تزود الأطفال بالخبرات التي تعد المعين الأول للتفكير، وتشكل أنواع الحوافز والمواقف

المثيرة لتفكيرهم، يضاف إلى ذلك أن حاجات ودوافع وميول وعواطف الأطفال تؤثر هي الأخرى في تفكيرهم، وعلى هذا ففي الوقت الذي يعتبر التفكير نشاطا ذهنيا إلا انه يتحدد بالثقافة إلى حد كبير، حيث تبسط الثقافة ظلها عليه، وعليه فان الثقافة التي تغلب فيها قيم الخمول تشيع تفكيرا تواكليا. والثقافة التي تسود فيها القيم السلطوية تنتج تفكيرا سلطويا، والثقافة التي تشيع تفكيرا فيها القيم اللفظية تقدم تفكيرا لفظيا، والثقافة التي تشيع فيها الخرافات تنشر تفكيرا خرافيا، بينما تشيع الثقافة التي تغلب فيها القيم العلمية تفكيرا علميا.

والتفكير باعتباره نشاطا سلوكيا ذهنيا لمواجهة المواقف والمشكلات يصاحب عمليات الاتصال الثقافي عادة، ويمكن القول أن فهم أي معنى من المعاني أو اكتساب أي خبرة أو مهارة يستلزم تفكيرا باستثناء بعض المعاني وأنماط السلوك التي يقبلها الطفل أو البالغ متأثرا بعملية الإيحاء **Suggestion** التي تعني أن يتقبل الفرد الأفكار دون أن تتوفر أسباب منطقية تحمل على ذلك التقبل أو دون مناقشة أو تمحيص.

وقد صاحب التفكير الحياة الإنسانية منذ نشأتها الأولى، وكان القوة العظمى التي أثرت في تلك الحياة ودفعت بها إلى التغير المتواصل، حيث استطاع الإنسان بفضلها مواجهة كثير من مسائل الحياة المختلفة، واستثمار كثير من قواه، وتطويع كثير من قوى الطبيعة، وهنا في هذا المقام، لا يعنينا بعض جوانب التفكير التي آلت بالإنسان إلى التخريب، والتي قد تؤول به إلى

ما هو أدهى وأمر. ولكن لا بد من التأكيد على إن النتائج العظيمة في كل مجال من المجالات هي نتائج للتفكير العلمي. والنتائج الأخرى المدمرة هي نتائج أساليب أخرى من التفكير أو هي استغلال التفكير العلمي لمصالح أنانية.

وعلى أي حال فالقول إن للثقافة دورها في تشكيل طرق التفكير لدى الأطفال يعني بين ما يعنيه أن التفكير هو طريق اكتسابهم كثيرا من عناصر الثقافة، لان التفكير يقود إلى الفهم. والتفكير ليس أداة لفهم ما هو قائم في كيان الثقافة فحسب بل هو يساعد على تحفيز الأطفال لاكتشاف حقائق جديدة ونمو اتجاهات واعية إزاء جوانب الحياة، وهو إضافة إلى ذلك يهيئ الأطفال لمواجهة مواقف الحياة المختلفة حيث ينتهي التفكير في العادة إلى حلول، وعلى هذا يقال أن التفكير هو جوهر التعلم، وبسبب أهمية التفكير في حياة الطفل ذهب البعض إلى القول إن ابرز مهمات مؤسسات التثقيف والاتصال هو تنمية قدرة الأطفال على التفكير وتعليمهم كيف يفكرون.**(قناوي، 2001)**

## - وسائل الإتصال ودورها في نمو تفكير الأطفال

وتقتضي عمليات الاتصال الثقافي بالأطفال التعرف على فهم طبيعة تفكير الأطفال ومستواه كي تحدد وسائل وأساليب ومضامين الاتصال، وكي يؤول الاتصال إلى التأثير فيهم. ومن جانب آخر فان وسائل الاتصال الثقافي بالأطفال تعد مثيرات أساسية لتفكيرهم، وهي من أجل أن تحقق ذلك لا بد لها من أن تلتزم بمجموعة من الشروط والضوابط منها:

- أن توفر وسائل الاتصال الخبرات للأطفال نظرا لما للخبرات من أهمية، فيما له علاقة بحياتهم خاصة، ومن بين الخبرات التي يمكن لهذه الوسائل أن توفرها للأطفال ما يطلق عليها "بالخبرات العوضية" التي تستخدم بمسرحه الأفكار وإخراجها بشكل درامي بحيث يتوحد الأطفال معها على أساس أنها تعويض أو بديل عن الواقع.

- عدم حشو أذهان الأطفال بالمعلومات، لان حفظ المعلومات في حد ذاته لا قيمة كبيرة له، ما دامت المعلومات عرضة للتغير وما دام الكثير منها لا يرتبط بحياة الأطفال ارتباطا وثيقا.

- وقد اثبت بحوث ودراسات عديدة أن حشر المعلومات في ذهن الطفل لا يشكل في الغالب صدى في نفسه، كما أن الطفل ينسى الكثير منها، ويمكنه أن يفهمها كمعلومات دون فهم ما تنطوي عليه من أفكار، وليس صحيحا ما كان شائعا أن مرحلتي الطفولة المبكرة والمتوسطة هما فترة تخزين للمعلومات والأفكار الجاهزة بسبب ما للطفل فيهما من قدرة كبيرة على التذكر، إذ ثبت أن الطفل قادر خلالهما على التفكير في حدود مستوى نموه فقط.

- وعلى هذا يراد أن تكون حدود المعلومات للأطفال من السعة بحيث لا تشغل حيزا واسعا على حساب المساحة المخصصة لإدراك العلاقات والربط بين المتغيرات.

- ويلاحظ أن بعض وسائل الاتصال بالأطفال لا تغالي في حشو المعلومات في أذهان الأطفال فحسب، بل هي تنقلها إليهم بطرق تبدو وكأنها ميكانيكية دون أن تتيح المجال للتفكير والإستبصار.

- ومع هذا فان وسائل الاتصال الفعالة تعمل على تدريب الأطفال على تنظيم الخبرات والمعلومات تنظيما صحيحا، لان من بين ما ينطوي عليه التفكير تفسير المعلومات واستخلاص تعميمات خاصة من عدد منها، أو استخدامها في التطبيق على حالات ومواقف جديدة.

- العمل على تخليص الأطفال من سلبيتهم عند تعرضهم للاتصال لان السلبية تدفع إلى خمود الفكر بينما يدفع التعامل الايجابي مع مضمون الاتصال دورا مهما في تحقيق اتصال فعال وبالتالي إحداث تأثير.

- إتاحة الحرية للأطفال للتعبير عن أفكارهم والعمل على إبعادهم عن الانفعالات الحادة التي تعيق عملية التفكير كالقلق والخوف الشديد والغضب.

- لما كان الأطفال ميالين إلى توجيه أسئلة كثيرة ومتنوعة بحيث أطلق البعض على فترة الطفولة "فترة السؤال" لذا يشترط أن تستغل وسائل الاتصال هذه الأسئلة بان تجعلها أداة لحفزهم على التفكير، مع مراعاة عدم اللجوء في جميع الحالات إلى تقديم الجواب أو الحل بصورة مباشرة.

- العمل على تنمية قدرة الأطفال على النقد وعلى الحكم، وإكسابهم العادات التي تبعدهم عن التسرع في إطلاق الأحكام، وتشجيعهم على مناقشة ما يخطر لهم،

وإذا كنا نحن الكبار قد وضعنا لأنفسنا الحق في منع الأطفال عن القيام ببعض أنماط السلوك، فليس من حقنا أن نحجب عنهم حرية التفكير في أي قضية.

- نظرا لما للغة من علاقة بـالتفكير فان أمـام وسـائل الاتصـال مهمـة إنمـاء ثروة الطفـل اللغوية، إذ أن الحصيلة اللغوية تمهد لهم إدراكا وفهما أدق، كما تمهد لهم التعبير عـن أفكارهم وأحكامهم بشكل أكثر سلامة ودقة، مع وجوب الحرص على عدم إلجاء الأطفال إلى اللفظية الفارغة التي تخلو من الفكر.

- مواجهة الأطفال بمشاكل عقلية تناسب مستوى نموهم العقلي لان طرح مشكلات يرى الأطفال انه تقل عن مستواهم تشكل مدعاة لاستخفافهم بها، بـل إن طـرح مشكلات تفوق ذلك المستوى بكثير يقودهم إلى مشاعر قد تقود إلى الإحباط.

- ويلاحظ أن البالغين كثيرا ما يقفون عائقا أمام نمو تفكير الأطفال دون قصد منهم وذلك عندما يسارعون إلى تسوية كل ما يعترض الأطفال مـن مواقـف أو مشـاكل، أو تقـديم الإجابات عن كل تساؤل من تساؤلاتهم مما يحول دون ممارسة الأطفال للتفكير.

- العمل على تدريب الأطفال على الطرق الصحيحة والمنظمة في التفكير لان تعلم التفكير ليس أمرا ميسورا مـا دامـت لـه قواعـد وأسـس ومراحـل، ونشـير هنـا إلى إن تـدريب الأطفال على التفكير أصبح هدفا جوهريا لعديد من وسائل الاتصال، بل ادخل ضمن المقررات المدرسية في المدارس الابتدائية

والمتوسطة من خلال توفير الفرص للأطفال لممارسة أنشطة فكرية تجعل التفكير عملية ممتعة ولذيذة وليست مشابهة للامتحان المدرسي الـذي يبـدو وكأنـه وسيلة يقصد بها تحدي قدرات الطفل.

- اشاعة قيم المرونة في تفكير الأطفال من خلال العمل عـلى تعميـق وعـي الأطفـال بـان الأفكار ليست جامدة بل هي عرضة للتغير. ولهذا الجانـب أهميـة كبـيرة في مجتمعنـا حيث إن الأسرة كثيرا ما تنشىء الأطفال على أفكار سرعـان مـا يجـدون مـا يناقضـها في شبابهم عند اتصالهم بمنظمات المجتمع المختلفة. لذا يعاني البعض منهم مـن مشـكلة التكيف.

وبوجه عام فإن أمام وسائل الاتصال مهمة العنايـة بإثارة عمليـة التفكير المـنظم لدى الأطفال لان هدف الاتصال ليس نقل الثقافة مـن جيـل إلى جيـل بـنفس عناصرهـا وبنيانها، بل نقل عصارة ثقافية جديدة.( **الجماعي**، 2005)

- خلاصة الفصل

بعد تناول التخيل في الفصل السابق كان لا بد مـن الحـديث عـن التفكير لـدى الأطفال، ومثيرات التفكير لديهم، ويجد الأطفال أنفسهم في حاجة لان يفكروا عند ممارستهم أنماطا عديدة من السلوك بما في ذلك عملية اكتسابهم للثقافة. ويطلق البعض مصطلح التفكير Thinking ليشـير إلى كل أوجه النشاط العقلي.

حيث تنمو قدرات الأطفـال عـلى التفكير بصـورة تدريجيـة مـع ازديـاد خـبراتهم واتصالاتهم وتطور وجوانب نموهم الأخرى بما في ذلك نموهم

العقلي واللغوي والاجتماعي والنفسي، أي أن للبيئة الثقافية أثرها في تطور التفكير لـدى الأطفال. ويعتمد الطفل الصغير في تفكيره على العلاقات الحسية وهو يعجز عـن التفكير القائم على ما هو غير محسوس، لذا يقال إن تفكير الطفل يقوم في فترة الطفولـة المبكـرة والوسطى على التأليف بين المعلومات اعتمادا عـلى العلاقات المباشرة والمحسوسـة فيـما بينها.

ولهذا تعضنا لمراحل نمو التفكير لدى الأطفال، وكذلك أنماط تفكيرهم، مفردين هامشا حول تأثير الثقافة في تفكير الأطفال، ولأن الثقافة تمـر عـبر وسـائل الاتصال فقـد تناولنـا دور هذه الوسائل في نمو التفكير عند الأطفال.

## الفصل السابع
## مضمون الاتصال الثقافي بالأطفال

### - الولادة الثقافية للطفل

عندما يولد الطفل تكون له خصائص وراثية، ويكون عند ولادته مجرد كائن بيولوجي أو مجرد فرد، وسرعان ما يبدأ باكتساب عناصر من ثقافة مجتمعة من خلال اتصالاته المختلفة فيكتسب عادات وتقاليد ومعايير ولغة... وبذا يتحول إلى شخص.

وهذا يعني أن الطفل يولد مرتين، أولاهما ولادة عضوية "بيولوجية"، وثانيهما ولادة ثقافية، حيث يتحول في الولادة الثانية إلى كائن ثقافي.

ومع أن الولادة البيولوجية ترتبط بعوامل وراثية إلا ن الولادة الثقافية تحصل بصورة تدريجية ومستمرة، وهي عملية معقدة ويساهم فيها كثير من المؤسسات الاجتماعية إضافة إلى الجماعات الأولية.

والعلاقة بين الثقافة وبين الطفل تكشف عن الطواعية والمرونة الكبيرة للكائن العضوي، حيث إن التكوين البيولوجي للإنسان يمهد له استيعاب ثقافة أي مجتمع يحيا فيه.

وعلى هذا إذا كان الوليد البشري في كل الأزمنة والأمكنة قد زود بوظائف بيولوجية، فان المجتمعات قد اختلفت فيما بينها في توفير

الأجواء والطرق المناسبة لتنمية تلك الوظائف، حيث إن كل وظيفة لا تجد أمامها مناخا مناسبا للنمو فإنها تضمحل وتزول، ويعد هذا العامل واحدا من أهم الأسباب الجوهرية لما نجده بين الشعوب من إختلافات، حيث إن المجتمع الذي يتعهد تلك الوظائف بالعناية باستخدام أساليب مناسبة يمكن أن يختلف اختلافا واسعا عن مجتمع آخر لا يهيئ لتلك الوظائف أن تنمو بشكل سليم.

وقد أنتج العلماء نظريات عديدة قد حاولت أن تفسر ذلك الاختلاف استنادا إلى أفكار نمطية شائعة بعد أن طوعتها وأسبغت عليها صفات علمية، وكانت في مقدمة تلك الأفكار الدعوة الزاعمة أن بين الشعوب فوارق عنصرية أو جنسية، وان هناك شعوبا راقية جنسيا وأخرى منحطة. ولكن تلك الأفكار التي أحلها الفكر الغربي الرأسمالي في موضوع النظريات العلمية سرعان ما أثبتت البحوث العلمية الموضوعية بطلانها، حيث ثبت أن ما بين الشعوب من فوارق يعود في أصوله إلى أسباب ثقافية بحتة.

وفي القديم لم تكن عملية الاتصال الثقافي بمثل ما هي عليه اليوم من تشابك وتعقيد، حيث كان الناس يكتفون بالخبرة وحدها، لذا كان الأطفال يمارسون مهن آبائهم ويتلقون أفكارهم إلى حد كبير، رغم أن الآباء في كل جيل كانوا يشعرون أن أبنائهم ليسوا نسخا مكررة منهم. وما زلنا نشعر بهذا حتى اليوم دون أن نضع في حسابنا في بعض الأحيان أن الطفل الذي نستقبله

اليوم هو غير الطفل الذي نستقبله غدا، لان الأجواء والظروف من حوله تختلف، ومعها تختلف متطلباته وبعض أنماط سلوكه، وبعض من هذا يعود إلى أننا ننسى أيام طفولتنا، ويصل بنا النسيان أن نقارن أنفسنا، يوم كنا أطفالا، بأطفال اليوم.**(علاونة، 2008)**

- المضمون النفسي

ويبدو أيضا أن كل جيل يضفي صورا جديدة من أمانيه، ويحاول إيداعها عند الأطفال، ويبرر الإنسان هذا الأمر لنفسه؛ فهو حين يجد نفسه عاجزا عن تحقيق أمان سببت عذاب له يعمل على أن يهيئ الأطفال لتحقيقها، خصوصا وأن الإنسان لم يكف يوما عن التمني، ولكن الإنسان على مدى التاريخ لم ينجح في تحقيق الكثير مما كان يتمناه، بل هو لم ينجح في تحقيق أعز أمنية رغم تقديمه التضحيات من أجلها. تلك هي الحرية التي افتقدها عبر تاريخه الطويل، بل هو فشل فشلا ذريعا في السعي من أجلها، لذا لا يزال أسير ألف قيد وقيد، ولا تزال الأصفاد تقيد أطرافه، ولا تزال الأشباح تقمع انطلاقة عقله، بل يجد نفسه مكبلا بكوابيس حتى في ساعات نومه فيما يسميها أحلام الليل.

والى جانب ذلك يلاحظ أن الأجيال في الوقت الذي تريد أن تحقق بعض أمانيها عن طريق الأطفال من خلال محاولتها صياغة شخصيات الأطفال وفق ما تريد فإنها في الوقت نفسه مشدودة إلى الخلف، لذا تريد للأطفال أن يكونوا في سلوكهم اقرب إلى الكبار، وتريد لهم أن يتمسكوا

بكثير مما تحمل من عناصر الثقافة ولا يقتصر هـذا عـلى عامـة النـاس، بـل يقـع في هـذا الشرك كثير ممن نسميهم معلمين أو مربين أو كتاب أطفال، حيث يظلون مشـدودين إلى ثقافة أجيالهم إلى مدى واسع.

وردا على ذلك تنطلق بين الفينة والأخرى صيحات تربوية تـدعو إلى إعـادة النظـر في أساليب ومضامين الاتصال بالأطفال بحيث تكون متوافقة مع طبيعة حيـاة الطفولـة لا أن تكون مربوطة إلى الخلف بألف رباط ورباط.كما أن تلك الصيحات التربوية تـدعو إلى البدء بتثقيف الأطفال قبل ولادتهم بعشرين سنة مـن خـلال تثقيـف آبـائهم بالثقافـة المناسبة. وكانت صيحة عمر بن الخطاب رضي الله عنه مبكرة يـوم قـال: "لا تعلمـوا أطفالكم عادتكم، فإنهم مخلوقون لزمان غير زمانكم".

وعلى أي حال فان الاتصال بالأطفال في الأزمنة القديمة كان يمثل مضمونا وأسلوبا، ومع انه لم يتخل عن ذلك حتى اليوم إلا انه أصبح إلى جانب ذلك فنا مستندا إلى العلم، إذ يعتمد على حصيلة العلوم، ويتيح مجالا رحبا للاستفادة منها في فـن الاتصال الـذي لم يعـد احـد يقبـل القـول عنـه انـه نقـل المعـاني إلى الأطفـال بـل هـو "فن" نقـل المعـاني إليهم.(الخطيب، 2001)

- المضمون الاجتماعي

ومع هذا فان الاتصـال بالأطفـال يخضـع في مضمونه وأسـاليبه لمعـايير المجتمـع وطرق التفكير السائدة باعتباره وظيفة من وظائف المؤسسات

الاجتماعية فيه، لذا فان المجتمعات التي تسود فيها قيم وعلاقات اجتماعية سالبة كالتعصب، والاتكالية، وخفوت مستوى الطموح، والإحساس بالضعف والمباهاة الشكلية، والأنانية، والكراهية، تفعل فعلها السالب في ثقافة الأطفال، على نقيض ما يحصل في المجتمعات التي تكون فيها الغلبة للقيم والعلاقات الاجتماعية الموجبة، وهذا يعني أن الأطفال وهم يكتسبون الثقافة "يتعلمون" ما هو مرغوب فيه وما هو غير مرغوب فيه، ويكتسبون مفاهيم كثيرة صحيحة إلى جانب أخرى خاطئة، لذا تتعالى نداءات المعنيين وهي تدعوا إلى التزام الأسس والمبادىء العلمية في الاتصال بالأطفال من اجل بناء ثقافة للأطفال تستطيع أن تؤدي وظائف ايجابية في الطفولة.

وعلى هذا فان أول الأهداف التي ينبغي أن يضعها الاتصال الثقافي الموجه والمقصود في حسابه هو تشكيل ثقافة للأطفال متوافقة مع العصر ـ ومتلائمة مع الآمال الموضوعة للمستقبل، وان لا يستهدف الاتصال الثقافي "نقل" الثقافة، بل الانتقاء من عناصرها الايجابية وإثراءها والانعطاف بالقيم والمعايير والمعاني تحقيقا لتلك الأهداف، حيث لم يعد من المناسب إغراق الأطفال بفيض من عناصر الثقافة، بل اختيار ما يناسب الطفل وما يتوافق مع آمال المجتمع. والإنتقال إلى بناء شخصية متكاملة ومتوازنة للطفل، ولا يريد أن يحل الثقافة في مجملها في عقل ونفس الطفل، ولا يريد محو مواهب واهتمامات الطفل الخاصة، بل يعمل من اجل إنمائها، ولا يريد كبح دوافعه وعواطفه بل يخطط من اجل تهذيبها، أي انه في الوقت الذي يريد بناء

شخصية للطفل متوافقة مع المجتمع ومستمدة من ثقافة ذلك المجتمع إلا انه يسعى إلى أن يبقى للطفل الكثير مما هو شخصي وخاص به، بحيث يتهيأ له أن يعالج شؤون الحياة بطريقة أفضل.

وعلى هذا فإذا كان مضمون الاتصال بالأطفال قد ظل لقرون طويلة عملية تلقين الأطفال عناصر ثقافة المجتمع مكتفيا إلى حد بعيد باجترار القديم فإن أحداثا كثيرة بما فيها الانعطاف في مجرى التفكير العلمي مهدت للاتصال الثقافي بالأطفال وعملت من أجل نقل المستجدات في الفنون والآداب والمعرفة العلمية.(المحاميد، 2003)

- المضمون المعرفي

ولم يكن ذلك غريبا، فقد كان العالم يتطور ببطء شديد، بينما تحصل فيه اليوم تطورات واسعة منها ما هو مفاجيء، وإزاء هذا كان إدخال المضامين المستحدثة أمرا لازما دون التضحية بقيم الثقافة الأصيلة من خلال صياغتها في رسائل جديدة، حيث إن القيم تفقد ما لها من "قيمة" إن هي عجزت عن مواكبة التغييرات في المجتمع، وتبقى الأفكار محنطة، حين تتخطاها الحياة أو ينفك رباطها، بحاجة الإنسان. وهكذا كان التغير الاجتماعي مرتبطا بالتغير في مضمون وهدف الاتصال الثقافي بالأطفال.

وحين يقتصر الاتصال الثقافي بالأطفال على نقل دون الثقافة دون إثرائها فإننا نجعل أطفالنا يتأخرون عن مسيرة الحياة، ولا يجدون فيما يكتسبون من العناصر الثقافية ما يؤهلهم لان يعيشوا طفولتهم، لان ما

يكتسبونه على هذا الأساس يظل هدف الاتصال الثقافي بالأطفال في إكسابهم الأساليب والوسائل التي تتيح لهم اكتساب مضمون الاتصال المخطط مع إعدادهم لان يتثقفوا بأنفسهم، وأن يمارسوا عمليات تفكير يستطيعون بها حل ما يعترض حياتهم من مشكلات بعيدا عن أنماط التفكير الخرافية أو التسلطية أو التخبطية.

ومن هنا يمكن القول إن الاتصال الثقافي بالأطفال في عالم متغير، يتغير هـو الأخـر ليس في مضمونه عصارة ثقافية، ويمسي في هدفه دفع الأطفال لان يتبعوا أنماط تفكير وسلوك سليمة، وإذا قلنا إن الاتصال الثقافي بالأطفال ينطوي على امتصاص الأطفال للثقافة فيراد بهذا أن يكتسب الأطفال الثقافة بمعناها المتجدد.(**زهران، 1990**)

- المضمون المثير للتفكير

وعلى هذا فان الحديث عن مضمون ثقافة الطفل لا يمكـن تناولـه إلا مـن خـلال ربطه بنظام الاتصال الثقافي وهدفه. ونظام الاتصال ينبع أولا مـن أسـلوب التفكير المـراد تحقيقه، إذ إن كل مضمون ثقافي يمكن أن يكون شـكلا في حفـظ المعـاني والقواعـد بينما يظل أسلوب التفكير عقيما، ويظل فن الاستخدام غائبا، حيث إن لأسلوب التفكير ولفن الاستخدام الأهمية والخطورة البالغة، وقد وصل الأمر إلى القـول أن العلـوم نفسـها عـلى الرغم ما لها من أهمية لا يمكن أن تقود إلى النفع إلا إذا تحولـت إلى فنـون، أي تطبيـق نتائج العلوم بأساليب فنية.

وهذا المطلب يلح دوما إلى البحث عن أساليب في الاتصال تفعل هذا الفعل في الأطفال، وليس هناك من شك في أن الإنسانية لم تستطع أن توفر لنفسها هذه الأساليب، ومع هذا فهي لا تجد إلا أن ترتضى بما تفعل، فقد ارتضت الإنسانية مكرهة بأفضل ما يمكن تحقيقه في أي مجال لعجزها عن الإتيان بما هو متكامل أو مثالي.

ومع أن التثقيف في مضمونه يتطلب أن يعد الأطفال لفهم الحياة، إلا أن الفهم لا يمكن أن يتشكل بنتيجة فيض المعلومات التي تلقى على الأطفال، لان المعلومات جامدة في حد ذاتها وهي تتطلب عمليات عقلية معرفية لتحريكها في تسلسل منطقي، وهذه العمليات تفكيرا كانت أو تخيلا، تتطلب مناخا. ومن أكثر ما يعكر صفو ذلك المناخ قيام أجهزة الاتصال الثقافي بنقل مضمون جامد أو متسلط، وهو في جموده أو تسلطه يخدم أهدافا أو نظما وضعت في ضوء متطلبات مصلحة البالغين أو أجهزتهم دون خدمة الطفولة نفسها.

وعلى هذا فان واحدا من أحلام الإنسانية اليوم هو أن نستطيع إنشاء نظم للاتصال الثقافي تيسر للأطفال أن يعيشوا حياتهم وان يتهيأوا للغد بشكل أفضل، وهذا الحلم راود الإنسانية عبر القرون الطويلة المختلفة، ولكن يبدو أن أحلام سابقينا وأحلامنا أيضا ستظل مثل اليوتوبيات التي لم تكن لها نهايات غير الأمل الممزوج بالحيرة والتردد والشك.

وعلى أي حال إذا كانت جهود الإنسانية الطويلة من اجل تحقيق الآمال التي تريدها لطفولتها لم تثمر إلا ثمارا ضامرة، فانه لا يمكن إلا الاعتراف انه لولا تلك الجهود لما تهيأ للإنسانية أن تصل في اتصالها بالأطفال إلى هذا المستوى الذي يحوي من العيوب اقل بكثير مما كان يحوي بالأمس.

وأساليب الاتصال الثقافي بالأطفال ومضامينه ينبغي أن تظل في تطور مستمر، ويفرض عليها التغير الاجتماعي الذي يحصل للإنسانية في أي مجتمع، ذلك الشرط كي لا تمسي عقيمة، حيث إن ظهور التحولات والمستجدات المختلفة يتطلب أن تجد لنفسها حيزا في ثقافة الأطفال، والا أصبح الاتصال الثقافي عملية نقل آلي يشبه عملية قطع عصا من شجرة وتسليمها إلى الآخرين دون "تشذيبها" من الأشواك، ومع هذا يراد لها أن تكون سارية راية.

وتحديد مضمون الاتصال الثقافي يرتبط بالأهداف الموضوعية للاتصال، وفي كل الأحوال لا بد من أن يظل هدفه الرئيس هو اشاعة ثقافة للأطفال تقوم على التنوير، وإحلال مثل تقوم على الحقائق بدل تلك التي تقوم على الجهل وضيق الأفق وتخلو من التعصب والأوهام والمخاوف والأحزان، وتبتعد عن تعليم الأطفال الإذعان والطاعة العمياء.

ولما كانت الثقافة ليست مجرد مجموع للعقائد والأفكار والمعلومات والقيم والمعايير والأعراف والتقاليد والأنظمة والفنون والآداب، بل هي كل مركب لهذه كلها وغيرها كذلك، وهي إضافة إلى ذلك انتظام لهذه العناصر.

لذا فان مضمون الاتصال الثقافي يتطلب الـوعي بهـذه المسـألة الجوهريـة بحيـث يقـود الاتصال بالأطفال إلى خلق نظرة عامة وسلوك عام لدى الأطفال لا مجرد تلقي كل عنصرـ وكأنه مفصول عن البنيان العام، لـذا فان المضـمون الثقـافي المقـدم إلى الأطفـال يسـتلزم تقديم بنيان كلي لا مجرد تلقين عناصر متباعـدة تمهيـدا لخلـق النظـرة العامـة والسـلوك العام، ولا جدوى من أن يتلقى الأطفال الأفكار مثلا دون أن يتفهموا كيفيـة ترجمتهـا إلى سلوك، ولا معنى لان يجيد الأطفال الحـديث عـن القيـم الايجابيـة دون التـزامهم بهـا أو دون اكتسابهم القدرة على تنظيم القيم المختلفة وتغليب قيمة معينة في موقف معين.

وعلى هذا إذا كان خلق النظرة العامة هدفا رئيسا مـن أهـداف الاتصـال الثقـافي فان هناك هدفا مكملا وهو أن تنتهي النظرة العامة، التي نريد أن نرسـمها للأطفـال، إلى التزام أو مواقف أو معايير ذاتية واجتماعيـة يمكـنهم اتخاذهـا في حيـاتهم، وبهـذا يتسـع مضمون الاتصال لكي ما يبني شخصية الطفل ويرسم له طريق الحياة.(المحاميد، 2003)

ومن اللازم أن ينطوي الاتصال الثقافي في مضمونه على "الأفكار" باعتبارهـا أدوات أساسية لبناء معايير شخصية للطفل، وتحديد نظرة عامة في الحكم والتقيـيم عـلى مجمـل عناصر الثقافة الأخرى وعـلى انتظامهـا أيضـا، فالقيم والمعـايير والعـادات وغيرهـا مـن العناصر الثقافية لا يمكن أن تظل ثابتة ما دام هناك تغير اجتماعي مستمر، وهـذا التغـير يؤدي ببعض هذه العناصر إلى الانحسار أو الانعطاف أو المـوت والإنـدثار، كـما يـؤدي إلى ظهور الجديد منها،

142

لذا فان التركيز على "الأفكار" يمكن أن يقود الطفل إلى تحديد علاقته بالعناصر التي تؤول إلى الاضمحلال، وتلك التي تمضي قدما إلى الحياة.

وهنا لا بد من الإشارة إلى أن هناك من يدعو إلى تقديم مجمل ثقافة المجتمع إلى الأطفال بشكل مبسط، ولكن هذه الدعوة فقدت معانها منذ وقت غير قصير لان تثقيف الطفل لا يستلزم إغراقه بما لاطاقة له به، ولا يتطلب تعرفه على مالا يرتبط ببناء شخصيته وتكوين طريقة حياته، خصوصا وان الثقافة خضم كبير. وقد كانت التربية قديما ترى أن اكتساب الأطفال لمجمل ثقافة المجتمع هدفا رئيسا من أهدافها، بينما أصبح الطفل المثقف أو البالغ المثقف هو الذي يمتلك حصيلة نهائية لمدى التأثر بثقافة المجتمع دون اشتراط استيعابه لكل شاردة أو واردة في تلك الثقافة، على أن تتسع الحصيلة النهائية لكيفية تنظيم الطفل لمضمون الثقافة كي يستطيع أداء سلوكه والقيام بدوره الاجتماعي على أساس أن العناصر الثقافية لا يمكن أن تقود إلى سلوك ما لم تتكامل في كيان ثقافي.

وهناك إجماع بين المعنيين اليوم على ضرورة توفير ثقافة عامة ومتينة للأطفال، وان تسبق هذه الثقافة في عموميتها أي تخصص. ويصل الأمر بعدد كبير من المعنيين إلى التحذير من التخصص قبل السنة الخامسة عشرة، إذ يشيرون إلى أن محاولة تكوين تخصص قبل هذا العمر يعد عملا عابثا، وحتى الثقافة المهنية التي تشيعها مدارس معينة تستوجب أن تكون متنوعة وصولا إلى التخصص بشكل تدريجي.

وينبغي أن تعمل وسائل الاتصال للوصول بمضمونها إلى الأطفال جميعا، فلم تعد الثقافة حكرا لشريحة، بل هي قضية لا بد من أن تظل مشاعة للجميع.(**الجماعي**، 2005)

- خلاصة الفصل

العلاقة بين الثقافة وبين الطفل تكشف عن الطواعية والمرونة الكبيرة للكائن العضوي، حيث إن التكوين البيولوجي للإنسان يمهد له استيعاب ثقافة أي مجتمع يحيا فيه.

وعلى هذا إذا كان البشري في كل الأزمنة والأمكنة قد زود بوظائف بيولوجية، فان المجتمعات قد اختلفت فيما بينها في توفير الأجواء والطرق المناسبة لتنمية تلك الوظائف، حيث إن كل وظيفة لا تجد أمامها مناخا مناسبا للنمو فإنها تضمحل وتزول، ويعد هذا العامل واحدا من أهم الأسباب الجوهرية لما نجده بين الشعوب من اختلافات، حيث إن المجتمع الذي يتعهد تلك الوظائف بالعناية باستخدام أساليب مناسبة يمكن أن يختلف اختلافا واسعا عن مجتمع آخر لا يهيئ لتلك الوظائف أن تنمو بشكل سليم.

هذا الفصل يعالج مضموم الاتصال الثقفي بالأطفال من جوانبه المختلفة حيث المضمون النفسي- والاجتماعي والمعرفي، وتختلف الشعوب في أشكال تقديمها لهذه المضامين تبعا للثقافة السائدة فيها وصولا إلى الشكل الرقى وهو الاتصال المثير للتفكير لدى الطفل.

# الفصل الثامن
# التجسيد الفني لمضمون ثقافة الأطفال

## - التجسيد الفني والمضمون

الطبيعة تتجمل، أنها تتطيب، وتتكحل، وتلألأ، وتطلق الأصوات، إنها تعبر عن جمالها من خلال الأصوات، والألوان، والظلال، والحركة، كما تعبر من خلال ذلك عندما تنفعل أيضا.

ويستعين الإنسان بهذه كلها. شأنه شأن الطبيعة في الإفصاح عن نفسه أو التعبير عما يحمل من معان، أيّ انه يجسد تلك المعاني تجسيدا فنيا، فيشكل للمعنى أبعادا كي لا يظل المعنى مجردا.

وعلى هذا فالتجسيد الفني هو تحويل المعاني والحالات إلى صور وهيئات بحيث تبدو جميلة أو مثيرة، أو واضحة.**(وافي، 1998)**

ويشير تاريخ الفن إلى أن الإنسان حاكى الطبيعة وحاول تصور موجوداتها وظواهرها منذ عصور طويلة، وتجاوز هذا، بعد ذلك، في عصور لاحقة منطلقا من مجال المحاكاة إلى الإبداع الفني.

واستعان الإنسان بالتجسيد الفني في حياته اليومية الاعتيادية وفي المواقف الحاسمة أيضا، وكان بعض الفلاسفة القدامى قد حرصوا على تقديم أفكارهم في صور جذابة.

وحين ظهرت وسائل الاتصال الجماهيري كالصحافة والإذاعة والتلفاز والسينما أوجدت للإنسان أدوات جديدة لاستخدام الفن في التأثير، حيث هيأ العصر ـ أساليب عديدة للاستفادة من عدد من العناصر لتجيد الأفكار.

ويمكن أن يتحقق جانب من عملية التجسيد الفني عن طريق الاستعانة باللغة وحدها، لذا تعد الأعمال الأدبية تجسيدا فنيا للمضامين من خلال اللغة... فالقصة والشعر والمقالة وغيرها من الأصناف الأدبية تحمل مضامين مجسدة فنيا، ولهذا كان تأثيرها في الناس كبيرا.

- عجز اللغة عن التعبير الكامل

ولكن الاستعانة باللغة وحدها غير كاف لإعطاء المضمون صفة الجاذبية والوضوح والقوة ويرجع ذلك إلى عوامل عديدة منها ما يتعلق باللغة نفسها ومنها ما يتعلق بطبيعة الإنسان. فالوصف اللفظي يظل غير دقيق، وفي أحيان أخرى يكون مضللا، ويرجع هذا إلى أن اللغة قدرات تعجز عن تخطيها وتجاوزها، كما أن العالم الإدراكي للشخص مقيد بجملة حدود، حيث من غير المستطاع أن يدرك الإنسان إدراكا كاملا خبرات لم يمر بها في حياته الاعتيادية، لهذا فان مدارك الأفراد المختلفين تختلف باختلاف خبراتهم. لذا فان كل كلمة أو جملة لا تعني مفهوما متطابقا تمام التطابق بين الناس، لذا يقال إن لكل فرد مرشحا خاصا تمر من خلاله الأفكار لتنتمي إلى شكل فيه كثير من المعالم التي لم تكن تحملها في الأصل.

وقد نظمت إحدى المجلات الأمريكية تجربة عن مدى تعبير الرموز اللفظية، عن المعنى ونشرت نتائجها في عام 1949 حيث كانت هذه المجلة قد كلفت ثلاثة من رساميها، المعروفين بقدرتهم العالية على التعبير بالرسم، رسم الحيوان المعروف بآكل النمل، ولم تكن لهؤلاء الرسامين خبرة بهذا الحيوان. وقدمت المجلة لهؤلاء الرسامين المعلومات الوصفية الواردة عن ذلك الحيوان في الموسوعة البريطانية وكان الوصف: "جسم آكل النمل قوي، ظهره أحدب، أطرافه قصيرة تنتهي بمخالب قوية، وأذناه طويلتان، وذيله غليظ عند القاعدة رفيع عند الطرف، أما رأسه فهو مستطيل. وينتهي الرأس بقرص يبدو فيه منخاران، أما فمه فقصير ولكنه مفلطح وبداخله لسان طويل يستطيع أن يمده لمسافة غير قصيرة ويبلغ طول الحيوان نحو مترين. ولونه رملي أو اصفر، ويكسو جلده شعر رقيق".(**الحسن، 2008**)

وحين انتهى كل من الرسامين الثلاثة من رسم الحيوان اعتمادا على تلك المعلومات الوصفية، تمت المقارنة بين الرسوم نفسها وبين الصورة الفوتوغرافية للحيوان، فظهر تباين كبير بين الرسوم الثلاثة من جهة، إضافة إلى التباين بين كل من تلك الرسوم والصورة الفوتوغرافية، كما يؤكد على أن الوصف اللفظي مهما كان دقيقا فانه لا يمكن أن يعبر تعبيرا كاملا، وعلى هذا فان الوصف المعتمد على اللغة اللفظية وحدها يحتاج في الغالب إلى ما يسانده، فلو كان قد تهيأ لهؤلاء الرسامين أن شاهدوه وتشكلت لديهم خبرة عنه، أو

أمعنو النظر في الصورة فوتوغرافية أو شاهدوه مباشرة له لكان بوسعهم أن يضعوا رسما واضحا ومعبرا عنه بسهولة.(**الحسن، 2009**)

وتعتبر العناصر المساندة للغة عناصر للتجسيد الفني كالأصوات والألوان والرسوم. وعلى هذا فإن الإنسان لا يستعين بلغة الكلام وحدها، بـل يسـتعين بلغـة أخـرى ليسـت كلامية بالمعنى المصطلح عليه، حيث تساعد هذه الأخيرة على التصوير بشـكل أكثر دقة ووضوحا وتجسيدا. وتعد هذه اللغة المسماة باللغة غيـر اللفظيـة أكثـر مرونـة في حـالات عديدة من اللغة اللفظية لأنها لا تخضع لبعض ما تخضع له اللغة من قيـود، وبـذا تتيـح مجالا واسعا للتفكير. وعلى هـذا إذا كانـت اللغـة اللفظيـة وعـاء للفكر فان اللغـة غيـر اللفظية تعد وعاء آخـر لـه حيـث أتيح للإنسـان بفضـلها أن يفكر مـن خـلال الإشكال والإشارات والأصوات والألوان والحركات.

والتجسيد الفني يتيح مـن جانـب آخـر للعمليـات العقليـة المعرفيـة الأخرى أن تقـوم بدورها في استقبال الرسائل الاتصالية وفي فهمهـا، فالأطفـال عند اسـتماعهم أو مشـاهدتهم أو قراءتهم لمضمون لفظي تسانده الألوان أو الأضواء أو الحركات أو الرسوم "يتـذكرون" و"خـبرات سابقة" و"يتخيلون" صورا جديدة مركبة فيكون إدراكهم وبالتالي فهمهم أكثر موضوعية ودقة.

وإذا كان التجسيد الفني لازمة في التوجه الاتصالي عموما سواء كان إلى البالغين أو إلى الأطفال، فإن لزومه للأطفال أشد، لأن حواس الأطفال

شديدة الاستجابة لعناصر التجسيد. لذا عملت وسائل الاتصال الثقافي بالأطفال على تقديم المضمون إليهم بأطباق من الذهب فازدانت مطبوعاتهم وأفلامهم وبرامجهم بهذه العناصر.

ولا تشكل عناصر التجسيد أدوات للإيضاح وإبراز المعاني فحسب، بل هي تشكل حوافز لإثارة انتباه الطفل، وإثارة اهتمامه، وخلق الاستمرار لديه في استقبال المضمون من خلال ما تضيفه من عناصر التشويق والجاذبية.

ويعتبر جذب انتباه الطفل مسألة أساسية في عملية الاتصال الثقافي لأنه يهيىء ذهنه لاستقبال الرسالة وتركيز طاقته العقلية وإحلال تلك المادة في مركز شعوره مع أبعاده عن المؤثرات الجانبية .(علم الدين، 2009)

- التجسيد الفني وإثارة الانفعال

وتخرج عملية التجسيد الاتصال الثقافي على طريقة التلقين التي تعد غير مناسبة للأطفال والتي عاني منها الأجداد يوم كانوا صغارا على مدى أجيال طويلة حيث كان يراد للأفكار أن تصب في العقول الصغيرة رغم أنها غير مهيأة لان تكون آنية تحتمل كل ما يسكب فيها.

ويتيح التجسيد للطفل أن يتوحد مع المواقف التي يحملها المضمون الاتصالي دون أن يشعر بأنه يتلقى مواعظ وتوجيهات وإرشادات ثقيلة أو معلومات جافة خصوصا وأن الطفل شديد الحساسية من كل ما يقدم إليه على تلك الشاكلة وهو حتى إن استجاب لها فإن استجابته مؤقتة إذ سرعان ما يتخلى عنها وقد يتمرد عليها حين تحين له أول فرصة مناسبة.

والتجسيد الفني يهيىء للأطفال أن "يروا أو يسمعوا" المعنويات دون الاستعانة بالعين أو الأذن حيث تبدو لهم وكأنها محسوسة كما تتضح لهم المحسوسات بشكل واضح. وإذا كان وقوف الأطفال على الأشياء الحسية من خلال اللغة أسهل من وقوفهم على الموضوعات المعنوية كالشجاعة والتعاون والحب, فان بالوسع تقريب هذه المفهومات إلى الأطفال من خلال تجسيد الصفات أو المظاهر المادية المرتبطة بها فللشجاعة صفات ومظاهر مادية وكذا الحال بالنسبة إلى غيرها من المعنويات، ولا يمكن للأطفال أن يتعرفوا عليها إلا من خلال ذلك التجسيد علما أن الاكتفاء بإطلاق الأوصاف العامة عن هذه المعنويات قد يزيدها تشويشا في الأذهان لأن الأوصاف تعطي مدلولات فضفاضة بينما يقود التجسيد إلى مدلولات خاصة ويضفي جوا على الموقف أو المعنى. وبهذا يتجاوز التجسيد قدرة الكلمات على الوصف، ولهذا فان المدلولات التجسيد قدرة الكلمات على الوصف ولهذا فإن المدلولات الخاصة والأجواء الذي يضفيها تظل أكثر حيوية وواقعية. ويبدو إن الإنسان لم يكتف باللغة وحدها للتعبير عن أفكاره وعواطفه في أي عصر من عصور التاريخ، لذا فقد غنىّ وترنم وأنشد الشعر وتغنىّ في إلقاء الخطب واستعان بالحركات والإشارات والألوان ومن المحتمل أن يكون كثير من هذه العناصر قد سبق اللغة في الظهور.

والتجسيد الفني في تكوينه ليس مجرد تشكيل اللغة اللفظية مع اللغة غير اللفظية ولا هو تفنن في تكوين الإنتاج المسموع أو المقروء فقط، بل هو

إضافة إلى ذلك مواءمة بين هذه كلها مع طبيعة الاتصال في حالة كون الاتصال غـير وسيلة.(وافي، 1998)

- عناصر التجسيد الفني

ومن أجل الوقوف على ما يمكن لكل عنصر من عناصر التجسيد الفنـي أن يفعلـه نتعرض لأبرز هذه العناصر وهي: الصوت - اللون - الصور و الرسوم المتحركة:

* الصـــوت:

تتميز الكلمة المنطوقة بإمكان استخدامها على حالها في التعبير الفني وفي أغـراض أخرى غير فنية فهي تستخدم في التعبير عن الأدب والفنون وفي التعبير اليومي الاعتيادي أي أن الكلمة يمكن أن تدخل في ارتباطات مع كلمات أخرى لتـؤدي وظيفـة بعيـدة عـن الفن.

والسياق اللفظي الـذي تـرد فيـه الكلمـة يحـدد معناهـا إلى حـد كبير حيث إن للكلمة الواحدة أحيانا معان متعددة لكن الساق اللفظي الذي ترد فيه يحدد للسامع أو القارىء نوع الدلالة. واللغة هي سـياقات أو أنسـاق تؤلـف الكلـمات والجمـل وحدات بنائية أساسية فيها.

وتمثل الكلمات كألفاظ الموقع الأول بين رموز التعبير عن المضمون, ولكـن الكلمـة واللغة بوجه عام تظل عاجزة عن التعبير الدقيق كما أوضحنا من قبـل، هـذا فان وضـع الكلمات في أسلوب فني يعد احد أساليب تجسيد

اللغة لتعبر عن المعنى. لذا يعد الأدب بأجناسه المختلفة فنا استعان باللغة الفنية، وتحول مما هو مألوف إلى ما هو غريب في ضوء جديد، من أجل أن تؤدي اللغة إلى نقل الأفكار والتعبير عن العواطف، بقصد إثارة المشاعر والتأثير في السلوك الإنساني.

وللكلمة في حد ذاتها قوة، ومع أنها تفقد هذه القوة في حالات عديدة إلا أنها بفضل ما لها من وقع صوتي في أحيان كثيرة عاملا من عوامل التأثير العاطفي للمعنى. وكان السحر قد قام في القدم على استخدام قوة الكلمة خصوصا عند تنظيم أصوات الكلمات في جمل "تعاويذ" وترديدها في أسلوب معين، مما يجعل لها السلطان الذي يفرض نفسه على الكائن. ويغرم الأطفال بكثير من الأصوات التي يحملها الاتصال.

وتستفيد بعض وسائل الاتصال بالصوت الإنساني وبأصوات أخرى غير إنسانية أو مؤثرات صوتيه إضافة إلى الموسيقا والغناء مما يضفي على المادة المقدمة للطفل قدرة أخرى ومتعاظمة تبعا لنوع وعدد المؤثرات الصوتية التي يمكن إستخدامها.

وحين يشار إلى قوة الصوت تعاد إلى الأذهان خطب المناسبات العامة، في المدن اليونانية القديمة باعتبارها من المواد

المنطوقة التي اعتمدت الصوت في التأثير في حياة الإنسان، حيث استخدمت فيها الأصوات براعة، كما تعاد إلى الأذهان أسواق العرب في عكاظ وفي المربد وغيرهما.

وظل للكلمة المنطوقة دور كبير حيث لم تستطع العناصر الأخرى الإطاحة بها أو التغلب عليها، ومع أنها فقدت بعض قواها، في فترة من الزمن إلا أنها استطاعت استعادتها، وقد ساعدها على ذلك ظهور الإذاعة والبث الإذاعي كوسيلة مهمة من وسائل الاتصال الجماهيري.

وكانت السينما محدودة التأثير يوم كانت صامته، وحين استطاعت إدخال الصوت تربعت على عرش فخم بين وسائل الاتصال الجماهيري.

وتستقبل الأصوات عبر حاسة السمع الصوت، فتثير صورا ذهنية من خلال قيام العقل بواحدة أو أكثر من العمليات المعرفية. وأبرز قيمة دراسية للصوت هو انه يصنع الصورة في تعبيره عن الموقف أو الحالة، كما انه صفة تنبيهية،وقد كانت الموسيقى مثيرا لانفعالات الطفل.(الحسن، 2009)

\* الألـــــــوان:

يعد اللون عنصرا آخر من عناصر التجسيد، لما له من تأثيرات نفسية كان الإنسان قد أدركها قبل أن يجري العلماء بحوثهم في هذا المجال، حيث تبين أن للألوان تأثيرها في جذب الانتباه، أو التوجيه، أو الإثارة، وما إلى ذلك من عناصر المزاج.

وقد أجريت تجارب عديدة على عينات من الأطفال، حيث أعطيت لهم أقلام مختلفة الألوان والأصباغ، وطلب منهم تكوين رسوم تعبر عن مواقف وحكايات محزنة، وأخرى مفرحة، وثالثة مخيفة، وقد لوحظ إن الأطفال

ميالون في الغالب إلى استخدام ألوان معينة للمواقف الانفعالية المختلفة، وأن ميولهم تختلف باختلاف مستوى النمو، وبالظروف النفسية للطفل، كما تختلف باختلاف جنس الطفل ذكرا كان أو أنثى.

وذهب بعض علماء النفس، وخصوصا أولئك الذين ينحون منحنى مدرسة التحليل النفسي، إلى تأكيد أهمية الألوان في النفس، خصوصا وأن هناك اتفاقا على أن الألوان تساعد في تقديم الأشكال بطريقة مؤثرة، نظرا لاتصال اللون بالحس، خصوصا وأن الإدراك البصري يقوم على وقوع الموجات الضوئية على العين.

وتلعب الألوان دورا مهما في تحقيق الانسجام والتوازن في الأشكال، في عين الطفل وفي جذب انتباهه، وفي إرضاء ميله نحو ألوان معينة دون غيرها مع معرفة أن هناك فروقا فردية بين الأطفال في هذا المجال.**(الحسن، 2009)**

\* **الصور والرسوم المتحركة:**

تعد الصور والرسوم أوعية تعبير ذات أهمية كبيرة بالنسبة إلى الأطفال، فهم يعبرون عن أنفسهم بالرسوم منذ عمر مبكر، كما أنهم يستقبلون التعبير من خلالها، ويعنون بكثير من تفصيلاتها، وتنطبع في أذهانهم الصورة الموحية والمعبرة.

وتشير العديد من الدراسات إلى أن الرسم أو الصورة أكثر إقناعا من الكلمة في كثير الأحيان، لذا فان وجود الصورة أو الرسم ادعى إلى الإقناع

والتصديق. أما الحركات فهي عنصر آخر من عناصر الجاذبية والتشويق، وهي، فضلا عن ذلك، تضفي على المواقف والأفكار أبعادا جديدة.

ويثار انتباه الأطفال بالحركات، ويريدون للأشياء أن تتحرك، فهم لا يطيلون التمعن في مشهد تلفازي يظهر فيه أسد واقف، أنهم في هذه الحالة يقولون: اقفز... تحرك... إزأر...إلخ.

ومن خلال المزج بين الرسوم والحركة ظهر نوع جديد من أفلام الأطفال، وهي الرسوم المتحركة، والتي تنتج عن طريق عدد من الرسوم المتتالية، وهي لم تعد مجرد أشكال للتسلية، بل تعدى ذلك إلى تحقيق أهداف ثقافية وتعليمية أكبر وأبعد من كافة المجالات المعرفية والثقافية.(علم الدين، 2009)

والذي يميز الرسوم المتحركة عن الأشكال السينمائية الأخرى هو أن التجسيد الفني عبر هذه الأفلام يعتمد على إدخال الحياة في الصور والرسوم الجامدة، وتشكيل عالم خيالي مثير، إضافة إلى أن ما توفره من جدة تجعل الأطفال يخرجون عن رتابة المواقف الاعتيادية، خصوصا وأنها تلائم رغبات الأطفال، وتناسب طبيعة عملياتهم العقلية والانفعالية، إضافة إلى أنها قريبة من حيث بناؤها الفني والنفسي- واعتمادها على الخيال والإثارة، تنقل الطفل من حالته الاعتيادية إلى حالة تتصف بالغرابة التي تشابه الحالة التي يخلقها اللعب إلى حد كبير.

وبفضل المرونة الكبيرة في هذه الأفلام أمكن تناول مختلف الموضوعات فيها، كالمغامرات، وأسرار الطبيعة، والخيال العلمي والتاريخي، وعالم الحيوان، وغيرها، وهي كلها تفتح أمام الطفل آفاقا واسعة رحبة.

ويمكن الاستعانة بعناصر التجسيد الفني هذه، عبر الاتصال المواجهي، كما يمكن الاستعانة بها في الاتصال بجمهور الأطفال، عبر الوسائل، أكثر بكثير لما تتوفر للوسائل الاتصالية من قدرات تجعلها خير أوعية تجسيد فني فاعلة.(**الحسن، 2009**)

- خلاصة الفصل

حتى تقدم المجتمعات ثقافتها للأطفال لا بد لها من وسائل وطرائق خاصة لإيصال هذه الثقافة وتختلف الأمم في ابتداع هذه الوسائل. ولكنها جميعا تصوغ رسالتها وفق شكل فني مميز تظنه الأفضل لتقديم هذه الثقافة.

وهذا التجسيد الفني هو تحويل المعاني والحالات إلى صور وهيئات بحيث تبدو جميلة أو مثيرة، أو واضحة يستطيع الطفل التفاعل معها واستيعابها.

ويشير تاريخ الفن إلى أن الإنسان حاكى الطبيعة وحاول تصور مكوناتها وظواهرها منذ عصور طويلة، وتجاوز هذا، بعد ذلك، في عصور لاحقة منطلقا من مجال المحاكاة إلى الإبداع الفني.

واستعان الإنسان بالتجسيد الفني في حياته اليومية الاعتيادية وفي المواقف الحاسمة أيضا، وكان بعض الفلاسفة القدامى قد حرصوا على تقديم أفكارهم في صور فنية جذابة.

نقول هذا لأن اللغة قد تعجز مفرداتها عن التعبير الدقيق عن المشاعر أو الأحاسيس فنكون بحاجة إلى الدعم والمساندة من أشكال أخرى للتعبير.

ويتيح التجسيد للطفل أن يتوحد مـع المواقـف التـي يحملهـا المضـمون الاتصـالي دون أن يشعر بأنه يتلقى مـواعظ وتوجيهـات وإرشـادات ثقيلة أو معلومـات جافة , خصوصا وان الطفل شديد الحساسية من كل ما يقدم إليه على تلك الشاكلة , وهو حتى إن استجاب لها فان استجابته مؤقتة , إذ سرعان ما يتخلى عنها , وقد يتمرد عليهـا حـين تحين له أول فرصة مناسبة.

والتجسيد الفني يهيئ للأطفال أن "يـروا أو يسـمعوا" المعنويـات دون الاسـتعانة بالعيون أو الأذان, حيث تبدو لهم وكأنها محسوسة, وإذا كان وقوف الأطفال على الأشياء الحسية من خلال اللغة أسهل من وقوفهم على الموضوعات المعنوية كالشجاعة والتعاون والحب, فان بالوسع تقريب هذه المفهومات إلى الأطفال من خـلال تجسيد الصفات أو المظاهر الماديـة المرتبطة بها، ولا يمكن للأطفال أن يتعرفوا عليها إلا مـن خـلال ذلك التجسيد, علما أن الاكتفـاء بإطلاق الأوصاف العامة عـن هـذه المعنويـات قد يزيـدها تشويشا في الأذهان, لان الأوصـاف تعطي مـدلولات فضفاضة بينمـا يقـود التجسـيد إلى مدلولات خاصة ويضفي جوا على الموقف أو المعنى. ويبدو إن الإنسـان لم يكتـف باللغـة وحدها للتعبير عن أفكاره وعواطفه في أي عصر من عصور التاريخ, لذا فقد غنى, وتـرنم, وانشد الشعر وتغنى في إلقاء الخطب, واستعان بالحركـات والإشـارات والألـوان, ومـن المحتمل أن يكون كثير من هذه العناصر قد سبق اللغة في الظهور.

وكان تفصيل عناصر التجسيد الفني من الصوت واللون والصور من ضرورة لما لكل منها أهمية خاصة في توصيل المفاهيم ورسم الصورة الذهنية عند الطفل خاصة للأشياء المعنوية.

# الفصل التاسع
# قدرات وسائل الاتصال في
# تجسيد ثقافة الأطفال

## - التجسيد الفني عبر التلفزيون

رغم أن الإنسان مارس عمليات التجسيد في إفصاحه عن نفسه وفي تعبيره عن الحالات والمواقف منذ القدم مستعينا بالكلمات والأصوات والإرشادات والألوان والحركات " لغة الجسد" إلا أن ظهور وسائل الاتصال الجماهيري المتمثلة في الصحافة والإذاعة والتلفاز والسينما أتاحت إنتاج الكلمات والصور والرسوم والأصوات وغيرها من العناصر بالجملة، وإرسالها إلى جمهور واسع في وقت واحد أو في أوقات متقاربة.

والأطفال يستقبلون هذه الوسائل الاتصالية وهم يعرفون أنهم لا يواجهون الحياة نفسها، بل يواجهون ما يمثلها في قوالب فنية. ولو كانت هذه الوسائل تنقل وقائع وحالات بنفس مواصفاتها لكان الأطفال أكثر إحساسا من غيرهم بالملل... لكن الأطفال والبالغين معا يرتضون أن تضاف عناصر جديدة في عملية الاتصال لتجعل من هذه عملية ممتعة ولذيذة.**(الجماعي، 2009)**

ووسائل الاتصال لم تعد أدوات نقل الأفكار والمعاني، بل أصبحت أدوات تجسيد لها من خلال التأليف بين اللغة اللفظية واللغة غير اللفظية.وتعرض إمكانات وظروف كل وسيلة من هذه الوسائل:

- صحافة الأطفال:

صحافة الأطفال هي التي تتوجه إلى الأطفال ويحررها الكبار، أما الصحافة المدرسية فهي التي تتولى إصدارها المدارس، وتعنى بوجه خاص بالحياة المدرسية، وتلتزم في الغالب بمادة صحفية محددة تستهدف إلى إثراء الحياة المدرسية، وتوجيه التلاميذ وتعليمهم والترويح عنهم. ويشارك المعلمون والتلاميذ ـ عادة ـ في تحريرها. وهناك صحف مدرسية تتولى إصدارها جهات تعليمية أو معلمون مربون، وتوزع على تلاميذ المدارس. وصحافة الأطفال أكثر سعة من الصحافة المدرسية فيما تتناوله من مضامين ثقافية، كما أن جمهورها يتخطى أسوار المدرسة ليشمل جميع الأطفال الذين يقبلون على قراءتها. (صابات، 1979)

ولصحافة الأطفال خصائص وإمكانيات لتصوير المعاني وتجسيدها من خلال الكلمة المطبوعة والصورة والرسم واللون. وهي في طبيعتها كفن تصويري قريبة من الأطفال لكون الطفل يفكر تفكيرا صوريا قبل كل شيء.

ولصحافة الأطفال خصائص تجعلها ذات تأثير فيهم حيث تسهل لهم التحكم في الوقت، إذ يتاح لهم قراءتها في أي وقت أو أي ظرف يشاؤون، ويتهيأ لهم أن ينتقوا ويختاروا منها ما يريدون التمعن فيه، أو ما يريدون المرور عليه مرور الكرام.

ولصحافة الأطفال ظروفها الخاصة، وهذه الظروف تفرض أسلوبا خاصا بها يشعر الطفل بخفته، وسهولته، وجماله، وتوحي له الكلمة المطبوعة

بالفكرة المؤثرة، وتهذب الصورة ذوقه، وتتيح لخياله أن ينطلق، وتغرى الألوان بصره، وتقدم له الفكرة دون أن تتبعه أو ترهقه، وهي تستعين بمختلف الفنون الأدبية والتشكيلية لتبدو أمام الطفل مشوقة مغرية سهلة.

ولصحافة الأطفال دورها البالغ الأهمية في تنمية الطفولة عقليا وعاطفيا واجتماعيا، لأنها أداة توجيه، وإعلام، وإمتاع وتنمية لذوقه الفني، وتكوين عاداته، ونقل قيم ومعلومات وأفكار، وإجابة عن كثير من أسئلة الأطفال، وإشباع لخيالاتهم، وتنمية ميولهم القرائية، وهي بهذا تؤلف واحدة من ابرز أدوات تشكيل ثقافة الطفل، في وقت أصبحت فيه الثقافة أبرز الخصائص التي تميز هذا الفرد عن ذاك، وهذا الشعب عن ذاك.

وتقسم صحف الأطفال إلى أنواع تبعا لعدة معايير، فبالنسبة إلى مراحل نمو الأطفال هناك صحف خاصة بالأطفال في مرحلة الطفولة المبكرة 3-6 سنوات، وهذه الصحف تعتمد على الصور دون الكتابة، وصحف خاصة بالأطفال في مرحلة الطفولة المتوسطة وأخرى للأطفال في مرحلة الطفولة المتأخرة ولكن هناك صحفا تصدر لأعمار أكثر تحديدا، كان نجد صحفا للأطفال في السادسة أو السابعة أو الثامنة من أعمارهم، وهكذا.

ومن حيث المضمون نجد صحفا جامعة، وهي من أكثر صحف الأطفال شيوعا وإنتشارا، وتعنى عادة بنشر القصص والمسلسلات المصورة والطرائف والمسابقات والمعلومات والأخبار والتحقيقات، والمقالات القصيرة.

وهذه الصحف تعتمد على التنوع بقصد أن لا يتسرب الملل إلى نفوس الأطفال، لذا تحاول أن تنقلهم إلى هنا وهناك في أوقات قصيرة كي يظل تشوقهم في تجدد مستمر، والتنوع لا يعني الاختيار الاعتباطي لأشتات متفرقة، بل يمثل لوحة متكاملة تمتزج فيها الأنواع الأدبية والفنية بصورة متناغمة يجعلها في مجملها قطعة فنية تثير ذوق الطفل وخياله.

ويتجاوز التنوع في بعض الأطفال عن المضمون إلى الشكل والأسلوب واللغة والإخراج، ويصل في بعض الأحيان إلى الألوان والرسوم والحروف.

ونجد بين أنواع صحف الأطفال من حيث المضمون المسلسلات المصورة أو الهزليات وهذه الصحف تعتمد على النكتة السريعة التي كثيرا ما تكون مقلبا أو خدعه أو محاولة بائسة، وقد تكون مغامرة أو جريمة. وقوامها في العادة الرسوم المتتابعة التي تمثل كل واحدة منها مشهدا كاملا يرافقه في الغالب الكلام المطبوع.**(أدهم، 1984)**

ورغم أن صحف الهزليات المصورة هي من الصحف الشائعة كثيرا في والولايات المتحدة وأوروبا وبعض البلدان النامية، الا أنها تواجه نقدا شديدا يصل إلى حد القول أنها تفسد خيال الأطفال. ومبعث هذا القول هو أن المشاهد المحدودة التي تكون في الغالب واضحة كل الوضوح يسهل على الطفل فهمها دون الرجوع إلى المادة المكتوبة إلى جوارها والتي لا تتبع أسلوبا أدبيا فنيا، فيحد ذلك من خيال العقل، إضافة إلى أن الهزليات قد تقود الطفل

إلى الاعتياد على القراءات السريعة العابرة مكتفيا بالمشاهدة دون القراءات الجادة المطلوبة.(**الجماعي، 2005**)

وتشير الكاتبة الأمريكية المعروفة بكتبها ومقالاتها الصحفية ومحاضراتها عن تربية الأطفال نانس لارك **N. Lark** في كتابها دليل الآباء إلى قراءات الأبناء إلى أن الأطفال يقرؤون صحف الهزليات المصورة لأنها تلبي رغباتهم في الحركة والمغامرة، ولان حوادثها تمضي بسرعة، كما أنها سهلة القراءة، ويستطيع التعرف على مضمونها حتى إذا كان الطفل قادرا على القراءة كما أنها متاحة بسهولة لرخص أسعارها، وبعض الأطفال يجدون أنفسهم مسوقين بفعل تأثير عقلية الجماعة إلى متابعتها، إضافة إلى أن هناك أطفالا لا يجدون شيئا آخر يقرؤونه لأنهم لا يعرفون كيفية الحصول على مجلات أو كتب أفضل. وقد أخذت صحافة المسلسلات المصورة بالانتشار بشكل واسع بعد أن ظهرت أفلام الكارتون ولاقت إقبالا من الأطفال... ولكن النجاح الذي يحقق لهذه الأفلام لم يتحقق لصحف المسلسلات المصورة، ويرجع ذلك إلى اختلاف طبيعة وقدرات الفيلم السينمائي والتلفازي عن طبيعة وقدرات الصحيفة.(**الجماعي، 2005**)

وقد اخذ كثير من صحف الأطفال في الوطن العربي في تخصيص صفحات للهزليات المصورة، منها ما هو مترجم عن صحف ومجلات معروفة ومنها ما هو مؤلف وفي قسم منها تحاكي الأجنبية من حيث الفكرة وآخر له طابعه المحلي.

ومن بين أنواع الصحف الأخرى، حسب المضمون، الصحف الإخبارية التي تعنى عناية خاصة بعرض النشاطات المختلفة للأطفال في شتى الميادين إضافة إلى أخبار أخرى ترتبط بحياة الأطفال بشكل أو بأخر مثل: أخبار الرياضة والسياسة والعلوم والفنون وشؤون البيت والمدرسة.

وقد لوحظ أن كثيرا من صحف الأطفال الإخبارية في بريطانيا وفرنسا والولايات المتحدة الأمريكية لم يحقق النجاح فاضطرت إلى التوقف بعد أن صارعت من اجل البقاء سنوات عديدة، ولم ينتشله التجاؤه إلى إجراء المسابقات واعتماده على مراسلين من الأطفال والكبار.(**صابات، 1979**)

ومع هذا فان هناك صحف أطفال إخبارية في عديد من بلدان العالم تحظى بحب الأطفال ومتابعتهم، منها ما يصدر على شكل مجلات أسبوعية أنيقة، ومنها ما يصدر على شكل جرائد نصفية **Tabloid** وهي تتناول إضافة إلى الأخبار التعليقات والأعمدة والقصص والمسابقات واللقاءات مع الشخصيات الاجتماعية والفنية والأدبية التي يعرفها الأطفال أو التي ينبغي لهم أن يعرفوا عنها.

والى جانب ذلك هناك صحف رياضية للأطفال، ولكن أعداد هذه الصحف محدود، وتتردد دور النشر في إصدار مثل هذه الصحف استنادا إلى رأي يقول أن الأطفال لا يشعرون بحاجة إلى متابعة شؤون الرياضة، وأسس التمرينات الرياضية بقدر ما يشعرون بالحاجة إلى ممارسة الرياضة نفسها.

وتقدم هذه الصحف تمرينات وألعابا رياضية مصحوبة بالرسوم والصور، إضافة إلى أن هناك مجلات دينية كثيرة تتولى إصدارها الطوائف والمذاهب الدينية المختلفة، وتعمل هذه الصحف على غرس الوعي الديني في نفوس الأطفال منذ نعومة أظافرهم.

وهناك صحف ذات طابع ديني لكنها تعنى بجوانب أدبية أو فنية أو علمية، لذا يصعب في حالات عديدة اكتشاف هوية مثل هذه الصحف بسهولة. وبعض الصحف الدينية لا تعبأ بالخسائر المادية التي تنفقها ما دامت تعمل بين جمهور الأطفال لوجه الله، وتتوفر في الغالب جهات داعمة أو راعية لمثل هذه الصحف.

وفضلا عن ذلك هناك صحف خاصة بالبنات فقط. ويعزى إصدار مثل هذه الصحف إلى أن سرعة النمو الجسمي والعقلي والعاطفي للبنات تختلف عن البنين، كما أن ميول الذكور تختلف عن ميول البنات، وعلى الأخص لمن هم في مرحلة الطفولة المتوسطة والمتأخرة. وهذه الصحف تلبي واع وشغف البنات، لذا نجدها ذات جاذبية خاصة في قصصها ومقالاتها ورسومها وصورها. وهناك مجلات للمكفوفين تعتمد على طريقة الكتابة البارزة، ومجلات أخرى للصم. (وافي، 1998)

ويتضح التجسيد الفني في صحافة الأطفال في صياغة المضمون في شكل فني، وفي إخراج الصحيفة بشكل مشوق، ويستطيع أن يجذب الأطفال إلى محتويات الصحيفة وتوصيل الرسائل المرغوبة من قبل القائمين عليها.

165

أما بشأن الاستعانة بعناصر التجسيد الفني الأخرى فان ذلك يتضح في إخراج هذه الصحف استنادا إلى خصائص الفن التشكيلي من جهة وعلم النفس جمهور الأطفال وعلم وظائف الأعضاء، وبصورة خاصة يتعلق بحاسة البصر، لان القراءة ليست مهارة تربوية فحسب، بل هي عملية عضوية أيضا.(أدهم، 1984)

ويحرص مخرجوا صحف الأطفال على تحويل المادة المكتوبة إلى مادة مطبوعة نابضة بالحياة والجاذبية عن طريق توزيع الوحدات على الصفحة البيضاء، والتحول بها إلى لوحة فنية ذات جمال، ومعنى، وشخصية تناسب قدرات الأطفال على استخدام أعينهم، وتيسر لهم القراءة، وتنمي قابلياتهم على التذوق الفني، وتساعدهم على تكوين صورة ذهنية ايجابية.

وتميز الوحدة الفنية التي ينشرها مخرجو صحافة الأطفال عناصر ذات أهمية منها: التوازن، سواء أكان متماثلا أم متباينا، والإيقاع الذي يسهل انتقال عيني الطفل بين الكلمات والسطور، والمساحات اللونية والصور والعناوين دون تعثر أو ملل، والتناسب والانسجام من خلال توافق الوحدات الطباعية وتناغم بعضها مع البعض ومع الألوان التي تظهر بها.

وتستعين صحف الأطفال بالرسوم التي تعد وحدة طباعية أساسية وتشكل مكونا أساسيا لها وهي لا تؤلف عنصرا إخراجيا فحسب، بل هي مادة صحفية حيه لها قيمة جمالية وثقافية. وهناك رسوم تفوق المادة المكتوبة في

تأثيرها، كما أن منها ما يفوق الأشياء التي تصورها في قدرتها على تصوير كثير من الأجواء والأفكار.

وتستخدم صحافة الأطفال الألوان كعنصر للتجسيد، حيث يراد به تحقيق التمييز بين المكونات وإبراز العناصر، وتسهيل إدراك العلاقات، وزيادة واقعية الخبرات وجذب الانتباه والتشويق، لذا لا يستعان باللون لمجرد النواحي الجمالية، وتلون كثير من الرسوم بغير ألوانها الاعتيادية تبعا للضوء أو تعبيرا عن حالات وظروف نفسية معينة.(صابات، 1979)

وبوجه عام يعد اللون عنصرا مهما من عناصر التجسيد في صحافة الأطفال، ويمكن القول إن كتب الأطفال هي الأخرى تستعين بنفس ما تستعين به صحافتهم من عناصر التجسيد إلى حد كبير.

- برامج الأطفال الإذاعية

كان الأطفال يخاطبون من خلال برامج المرأة أو برامج الأسرة أو من خلال البرامج التعليمية. وقبل أن تدخل الإذاعات برامج للأطفال بالشكل الذي نعرفه الآن وسائد كانت هناك إذاعات مدرسية منذ الثلاثينات من القرن الماضي في عدد غير قليل من دول العالم. (صابات، 1979)

وقد أريد بهذه الإذاعات أن تكون مكملة لدور المدرسة، ولكن الإذاعة انتبهت إلى أن قدراتها تتيح لها مخاطبة الطفل بصورة خاصة، لذا وجدنا برامج للأطفال في كثير من الإذاعات، ولا تزال هذه البرامج تسعى إلى لفت نظر

الطفل إليها. ومع أنها لم تستطع أن تحقق ما تريد إلا أنها ارتضت بالقسط الذي يتحقق من خلال برامجها هذه، وارتضت بالعدد غير الكبير من الأطفال الذين يطيقون الاستمتاع إلى هذه البرامج.

وقد استمدت برامج الأطفال الأولى ما كان يميز البرامج التعليمية من سمات، فكانت تحشر فيها المعلومات، وتناول موضوعات قريبة من المقررات المدرسية، ولكنها أخذت خلال العقود الأخيرة تنطلق منطلقا جديدا، بحيث توفر للأطفال مضمونا ثقافيا ومتعة في الوقت نفسه. حيث وجه النقد إلى الطرق القديمة التي تكتفي بإلقاء الموضوعات بصورة بعيدة عن التجسيد الفني.

وتستخدم الإذاعة الصوت، أي أنها تعتمد على حاسة السمع، وقد قلل هذا من إمكانية استخدام أشكال التجسيد الأخرى، لذا تفنن مخرجوا برامج الأطفال الإذاعية في بعث قوة الصوت في الكلمات والموسيقات التصويرة والمؤثرات الصوتية والحوار بحيث يتاح للطفل أن يتخيل وان يتذكر وان يفكر من خلال هذه الأصوات.

ويرى الكثيرون أن اعتماد الاتصال بالأطفال عبر الإذاعة على الصوت يؤلف أحد جوانب القوة في هذه الوسيلة الاتصالية حيث إن صياغة الأفكار من خلال الأصوات تتيح للأطفال أن يتخيلوا ويفكروا بصورة حرة دون التقيد بالرسوم أو الصور التي تحملها الصحافة أو التلفزيون أو السينما، والتي قد تشكل قيودا على انطلاقة ذهن الطفل، إذ إنها ترسم الصورة جاهزة بينما يتيح الصوت للطفل أن يرسم بعقله الصور اعتمادا على المضمون المسموع.

ويتطلب الاستماع استعداد الطفل لممارسة عملياته العقلية أي انه يتطلب شيئا من الجهد، كما أن الطفل نادرا ما يستطيع الانصراف إلى الاستماع دون أن يجد نفسه قد انشغل بنشاط مرئي. وعلى هذا، ومن اجل أن تحول الإذاعة دون انشغال الطفل بعيدا عنها، تسعى لان تستولي على مشاعره من خلال الأصوات الحية والكلمات المعبرة والمؤثرات الصوتية الدافقة والمضامين المثيرة. لذا فان الصوت الإذاعي يتحمل أعباء ثقيلة من اجل أن يشد سمع الطفل إليه بسبب افتقاره إلى الأضواء والديكور والحركات.

وأفضل الصيغ الفنية لطريقة الاتصال الثقافي بالأطفال عبر الإذاعة هو الشكل القصصي سواء أكان مرويا أم ممثلا، أم ممسرحا، أم على شكل حوار قصير مثير، كما يمكن تقديم الأخبار والمعلومات والحوادث في شكل قصصي أيضا.

وتراعى في برامج الأطفال طبيعة الأطفال في مراحل نموهم المختلفة، لذا يمكن أن نجد برامج للأطفال في كل مرحلة من هذه المراحل، كما تراعى السمات العامة التي تميز الطفولة كقصر مجال الانتباه، لذا تكون مسامع البرنامج موجزة، ويجد الطفل في كل فقرة ما يشد انتباهه وما يدعوه إلى متابعة الفقرة التالية.(قناوي، 2002)

وتقع على عاتق المخرج الإذاعي مهمة ثقيلة إذ يراد منه نقل المادة المكتوبة إلى كلمات وأصوات أو بعث الحياة في النص المكتوب وتحويله إلى لوحة فنية تنبض بالقوة والإثارة والتشويق.

والبرنامج الإذاعي الجيد هو الذي ينقل الأطفال إلى أجوائه ليعيشوا فيها. وهذا لا يتحقق إلا بالعمل على إثارة تفكيرهم وتشويقهم ودغدغة خيالاتهم.

ولما كانت الإذاعة قد وصفت من قبل البعض بأنها أداة عرجاء بعد ظهور التلفزيون فان مهمة المخرج لا تستهدف وضع عكازة متينة بديلة عن الساق المشلولة بل منحها ساقا وموكب مهيب، حيث يمكن لهذه الإمكانات أن استخدمت بكفاءة أن يصبح البرنامج الإذاعي أداة سحرية في تأثيرها في الأطفال. وقد بلغ الأمر بالمتحمسين للإذاعة إلى القول إنها يمكن أن تكون أشد تأثيرا من التلفزيون في الأطفال، وان عزوف الأطفال عن المذياع وتدافعهم أمام التلفزيون لا يعود إلى خلل في الإذاعة كأداة اتصال، بل يرجع إلى عدم استثمار قدراتها الكبيرة بالشكل الكفؤ في التوجه إلى الأطفال.

وإخراج البرنامج الإذاعي للأطفال أصعب بكثير من إخراج البرنامج التلفزيوني، لان على المخرج الإذاعي أن يعوض عن الحاسة الناقصة وهي البصر، وان يخلق الصور في ذهن الطفل، ويمده بالعوامل التي تساعده على تخيلها ورسمها في الوقت الذي تتوفر للمخرج التلفزيوني إمكانات أخرى اكبر، ولكن المشكلة الكبيرة التي تسود على مدى واسع هي في النظر إلى أن الإخراج الإذاعي هو مجرد وضع فواصل صوتيه، بين المسامع اللغوية.

- برنامج الأطفال التلفزيونية:

للبث التلفزيوني قدرات كبيرة تجعله في مقدمة وسائل الاتصال بالأطفال ويمضي الأطفال فترات غير قصيرة في التطلع إلى شاشته، سواء أكانت تلك الشاشة تعرض مواد مخصصة لهم أم البالغين.

وقدرة التلفزيون على تجسيد المضمون الثقافي عالية جدا بفضل إمكاناته في الاستعانة بكل العناصر السمعية والبصرية إضافة إلى سهولة التعرض له، حتى بالنسبة إلى الأطفال الصغار الذين لم يصلوا إلى مستوى تعلم القراءة، إضافة إلى إمكانيته في عرض المشاهد الواقعية والخيالية، لذا فان مشاهد التلفاز تؤلف بديلا عن الخبرة الواقعية من جهة كما تنبه خيال الطفل وتساعده على تنمية قدرته التخيلية.(**صابات، 1979**)

والتلفزيون ليس إذاعة مصورة، ولا سينما منزلية، بل هو وسيلة اتصال متميزة تتطلب برامجه وأفلامه اعتماد أسس خاصة، كما أن مشاهدته ليست فردية في الغالب حيث يتحلق أطفال الأسرة الواحدة أمام الشاشة، وبذا يتشاركون فيما بينهم وبين ذويهم في المشاعر والانفعالات. إذ تسود في العادة أجواء الألفة التي تحيط بالجو الأسري، إضافة إلى أن الأطفال الذين يجلسون أمام الشاشة يكونون على استعداد للتقبل. (**الجماعي، 2005**)

وفي الوقت الذي تتوفر للإذاعة ثلاثة عناصر هي الصوت البشري والموسيقي والمؤثرات الصوتية يمتلك التلفاز إضافة إلى ذلك عناصر أخرى

منها: المؤثرات البصرية، والخدع السينمائية، وتوزيع الإضاءة، ومزج الصور وما إلى ذلك من فنون مختلفة.

وبفضل الصورة حظى التلفاز بثقة مشاهديه وتصديقهم إياه، لان الصورة من الوسائل التي قلما يرقى إليها الشك، وهي حين ترتبط بالحركة والصوت فان ذلك يكون مدعاة إلى الثقة، يضاف إلى ذلك أن بوسع التلفزيون التركيز على التفاصيل المختلفة مما يزيد في قدرته على الإقناع للجمهور خصوصا الأطفال منهم.

ولا ترجع قدرة التلفزيون إلى كثرة عناصر التجسيد فحسب، بل ترجع فضلا عن ذلك إلى ما يحدثه تكاملها من قوة حيث أن كل عنصر يزيد من تأثير الآخر، فالصورة تزيد من قدرة الصوت، والصوت يزيد من قدرة الصورة هكذا.

واعتماد استقبال التلفزيون على حاستي السمع والبصر- يؤدي إلى دعم وتثبيت المضامين المرسلة من خلاله، حيث إن النسبة العليا من الثقافة يتلقاها الفرد عن طريق هاتين الحاستين. ويوفر التلفزيون للطفل، بسبب جمعه بين الكلمة المسموعة والصورة المرئية، استيعاب المضمون، إذ يبدو التلفاز وكأنه يحول المجردات إلى محسوسات. وقد مهد ذلك كله لان تظهر في الأطفال آثار كثيرة بفعل مشاهدتهم لبرامجه المختلفة ومنذ أن ظهرت هذه الوسيلة الاتصالية ظهرت معها آمال متفائلة إلى جانب مخاوف حول ما يمكن أن تحدثه في حياة الأطفال من آثار.

وقد أثبتت الأيام أن أحدا لم يكن مخطئا من أي من الفريقين، فقد ظهرت آثار ايجابية للبرامج التلفزيونية في الأطفال إلى جانب أخرى سلبية، وبدأ الباحثون منذ وقت يخضعون الأمر للدراسة والبحث، وهم يقولون: إن التلفزيون نصب نفسه على منضدة في اغلب المنازل إذا لم يكن جميعها، وإزاء هذا لا بد من تبين كم يؤثر في الأطفال وفي أي اتجاه، وكيف يمكن أن يكون تأثيره ايجابيا إلى حد كبير، ويصبح تأثيره السلبي بدرجة أقل ما يمكن.

وكانت آمال المتفائلين قد أشارت إلى أن قدرة التلفزيون الكبيرة على التجسيد الفني تجعل منه وسيلة اتصالية بالغة التأثير في الأطفال وتجعل من عملية اكتسابهم الثقافة عملية جذابة ومشوقة، وبعض من هذا تحقق فعلا، إذ وجد الأطفال في الشاشة الصغيرة نافذة كبيرة يطلون من خلالها على الأمكنة قريبة كانت أو بعيدة، ويطلون على الأزمنة ماضية كانت أو حاضرة أو مقبلة، ويستمتعون بالأفكار والمعاني ويرونها على شكل قريب من "الهيئات" و"الأجساد" دون أن يتطلب منهم ذلك جهدا، بل على العكس فهم ينفعلون مع الأشخاص والمواقف المختلفة.

وقد تمسك المتطرفون بالتفاؤل بنظرية الرصاصة السحرية أو نظرية حقنة الإبرة التي كانت ترى أن لوسائل الاتصال الجماهيري تأثيرات فعالة ومباشرة حتى إنهم شبهوا انتقال الأفكار والمشاعر بانتقال المصل إلى الجسم عبر الحقنة أو دخول رصاصة البندقية فيه. أي أنهم كانوا يرون أن الاتصال

يحدث تأثيرات مباشرة بشكل أوتوماتيكي، ولكن البحوث الحديثة أثبتت خطأ هذه النظرية، حيث إن الأفراد سواء أكانوا صغارا أم كبارا ليسو سلبيين بالضرورة في تلقيهم وسائل الاتصال الجماهيري.

وبوجه عام فان المتطرفين في التفاؤل لم يضعوا في حسابهم بعضا من الجوانب، فقد أغفلوا أن الأطفال ليسوا صفحات بيضاء يمكن أن نخط عليها ما نريد بسهولة، وغاب عنهم إن الأطفال ايجابيون في تفاعلهم الاتصالي إلى حد كبير وأنهم يقبلون هذا ويرفضون ذاك لسباب منها ما هي خافية على الكبار حتى الآن، كما لم يلتفت أولئك المتفائلون إلى الفوارق الفردية الكثيرة بين الأطفال، ولم يضعوا في حسابهم إلى جانب ذلك كله أن الأطفال يختلفون في قدراتهم العقلية والمعرفية، وبالتالي في قدراتهم عن الربح، بل نسوا أن أي ميدان يمكن أن يدخله المزايدون أو الدعاة أو الباحثون عن الربح الثمين بأي ثمن يمكن أن يحول دون تكون ثقافة للأطفال بالشكل الذي يضعه المربون أو يأملونه. وقد دخل هؤلاء عالم الأطفال فعلا من خلال التلفزيون اليوم، وأنشأوا شركات وأجهزة ليس من أغراضها تثقيف الأطفال بالثقافة المناسبة، بل من اجل تحقيق مآرب وأغراض أخرى، فبدأ الحديث بفعل ذلك كله عن جريمة التلفزيون على ثقافة الأطفال وانتهى الأمر إلى القول أن التلفاز دخل البيوت عنوة، وليس لنا إلا أن نقبله أو نلعنه وهو في كل الأحوال غير آبه بقبولنا وغير مكترث للعناتنا، لذا تراه يواصل الإرسال وحين يتوقف يعدنا

دون خجل انه سيبدأ الإرسال في اليوم التالي، ثم يلقى علينا التحية وهو غير ملتفت إلينا حين نعزف عن ردها! **(الجماعي، 2005)**

ويعرض التلفزيون اليوم للأطفال كل الأشياء والموضوعات في أفلام وبرامج في العلوم، والفنون والآداب، والجرمية، وحتى السياسة، وقيل الكثير عما يسببه عرض كل هذه الجوانب للأطفال، وحتى الذين أكدوا على ما يثبته التلفزيون في عقول ونفوس الأطفال من جوانب ايجابية محاولين أن ينفوا عنه انه يشيع السلبية في الأطفال ويؤثر في علاقاتهم الاجتماعية تأثيرا سلبيا، ويصرفهم عن اللعب المفيد ومتابعة دروسهم. بل أن الذين أكدوا على حسنات التلفزيون الكثيرة مالوا أمام الآثار السلبية التي ظهرت في الأطفال الذين كانت شاشات التلفاز تتألق أمامهم منذ صغرهم إلى تفسير ظهور تلك الآثار إلى عوامل أخرى غير التلفاز كالقول إن أطفال هذا العصر يتعرضون لمؤثرات خارجية عديدة، حيث إن حركة التغير الاجتماعي المفاجئة والسريعة والعوامل السكانية ووقوع أحداث عنيفة كالحروب، وتفكك العلاقات الاجتماعية وارتباك الأوضاع الاقتصادية، وظهور أنماط عمل مختلفة، كل هذا له وقع كبير في حياة الأطفال. وأن التلفزيون إن لم يكن بريئا براءة الذئب من دم يوسف فإن تأثيره السلبي كان طفيفا، وأن حجم ونوع تأثيراته السلبية تتضاءل أمام تأثيراته الايجابية الكبيرة والمتعددة.

وحتى الدراسات المقارنة التي كانت قد أخضعت مجموعات من الأطفال الذين يتعرضون التلفزيون منذ صغرهم ومجموعات أخرى لم

تتعرض له في بيئات متقاربة لم تثن المتحمسين لحسنات التلفزيون عـن حماسـهم، حيـث برروا ذلك من خلال القول إن دراسات الأثر لا تـزال مـن الدراسـات الوليـدة، وان قيـاس التأثيرات أمر عسير لان مناهج وطرق وأدوات القياس لا تمتلك الكفـاءة اللازمـة للحكـم على صحة ما انتهت إليه تلك الدراسات من نتائج، وإننا حتى لو سلمنا بصحة عـدد مـن تلـك الدراسـات فإنها تظل تفتقـد شرطـا جوهريـا مـن شروط التفكـير العلمـي وهـو "التعميم" حيث إن التعميم لا يمكن أن يطلق إلا في حالة التماثل، والتماثل في حـد ذاتـه ليس له حضور إلا في حالات نادرة جدا.**(الجماعي، 2005)**

ويلاحظ من مجمل الدراسات عن تعرض الأطفال التلفزيون، أن الأطفال في الـدول المختلفـة يقضـون فـترات أمـام التلفزيـون تزيـد عـن المسـاحة المخصصة ضـمن فـترات برامجهم الخاصة، وهـذا يعني أنهم يتعرضون لبرامج وأفلام ليست معـدة لهـم، وفي هـذا مخاطر على الأطفال، وفي بعض آخر منافع لهم، ويلاحظ أيضا أن كثيرا مـن بـرامج أفلام الكبار أكثر جذبا للأطفال من البرامج والأفلام الموجهة إلـيهم، ويعـود هـذا في أغلبيته إلى جوانب نقص في برامج وأفلام الأطفال التلفزيونية. ويشار إلى أن الأطفال الذين يتعرضون لبرامج البالغين التي تتناول مشكلات الحياة الأسرية خصوصا والاجتماعية عموما كثيرا مـا ينتابهم القلق من المستقبل إذ إنهم يشعرون بأنهم مقبلون على مشاكل من هذا القبيل.

كـما يلاحـظ أن أغلـب الأطفـال يشـاهدون بـرامج التسـلية وبـرامج العنـف والجريمة والرسوم المتحركة وكوميديا المشاكل العائلية ودراما الحيـوان، وأقليـة قليلـة منهم تعنى بالبرامج التعليمية التي تريد أجهزة التعليم أن تكون مسـاعدا للمدرسة ولا نعرف لماذا لا تحاول المدرسة أن تجد لنفسها مساعدين اثنين بدل الاكتفاء بسـاعد واحد والإتكاء على التلفزيون ليكون لها بديلا عن مساعدها الثاني الفقيد.

وليس بالوسع إغفال ما تؤديه البرامج التعليمية في عملية إمداد الأطفال بالثقافة وفي معاونة الطالب والمدرسة والمعلم إلا أن النقد كثيرا ما يوجه إلى الطريقة التي تقدم بها هذه البرامج حيث تلقى الدروس في الغالب إلقاء يشعر الأطفال وكأنهم في قاعة الدرس في الوقت الذي يمكن فيه مسرحة المضمون وإخراجه بشكل درامي يمكن للأطفال أن ينجذبوا إليه ويتوحدوا معه. (صالح، 2001)

ومن الملاحظات التي انتهت إليها الدراسات أيضا أن أغلب ما يكتسبه الأطفال من التلفزيون هو وقتي في تأثيره إذ تبين انه رغم الفوارق التي تظهر بين الأطفال الذين يتعرضون للتلفاز والأطفال الذين لا يتعرضون للتلفاز له في البيئات المتشابهة فان مستوياتهم الدراسية بعد السنة الثالثة أو الرابعة تبدأ بالتقارب بما في ذلك ذخيرتهم اللغوية مما يؤكد آنية تأثير هذا الجهاز في تشكيل ثقافة الأطفال وآنيته في توفير المتعة.

وبشان ما يعرضه التلفاز من مواقف عنف وإجرام في أفلامه الروائية والتسجيلية وفي رسومه المتحركة وأخباره لا يزال الجدل قائما حول ما يقود إليه ذلك من أضرار في الطفل الذي تربط فيه بعض البحوث بين التلفزيون وبين ظهور هذه الأعراض حتى قال المتطرفون إذا كان السجن بالنسبة إلى المراهقين هو الكلية التي يتعلمون فيها الجريمة فان التلفزيون هو المدرسة المتوسطة للانحراف. لكن الدراسات لم تنته إلى نتائج قاطعة الصحة لذا تقول الآراء التوفيقية إن هناك مبالغة عند الحديث عن تأثير برامج العنف والإجرام على أساس أن كثيرا من الأطفال يتعرضون لها دون أن يحصل لهم مثل ذلك التأثير فضلا عن أطفال وصفوا بأنهم عدوانيون وكان للتلفاز اثر واضح في التقليل من عدوانيتهم لان برامج العنف والجريمة أوجدت لهم متنفسا يلبي دوافعهم ويشبع نزعاتهم العدوانية حيث تشكل تلك البرامج بديلا عن قيامهم بالعدوان. وأشارت بحوث أخرى إلى أن تلك البرامج تثير مشاعر الرعب لدى الأطفال بحيث تجعلهم يرتدعون عن القيام بها.

وعلى هذا فإننا نجد دراسات تقول إن لها تأثيرا ثانويا, إذ هي تساعد على بلورة بعض الميول المنحرفة, وثالثة ترى أنها تحصن الأطفال من الانسياق نحو الانحراف.

والدراسات التي تؤكد العلاقة المباشرة بين هذه الأفلام والبرامج وبين الانحراف تقدم مجموعة من المعطيات منها: أن الأطفال يحاولون التشبه

بالشخصيات التي تقوم بأعمال إجرامية أو عنيفة أو أن عالم النعيم الخيالي الذي ترسمه الأفلام لحياة المجرمين الخاصة تدفع الأطفال إلى ممارسة الإجرام والأساليب التي يتبعونها في تنفيذ العمليات الإجرامية تشكل مفاتيح للأطفال لان يكتسبوا طرقا في التنفيذ لا يمكن أن تخطر في أذهانهم لو لم تتهيأ لهم الفرصة لمشاهدتها.**(الجماعي، 2005)**

أما الدراسات التي ترى أن لهذه الأفلام والبرامج تأثيرا ثانويا فإنها تذهب إلى أن ذلك التأثير لا يمكن أن يحصل إلا إذا كان الطفل على استعداد للانحراف فالطفل الذي يحيا حياة بائسة أو يحس بالبؤس مجرد إحساس والذي لم يتهيأ له الاندماج مع الوسط الاجتماعي وربما تكون تلك الأفلام والبرامج أدوات دفع لكي ينساق نحو الانحراف.

ومع هذا فهناك كثير من الدراسات التي ترى أن السلوك المنحرف والجانح بالذات له أصول أكثر عمقا في أغوار شخصية الطفل وتلعب عوامل اجتماعية ونفسية عديدة في تشكيله، وأن أفلام العنف والإجرام قد تكون واحدا من تلك العوامل.

وإذا ما تخطينا هذا الجانب في برامج وأفلام التلفزيون وعدنا إلى الحديث عن دوره في تجسيد الثقافة للأطفال فإننا لا بد أن نعترف بان له دورا كبيرا في إكساب الأطفال كثيرا من عناصر الثقافة وخاصة القيم والعادات والميول والأفكار وطرق اللعب.

ومع أن التلفزيون يوفر للأطفال إشباعا لخيالاتهم فانه يمثل في الوقت نفسه وسيلة لنقل الخبرات الواقعية عن طريق تقدمها في صور واضحة ومعبرة وموحية وهذا ما دفع التربويين إلى تقديم البرامج التعليمية من خلال الشاشة الصغيرة أو دفع بهم إلى الإكثار من المعلومات والحقائق رغم أن هناك رأيا يؤكد أن الطفل الذي يمضي ساعات في المدرسة وساعات أخرى في أداء واجباته البيتية يظل في حاجة لأن يشاهد في التلفاز عند المساء ما هو ترفيهي، وهذه الدعوة لا تعني أن التلفاز قد تجاهل مهمته الثقافية لأن المادة الترفيهية لا تخل مما هو ثقافي بل ربما تكون المادة الترفيهية أكثر في غناها التربوي والثقافي من مادة يقال إنها مادة تربوية أو ثقافية خالصة.

ومع أن التلفزيون يمتلك قدرات واسعة على التجسيد الفني إلا أن الطفل لا يستطيع مواكبة السرعة التي تقدم بها الصور وخصوصا في المواد التي تقدم إلى الكبار ويتعرض لها الأطفال ويقود هذا إلى عدم فهم الأطفال بعض المواد فهما صحيحا.

وقد اتسعت قدرات التلفاز إلى نقل الثقافة حتى إلى الأطفال الصم لذا تقدم بعض محطات التلفاز برامج خاصة لهؤلاء الأطفال اعتمادا على حركات شفاه ووجوه المتحدثين بما يسمى لغة الشفاه Lipreading والحركات والإشارات الأخرى مع الاستعانة بالكلمات كي لا يجد المشاهدون غير الصم في ذلك ما يدعوهم إلى الملل عند مشاهدتهم هذه البرامج. ويتم التركيز في مثل هذه البرامج على إظهار الفم بشكل واضح وكبير.(**الجماعي، 2005**)

- خلاصة الفصل

يستقبل الأطفال الوسائل الاتصالية وهم يدركون أنهم لا يواجهون الحياة نفسها، بل يواجهون ما يمثلها في قوالب فنية. ولو كانت هذه الوسائل تنقل وقائع وحالات بنفس مواصفاتها لكان الأطفال أكثر إحساسا من غيرهم بالملل... لكن الأطفال والبالغين معا يرتضون أن تضاف عناصر جديدة في عملية الاتصال لتجعل من هذه عملية ممتعة ولذيذة.

من هنا تعددت الوسائل الاتصالية التي تقدم للأطفال، يتناول هذا الفصل التجسيد الفني عبر التلفزيون الذي أضحى من أهم وسائل الاتصال التي يتأثر بها الأطفال وتشكل شخصياتهم وميولهم الثقافية، ويتعرض لصحافة الأطفال بأشكالها المختلفة سواء تلك التي يحررها ويكتبها الكبار أو تلك التي يتولى كتابتها الأطفال أنفسهم.

ونستعرض أيضا برامج الأطفال الإذاعية تلك التي توجه ضمن برامج متخصصة أو التي تقدم موادها عبر برامج الأسرة والمرأة، والتي احتلت مكانة في العملية التربوية، وقد أريد بها كما كان لصحافة الأطفال أن تكون مكملة لدور المدرسة تربويا وتعليميا.

وقد تناولنا البرامج التلفزيونية المخصصة للأطفال من حيث تأثيرها الهائل على الطفل لتميزها باللون والصورة والصوت، فهي تستخدم كافة المؤثرات والمثيرات مما جعلها الأكثر تأثيرا على الطفل.

# الفصل العاشر
# اللغة وعاء ثقافي للاتصال بالأطفال

## - اللغة والمعنى

يتصل الأفراد في الجماعة الاجتماعية من خلال رموز وضعتها الثقافة على مر الزمن وحددت لها الدلالات ومن بين هذه الرموز: الألفاظ والإشارات والحركات. وأبرز هذه الرموز هي الكلمات لذا توصف اللغة بأنها نظام موضوع من العلاقات المتشابكة بين رموز منطوقة في ثقافة معينة للتعبير عن معنى محدد. واغلب الرموز لا ترتبط بما ترمز إليه من معان أو أشياء أو مواقف بل هي وليدة إجماع الجماعة على معاني لمجردات فاللفظ ليس الشيء أو الصفة أو الشعور بل هو الرمز الدال عليه لذا لا تتضح معاني الرموز للفرد إلا إذا توفرت له خبرات تتصل بالرمز من جهة وبما ترمز إليه من جهة أخرى. فلفظ "اللؤلؤ" هو مجرد لفظ خال من المعنى بالنسبة إلى شخص ليس له خبرة باللؤلؤ كشيء، وليست له خبرة بما اصطلح المجتمع على معنى هذا اللفظ. لذا فإننا حين نستمع إلى لغة أجنبية مجهولة بالنسبة لنا فإن الكلمات تبدو لنا مجرد ألفاظ خالية من المعاني أو المدلولات.

ومع أن الثقافة تحدد دلالات الكلمات اللفظية إلا أن تلك الدلالات لا تظل ثابتة أبد الدهر إذ تطرأ عليها تغيرات متعددة تبعا لما يحصل في المجتمع

من عمليات تغير ثقافي، حيث إن اللغة ليست إلا عنصرا من عناصر الثقافة وهي تؤثر وتتأثر بمجمل العناصر الثقافية وبمجمل الظواهر الأخرى في المجتمع، لذا قيل عنها أنها مرنة ومتغيرة وتحتمل الإضافة والإقصاء في المفردات والتراكيب والدلالات. وهذا ما يمكن ملاحظته عند مقارنة معاني الكلمات في المعاجم القديمة بمعانيها الحاضرة في كل لغة من اللغات الحية.

والإنسان هو الكائن الوحيد الذي يتصل بغيره عن طريق الألفاظ المتمثلة بلغة الكلام والتي يطلق عليها اللغة اللفظية .(**صالح، 2001**)

ولكن الإنسان يستخدم إلى جانب ذلك بغير الكلام في اتصاله وتعبيره عن نفسه فهو يطلق أصواتا "غير كلامية" ويشير بيديه وأصابعه ويحرك تقاطيع وجهه, ويلوي عنقه ويضرب بأقدامه الأرض ويرقص ويعزف ويصل الأمر بالبعض إلى تحريك الأذنين. والإنسان من خلال كل ذلك يمارس عمليات إتصالية مع نفسه أو مع الآخرين من خلال وعاء غير لغة الكلام يطلق عليه اسم اللغة غير اللفظية.

وهذا يعني أن الإنسان يستعين بالغة اللفظية واللغة غير اللفظية في إتصاله، واللغة غير اللفظية تساند اللغة اللفظية في التعبير عن الحاجات وفي إستقبال الرسائل الإتصالية.

والطفل يبتدىء باكتساب اللغة من خلال اتصاله بالبيئة الثقافية بصورة عفوية تقوم على التقليد والمحاكاة، ثم يصبح قادرا على إخراج الكلمات

والجمل والتعابير بطريقة تلقائية، وتتطور لغة الطفل عبر المراحل الأساسية التي يمر بها.

ومن بين ما يعتمد عليه تطور لغة الطفل مستوى النمو الجسمي والعقلي والانفعالي والنفسي بما في ذلك نمو أجهزة جسمه ذات العلاقة بعملية النطق، أما استخدام اللغة فإنه يعتمد إلى حد كبير على تعلم الطفل لمفردات اللغة وطرق بنيانها في أنساق لفظية محددة.

ويبدأ الطفل الوليد لغته بإطلاق أصوات غير محددة، ففي الأسابيع الثلاثة الأولى تتضمن أصواته نغمات مختلفة لا تحمل تعبيرا أو مدلولا معينا، ولكن الأصوات سرعان ما تتخذ نوعا من التمايز ينطوي على تعبير عن الألم أو السرور مثلا. ومع نمو الأجهزة الصوتية تبدأ ثرثرات الطفل في مناغاة متكررة تتدرج حتى تأخذ أصوات حروف هجائية كثيرة، بأصوات مشابهة لبعض الكلمات دون أن يكون للطفل قصد في إطلاقها.

ويكاد يجمع الباحثون في علم الطفولة على أن الطفل خلال العام الأول من عمره يستعمل كل الأصوات التي تعد أرضية لتعلم أي لغة، وتضمحل بعض الأصوات بعد أن يكتسب الطفل اللغة السائدة في ثقافة مجتمعه الذي يعيش فيه إذا كانت تلك الأصوات غير مستخدمة في تلك اللغة.

ويستمتع الطفل عند استماعه إلى مناغاته فيعمل على تكرار ما يطلق من أصوات، كما يدفعه إلى ذلك التكرار أو الأم أو من يحيط بالطفل يكررون هم أنفسهم بعض أصوات المناغاة للطفل، والمناغاة نشاط متعلم، ولهذا فان

الأطفال الصم الذين لا يسمعون أصواتهم، ولا يسمعون أصوات من يحيط بهم لا يطلقون أصوات المناغاة.

وقبل انتهاء السنة الأولى من عمر الطفل يكون بمقدوره تقليد الآخرين في بعض أصواتهم وكلماتهم، ويكون التقليد أول الأمر عفويا، ومن ثم يكون مقصودا، وينطق الطفل الكلمة الأولى قبل نهاية السنة الأولى في أكثر الأحايين.

وتستمر مرحلة التقليد حتى يبلغ الطفل السنة السادسة أو السابعة، إذ تبدأ مرحلة الاستقرار اللغوي ويتمكن الطفل من لغته، ويتشكل لديه عدد كبير من العادات الكلامية ومفرداتها، ولكن لغة الطفل في هذه المرحلة تظل صفات متميزة عن لغة الراشدين، وحتى حين يشب الطفل فإن لغته لا تصبح مطابقة كل المطابقة للغة البالغين لان لكل جيل سمات تميز لغته بسبب ما يحصل من عمليات تغير وتطور في المجتمع.(علاونة، 2008)

## - اللغة والإتصال

وتلاقي الأصوات التي يطلقها الطفل تشجيعا وتدعيما اجتماعيا من خلال ما يبديه أفراد الأسرة على وجه الخصوص من سرور بها وترديد لها، أو من خلال الاستجابة لها وتلبية مطالب الطفل استنادا إليها، ويؤدي هذا التدعيم إلى خلق الدافعية لدى الطفل لتقليد وترديد ألفاظ أكثر، وبمرور الزمن يتعلم معاني الأصوات كما يتعلم الاستجابة للنبرات الصوتية ومدلولاتها التي يستقبلها.

وهذا يعني أن الطفل يجد أن اللغة ترتبط بحياته وبحاجاته ارتباطا وثيقا مما يشكل حافزا له لاكتساب اللغة، فالطفل خلال السنوات الثلاث الأولى يكون قد امتلك قاموسا لغويا ضخما من الكلمات، وتعرف إلى كثير من التراكيب والأساليب والقواعد اللغوية دون أن يكون هناك سعي مخطط ومقصود من جانبه لذلك، ولكن شعور الطفل بالحاجة إلى اللغة وارتباطها بمواقف حياته المختلفة ارتباطا تلقائيا غير مفتعل، ودون شعور منه بأنها مفروضة عليه فرضا، إضافة إلى ما يحصل عليه من تدعيم اجتماعي، كل ذلك يمهد له أن يتعلم اللغة دون بذل جهد كبير رغم الصعوبة الكبيرة في اللغة. وتعلم الطفل للغته بهذه السرعة يعطي مؤشرا ذا أهمية وهو أن ربط مضمون وأسلوب الاتصال الثقافي بحياة الطفل وحاجاته يعد من أبرز الحوافز التي تدفع الأطفال إلى تقبل وامتصاص ذلك المضمون سواء أكان معنى من المعاني أم نمطا من أنماط السلوك.

ومن خلال هذا كله يمكن القول أن لغة الطفل في فترات نمو سريعة وأخرى أقل نموا، ولكنها تظل تدريجية، وان الطفل في السنوات الأولى لا يستثار باللغة وحدها الاستثارة الكافية ما لم تصاحبها ظروف أخرى كالإيماءات والحركات والإشارات بنبرات معينة، ويقل دور هذه العوامل عند استمرار نمو الطفل حيث يمكن أن ينمو ويتطور استقلال الألفاظ المركبة عن تلك الظروف، ولكن الألفاظ وحدها تظل دائما غير كافية لنقل المعاني في أي مرحلة من مراحل نمو الإنسان وحياته.(قناوي، 2002)

ويعني هذا أن الكلمة الموجهة إلى الطفل ليست رمزية بشكل خالص في البداية، ولكنها تكتسب هذه الصفة بصورة تدريجية حين يتهيأ الطفل لفهم الكلمات عندما تكون في معزل عن ذلك الكل الذي كانت تطفو فيه. لذا ينظر إلى تلك الفترة من عمر الطفل على أنها مرحلة أولى من مراحل تطور اللغة تعقبها مرحلة أخرى تكتسب فيها الكلمة صفة عامة إلا أنها تظل غير مستقرة إزاء الطفل، ثم لا تلبث أن تأخذ بالاستقرار عند ارتباطها بشيء أو موضوع، أي أنها تكتسب في هذه الحالة معنى له بعده الموضوعي النسبي.

وثروة الطفل اللغوية تتمثل في أربعة جوانب رئيسة هي: مقدار سعة القاموس اللغوي، وطلاقة وسلامة النطق والتعبير، وفهم مدلولات اللغة المنطوقة أو المكتوبة، وتمكن الطفل من التعبير كتابة.

وينطوي قاموس الطفل الغوي على الكلمات التي يعرف الطفل مدلولاتها الحقيقية عندما يسمعها أو يقرؤها أو يستخدمها، ويعرف الطفل عادة مدلولات كلمات عديدة عندما يسمعها أو يقرؤها، ولكنه لا يستخدمها عندما يتحدث أو يكتب، لذا فإن قاموس الطفل يتمثل في جانبين، أولهما في الكلمات التي يعرف معانيها عند الاستماع أو القراءة ويتمثل الثاني في الكلمات التي يستخدمها.

وهناك كلمات كثيرة يمر عليها الأطفال في قراءاتهم ولها في أذهانهم معاني غير معانيها الحقيقية، كما يستخدمون بعض الكلمات في أحاديثم وكتاباتهم ويريدون بها غير معانيها الأصيلة.

ولكن قدرة الطفل اللغوية لا تقتصر على حجم كلمات قاموسه اللغوي لأن الكلمات ليست إلا جانبا من الوحدات اللغوية، وعليه فلا بد من أن يجيد الطفل تأليف الجمل والعبارات لتعبر عن الأفكار والمعاني والمشاعر والأشياء تعبيرا صحيحا، يضاف إلى ذلك تمكن الطفل من فهم ما يسمع أو يقرأ.

وكان ينظر إلى اللغة على أنها تأليف بين كلمات، وأن تعلم الطفل اللغة يتطلب تعلم الكلمات أولا، ولكن النظرة الأكثر شيوعا اليوم ترى أن اللغة ليست تأليفا بين كلمات بقدر ما هي جمل، لذا فان الطفل يتعلم جملا، وهو بهذا يجد نفسه في تعلم اللغة أمام أنظمة متعددة ومتغيرة.**(وافي، 1998)**

- اللغة اللفظية واللغة غير اللفظية

وكلام الأطفال المكتوب يختلف عن كلامهم الشفهي من حيث الأصل والتركيب وطبيعة الوظيفة، فإذا كان الكلام الشفهي وليد الاتصال المباشر فان كلام الطفل المكتوب يختلف في صفات عديدة منها: الاختلاف في الصوت. فالكلام الشفهي يرتبط بالاتصال المباشر غالبا، الاختلاف في الصوت. فالكلام الشفهي يرتبط بالاتصال المباشر عادة ويعتمد على التصويت والإيماءات بينما تفتقد اللغة المكتوبة في كثير من الأحيان مع ما يتزامن معها من قرائن، يضاف إلى ذلك أن اللغة المكتوبة تختلف في تراكيبها النحوية، وفي الدافع إليها، وفي الوظائف أيضا، وبالتالي فان الجو النفسي هو الأخر يختلف عن الجو النفسي المقارن للكلام الشفهي في الحياة الاعتيادية.

ونلاحظ أن البحوث التي أجريت في الوطن العربي لقياس ثروة الطفل الغوية قد ركزت على حساب تكررات الكلمات التي يستخدمها الأطفال في أحاديثهم الاعتيادية، أو حساب تكررات الكلمات التي تشيع في كتبهم المدرسية دون أن تتوجه إلى قياس قدرة الأطفال على تأليف الجمل والعبارات أو فهم ما يسمعون أو يقرؤون فهما صحيحا، كما لم تجر بحوث لحساب الكلمات التي تشيع في برامج الأطفال الإذاعية والتلفزيونية أو صحف الأطفال وكتبهم.

وعليه فان كل البحوث التي أجريت في هذا المجال على قلتها ومحدودية مجالاتها لم تنته إلى قياس ثروة الطفل اللغوية بصورة وافية.

- نمو الطفل لغويا

المؤسف أننا نجد كثيرا من كتب علم النفس التي وضعها متخصصون عرب في هذا المجال ينقلون إلينا ما انتهت إليه البحوث الأجنبية عن قدرات الأطفال اللغوية، ويستشهدون بها عند الحديث عن أطفالنا رغم أن البيئة الثقافية لأطفالنا مختلفة عن البيئات التي أجريت فيها تلك الدراسات، كما أن طبيعة لغتنا مختلفة عن لغات تلك البيئات التي أجريت فيها تلك الدراسات، كما أن طبيعة لغتنا مختلفة عن لغات تلك البيئات، وكون الطفل الأمريكي في ولاية أمريكية ما يعرف في السنة الثانية من عمره كذا كلمة إنكليزية لا يعني أن الطفل في بيئة أخرى يعرف نفس الكم من كلمات لغته.

ومن جانب آخر لم تجر دراسات علمية عن لغة الأطفال العرب غير اللفظية لذا فان ما يقال عن طبيعة الرسوم المناسبة لأطفالنا في كتبهم

وصحفهم وطبيعة وأنواع الألوان التي تجتذبهم، والمؤثرات الصوتية عبر المذياع والمؤثرات الصورية عبر التلفزيون لا يمكن القطع بحصتها لأن مجمل تلك الإدعاءات لم تكن نتائج للبحث العلمي، بل هي وليدة الملاحظات غير المقننة.(علاونة، 2008)

وتعتبر سعة الثروة اللغوية للطفل إحدى المهارات الاتصالية في حالة تعبيره وفي استقباله المضمون الاتصالي، وتظل اتصالات الأطفال قليلة الفاعلية طيلة الفترة التي تسبق اكتسابه اللغة.

والاتصال بالأطفال يستلزم استخدام لغة يفهمون دلالتها ويتذوقونها، لذا فان عمليات الاتصال بالأطفال تستعين بلغة خاصة متميزة عن لغة البالغين فكاتب الأطفال لا يكتب للأطفال ما يتوافق مع مستوى نموهم العقلي والنفسي والاجتماعي فحسب، بل هو يخضع أسلوبه في الكتابة لمجموعة من الضوابط بحيث يكون ذلك الأسلوب متوافقا مع ثروة الطفل وحصيلته اللغوية. ومقدار هذه الثروة اللغوية للطفل تتيح له التفاعل اجتماعيا بشكل أوسع وأكفأ، أي الاتصال بفاعلية أكبر، لذا تهييء فرصا أكبر في إكتساب الثقافة.

ومع أن اللغة عنصر من عناصر الثقافة إلا انه يمكن النظر إليها على أنها الوجه اللفظي المعبر عنها. وقد ظلت الصلة بينهما دقيقة، وحين تتوفر لأي لغة ظروف الثراء والحيوية والتوافق مع الحياة فإنها تدفع بالثقافة إلى الأمام كما أن الثقافة الراقية تقود اللغة إلى الانعطاف إلى مسارات جديدة.

ويسجل للغة الفضل الأكبر في الحفاظ على الثقافة وفي نقلها بين الأفراد والجماعات والأجيال المتعاقبة، ويعتمد تثقف الأطفال على اللغة لا كوعاء لنقل الثقافة فحسب، بل كأداة تجسيد فني للمضمون الثقافي.

أما بشأن العلاقة بين لغة الطفل وتفكيره، فهناك وجهات نظر عديدة ولتوضيح هذه العلاقة يمكن القول ببساطة إن الطفل يعبر عن أفكاره ويستقبل أفكار الآخرين عن طريق اللغة أولا، لذا فان اللغة لصيقة بالتفكير وتشكل معه ثنائيا متلازما.(**صالح،** 2001)

والوحدات اللغوية التي يستخدمها الأطفال لها معانيها، والمعنى بحد ذاته مظهر فكري. والطفل الوليد حين يصدر أصواتا لفظية دون أن يكون لها معنى لا يمكن النظر إليها على أنها تعبر عن فكر، ولكن ما إن يبدأ بإصدار الكلمات ذات المعنى فإن هذا يعني انه يجد تعبيره من خلالها. ومن جانب آخر فان استجابة الطفل للرموز اللغوية تنطوي في العادة على قيامه بعمليات عقلية معرفية كثيرا ما يكون التفكير واحدا منها. ومضمون الاتصال ليس شيئا ماديا صرفا، بل هو مادة فكرية جديدة. لذا يصح القول أن اللغة هي وعاء لتحديد وبلورة ونقل الأفكار حيث لا يتهيأ ذلك ما لم تتشكل صياغات لغوية، ويعايش الأطفال كثيرا من الأفكار والوقائع والأحداث في عالم لغوي معايشة غير مباشرة.

- قاموس الطفل اللغوي

ولغة الأطفال تعجز في أحيان كثيرة عن التعبير عما يحملون من أفكار ومشاعر وعواطف، ولا يلبث تفكيرهم أن يتعثر عند عجزهم عن الإتيان بالكلمة المناسبة. وقد قاد هذا الدارسين والباحيث إلى العزوف عن القول إن الأفكار تخطر في ذهن المتكلم أولا، ثم يصوغ عنها الأفكار في كلمات، والتمسك بالرأي الجديد القائل إن هناك متغيرات تؤثر في الكلام منها ما هو خارج الإنسان دون أن ينفو أن الكلمة تنفذ من التفكير.

وبوجه عام ما دام الفكر نتاجا للحياة الثقافية من جهة ونتيجة للنمو العقلي من جهة أخرى فإن اللغة تلعب دورا جوهريا في الفكر سواء أكانت وعاء لتوصيل الأفكار أم أداة تعبير عنها أم رداء لها.

- اللفظية ظاهرة مرضية

وفي حالات عديدة يمكن أن تفقد الكلمات دلالاتها فتخلو اللغة من الأفكار. فقد يردد الأطفال الكلمات والتعابير والتعريفات والقواعد دون أن يكونوا على وعي حقيقي بها، ودون أن تتحول إلى أفعال سلوكية أي تتحول الرموز اللغوية إلى أصوات، ويقال في هذه الأحوال إن شيئا من النزعة اللفظية قد أصابهم.

وترجع هذه الظاهرة المرضية إلى عدة أسباب منها لجوء وسائل الاتصال بالأطفال إلى أساليب التحفيظ اللفظي واعتمادها على النصائح

والإرشادات المباشرة، واستخدام أساليب تقريرية بدل الأساليب الفنية. كما أن بعض الأطفال يميلون إلى تقليد الكبار تقليدا أعمى فيندفعون إلى ترديد أقوال الكبار دون وعي بها ومعرفة لمدلولاتها، إضافة إلى ذلك فإن تقديم مضامين ثقافية بصورة مباشرة ودون تجسيد فني أو تقديم مضامين تفوق مستويات نمو الأطفال مع إجبارهم على حفظها تدفع الأطفال إلى ترديد ما يفرض عليهم ترديدا لفظيا أجوفا.

ومن أخطار هذه الظاهرة أن الأفكار التي يرددها الأطفال لا يتهيأ لها أن تؤدي دورها في تكوين شخصياتهم وتحديد سلوكهم لأنهم رغم ترديدهم ألفاظا أو حفظهم قوالب جامدة إلا أنها لا تقودهم إلى التفكير الواعي إذ يكتفون بالإجابات اللفظية ويقتنعون بالإجابات الجاهزة، لذا يقال أن هذه الظاهرة تقود إلى التعلم الأعمى الذي لا ينطوي على فهم المضمون.

وتؤدي النزعة اللفظية بالأطفال إلى عدم التكيف مع الثقافة تكيفا صحيحا، والى عدم إدراك أدوارهم الاجتماعية وبالتالي عدم أدائها بالشكل الصحيح والمطلوب، لهذا يقال عن هذه النزعة إنها تقود إلى مشكلات عديدة حين تنتشر بين جيل من الأجيال.(صالح، 2001)

ولا شك في أن شيئا من داء اللفظية يمكن ملاحظته في ثقافتنا العربية نحن الكبار إلى حد أن البعض ذهب متطرفا إلى القول إن ثقافتنا تشكو من الإسهال اللفظي، فهناك الكثيرون منا يرددون ألفاظا رنانة مجرد ترديد،

ويجدون في الإجابات اللفظية الجاهزة ردودا شافية عن كثير من المواقف والمشكلات التي يتطلب الأمر في واقع الحال إعمال العقل والتفكير، وأصبح الحديث لدى الكثيرين عن المسائل الصعبة أمرا سهلا.

ويمكن أن نجد فيما يقدم للأطفال من زاد ثقافي شيئا غير قليل مما يشجع الأطفال على الوقوع في هذا الداء سواء أكان ذلك في المدارس أم في النوادي أم في صحف الأطفال أم في برامجهم الإذاعية والتلفزيوينة. وإذا استمر المعلمون واستمر الذين يدعون أنهم كتاب أطفال بإشباع الأطفال بالألفاظ الخالية من الفكر ودفعهم إلى تكرارها فإن التاريخ سيكتب أسمائهم بأحرف من نور بأنهم أساتذة كبار في تخريب أذهان وعقول الأطفال.

إن أبرز المهام الملقاة على عاتق القائمين بالاتصال بالأطفال هي بلورة الفكر لدى الأطفال من خلال لغة معبرة، ومن خلال الاستعانة باللغة غير اللفظية إلى جانب اللغة اللفظية حيث إن الأولى تدعم الثانية بخبرات حية وتزيد في تجسيدها للأفكار والمعاني.

كما تقع على القائمين بالاتصال بالأطفال مسؤولية استخدام اللغة التي تناسب مستويات الأطفال في النمو، وان لا تفرض على الأطفال قوالب أو صيغا لفظية ما دام بالامكان استخدام أكثر من صيغة في التعبير، وان يتركز الاهتمام على تنمية قدرات الأطفال على التفكير وتهيئتهم للتعبير من خلال اللغة تعبيرا صادقا. وفي الختام نرى لزاما علينا أن نؤكد على حاجتنا الشديدة

إلى إجراء بحوث عن لغة الأطفال العرب في ظل كل طور من أطوار نموهم، بحيث يتسنى لنا التعرف على مستويات هذه اللغة في كل طور لأن للأطفال في كل طور لغة ذات مستويين رئيسين، يتمثل أولهما في تعبير الأطفال عن أنفسهم من خلال لغتهم، ويتمثل ثانيهما في فهم الأطفال اللغة الموجهة إليهم، وهناك فروق عديدة بين المستويين. فالطفل قد يفهم بعض الكلمات والجمل والتعابير عند قراءته أو استماعه إليها، ولكنه عند التعبير يستخدم كلمات وجملا وتعابير مختلفة.

ولا يتهيأ لنا استخدام لغة محتوية على فكر في اتصالنا بالأطفال ما لم نتعرف بشكل علمي على مدى فهم الأطفال للغة التي نستخدمها في نقل الأفكار والمعاني، لأن في استخدام لغة تعلو أو تنخفض عن ذلك المستوى يؤدي باتصالنا إلى عدم الفاعلية والفشل.

هذا مع العلم أننا سبق وأشرنا سريعا إلى أن الدراسات عن لغة الأطفال في الوطن العربي رغم ضآلتها من حيث الكم إلا أنها اقتصرت على حساب تكرار بعض الكلمات في أحاديث الأطفال، أو في قصصهم، أو في كتبهم المدرسية المقررة ونتائج هذه الدراسات ليس لها أهمية كبيرة لأنها مقصورة على الكلمات، والكلمات في حد ذاتها ليست إلا وحدات لغوية من وحدة أكبر، فالأطفال لا يتكلمون من خلال الكلمات فقط بل من خلال أبنية لغوية قوامها الجمل والتعابير وتحكمها تقاليد وقواعد. ومن جانب آخر فان

للكلمة الواحدة في الغالب معاني متعددة وهي تتخذ لها دلالة خاصة من خلال وضعها في البناء اللغوي.

ورود بعض الكلمات في أحاديث الأطفال أو في قصصهم أو في كتبهم المدرسية لا يضمن ضمانا أكيدا أنها دخلت في مجملها ضمن قاموس الأطفال اللغوي لان الأطفال يكررون بعض الكلمات رغم أن معانيها مشوشة في أذهانهم، أو هم يفهمون لها معاني مغايرة لمدلولاتها الحقيقية.

وعلى هذا فان الضرورة ملحة إلى دراسات متطورة وراقي ووافية عن لغة أطفالنا على أن يكون مجال الدراسة بنيان لغتهم كله.

ولو حاولنا مقارنة لغتنا الحالية بلغة أجيال سبقتنا لوجدنا من الفوارق ما يثير الدهشة، وعلى هذا لو نهض النحوي ابن أجروم (1273-1323) من قبره وانطلق من مدينته فاس المغربية، وجال في القاهرة والبصرة وصنعاء لإصابته الحيرة ولتساءل: أي لغة يتحدث أبناء من يعرب؟ ولطلب من رب العباد أن يمهله في الدنيا زمنا يستطيع خلاله وضع كتاب غير كتابه الشهير "المقدمة الاجرومية في مبادىء علم العربية" يتناول فيه ما أصاب اللغة من تغير ويعنون كتابه الجديد بـ "عجائب الإنسان في تغير اللسان عبر مرور الزمان".(**الجماعي**، 2005)

## - خلاصة الفصل

يتصل الأفراد في الجماعة الاجتماعية من خـلال رمـوز وضـعتها الثقافة عـلى مـر الزمن وحددت لها الدلالات، ومن بين هذه الرموز : الألفاظ

والإشارات والحركات . وأبرز هذه الرموز هي الكلمات, لذا توصف اللغة بأنها نظام موضوع من العلاقات المتشابكة بين رموز منطوقة في ثقافة معينة للتعبير عن معنى محدد. واغلب الرموز لا ترتبط بما ترمز إليه من معان أو أشياء أو مواقف، بل هي وليدة إجماع الجماعة على معاني لمجردات. لذا فإننا حين نستمع إلى لغة أجنبية مجهولة بالنسبة لنا فإن الكلمات تبدو لنا مجرد ألفاظ خالية من المعاني أو المدلولات.

من هنا تناول هذا الفصل اللغة كونها الوعاء الذي تقدم به الثقافة، بما يتضمن ذلك من معاني ومدلولات، معالجين ما تحتله اللغة من مكانة في عملية الاتصال بين الناس جميعا وخصوصا الأطفال. مفصلين أشكال هذا اللغة من لفظية وغير لفظية، ولهذا كنا مضطرين أن نتناول موضوع تطور نمو الطفل لغويا وتشكل قاموسه اللغوي، وما يرافق ذلك من مظاهر صحية ومرضية.

# الفصل الحادي عشر
# نشأة أدب الأطفال

## - التعريف بأدب الأطفال

يعرف الأدب عموما على أنه تشكيل أو تصوير تخيلي للحياة والفكر والوجدان من خلال أبنية لغوية، وهو فرع من أفرع المعرفة الإنسانية العامة، ويعنى بالتعبير والتصوير فنيا ووجدانيا عن العادات والآراء والقيم والآمال والمشاعر وغيرها من عناصر الثقافة، أي انه تجسيد فني تخيلي للثقافة. ويلتزم عادة بعدد من المقومات التي اصطلح عليها في كل عصر وفي كل بيئة ثقافية بطريقة قد تكون مغايرة لغيرها.

ويشمل هذا المفهوم الأدب بأشكاله المخنلفة عموما، بما في ذلك أدب الأطفال، لكن أدب الأطفال يتميز عن أدب البالغين في مراعاته حاجات الطفل وقدراته وخضوعه لفلسفة الكبار في صياغة مفاهيم تثقيفبة لأطفالهم.

وهذا يعني إن لأدب الأطفال من الناحية الفنية نفس المقومات العامة للأدب، أي أن مقومات أدب الأطفال وأدب البالغين تكاد تكون واحدة. فالقول إن مقومات القصة في أدب البالغين تتمثل في بناء قصصي ينطوي على فكرة وشخصيات وجو وحبكة ينطبق على أدب الأطفال أيضا. والقول إن الشعر يستلزم وزنا وقافية في أدب البالغين ينطبق أيضا هو الأخر على أدب

الأطفال. والقول بأن المقال الأدبي هو صدر ومتن وخاتمة ونسيج من اللمسات الذاتية والخيالية، ينطبق على الأدبين معا.

لكن اختيار الموضوع، وتكوين الشخصيات وخلق الأجواء، واستخدام الأسلوب، والتراكيب والألفاظ اللغوية في أدب الأطفال تخضع لضوابط مختلفة إلى حد ما، وتقرر هذه الضوابط حاجات الطفل وقدراته ومستوى نموه بصورة أساسية.

وعلى هذا فإن أدب الأطفال هو مجموعة الانتاجات الأدبية المقدمة للأطفال، التي تراعي خصائصهم وحاجاتهم ومستويات نموهم، أي انه في معناه العام يشمل كل ما يقدم للأطفال في طفولتهم من مواد تجسد المعاني والأفكار والمشاعر، لذا يمكن أن يتجاوز في حدود هذا المعنى ما يقدم إليهم مما يسمى بالقراءات الحرة. ويدخل ضمن هذه الحدود الأدب الذي تقدمه الروضة. والمدرسة، وما يقدم إليهم شفاهة في نطاق الأسرة والحضانة ما دامت مقومات الأدب واضحة فيه.

وحين نصف الأدب بأنه تجسيد فني تخيلي للحياة والفكر والوجدان فإننا نقصد بذلك أن مضمونه يرتدي ثيابا من سندس وإستبرق دون أن يظهر المضمون وكأنه البس تلك الثياب عنوة، إذ يتآلف المضمون مع ثوبه في قالب فني زاهي.

ويؤلف المضمون ما يحتويه النص الأدبي من آراء أو عواطف أو قيم أو مواقف، بينما يؤلف الشكل مظهرا حسيا. والشكل في الأدب يستعين بالألفاظ بينما يتخذ في الفنون الأخرى ألوانا أو خطوطا أو حركات أو مواد أو مزيجا من بعض هذا وذاك، أو كلا مركبا منها كلها.(**أبو معال، 1995**)

ولأدب الأطفال دور ثقافي حيث انه يقود إلى إكساب الأطفال القيم والاتجاهات واللغة وعناصر الثقافة الأخرى، إضافة إلى ما له من دور معرفي من خلال قدرته على تنمية العمليات المعرفية للطفل، المتمثلة بالتفكير والتخيل والتذكر. وبوجه عام، فان أدب الأطفال ـ باعتباره تجسيدا لثقافة الأطفال ـ يسهم في انتقال جزء من الثقافة إلى الأطفال بصورة فنية، ويسهم في إقناع الأطفال بالآمال الجديدة ... لذا فهو أداة في بناء ثقافة الأطفال.

وأدب الأطفال، رغم انه يتميز بالبساطة والسهولة، إلا انه لا يعتبر تصغيرا أو إختزالا لأدب البالغين، لان لأدب الأطفال خصائصه المتميزة التي تسبغها طبيعة الأطفال أنفسهم. فالطفل كما سبق أن أوضحنا ليس مجرد رجلا صغيرا كما كان يشاع من قبل في الثقافات القديمة، إذ أن الأطفال يختلفون عن الراشدين لا في درجة النمو فحسب، بل في اتجاه ذلك النمو أيضا، حيث إن حاجات الأطفال وقدراتهم وخصائصهم الأخرى تختلف في اتجاهها عما يميز البالغين، فهناك صفات معينة تختص بها الطفولة وحدها، وهي نزول أو تنمحي عندما يشب أولئك الأطفال لذا فان الزاد الثقافي، أدبيا كان أو غير أدبي، هو زاد متميز ما دامت الطفولة مرحلة نمو متميزة، وهذا الزاد لا يشكل، بالضرورة، تصغيرا أو تبسيطا لزاد البالغين الثقافي. وعلى هذا، فليس كل عمل أدبي مقدم لكبار يصبح بمجرد تبسيطه، أدبا ملائما للأطفال، إذ لا بد لأدب الأطفال من أن يتوافق مع قدرات الأطفال ومرحلة نموهم العقلي والنفسي والاجتماعي، ولا بد من أن يكسب مضمونه في أسلوبا خاصا.

وكتابة الأدب للأطفال من الفنون الصعبة، وتتأتى الصعوبة من جوانب عدة، من أبرزها ما يتميز به أدب الأطفال من بساطة، ومعروف إن أبسط الفنون الأدبية على القارىء أصعبها على الكاتب. وكان توفيق الحكيم، يوم بدأ يسجل بعض الحكايات للأطفال عام 1977، قد أشار إلى ذلك بقوله:"إن البساطة أصعب من التعمق، وانه لمن السهل إن اكتب وأتكلم كلاما عميقا، ولكم من الصعب أن انتقي وأتخير الأسلوب السهل الذي يشعر السامع باني جليس معه ولست معلما له، وهذه هي مشكلتي مع أدب الأطفال".(**أبو معال، 1995**)

والصعوبة الثانية، هي أن الأديب الذي يكتب للأطفال هو أسير عدد من الشروط، من بينها وجوب توافق الإنتاج الأدبي مع قدرات وإمكانيات الأطفال وحاجاتهم. ويمكن تبين مدى هذه الصعوبة إذا ما تذكرنا أن الطفل لا يزال غامضا أمام الكبار. ولم تنته البحوث العلمية إلى تفسير كثير من جوانب سلوكه بعد. هذا في وقت يكون فيه الأديب، الذي يكتب للبالغين، حرا إلى حد بعيد، حيث أن هذا الأخير يكتب في الغالب دون أن يضع جمهورا معينا في حسابه، أو انه يكتب لجمهور مفترض، أو يكتب دون أن يعرف من سيكون الجمهور الذي يستقبل ما يكتب.

وهناك مسألة تواجه أدب الأطفال في كل مكان، وتشكل في الوقت نفسه إحدى مشكلات الكتابة للأطفال، وهي إن أدب الأطفال، كنوع فني، لا يزال جديدا، لذا لم يكتسب تقاليد عامة بعد. وقد هيأ هذا التفكير لكثير من

الاجتهادات والأحكام المتعسفة أن تطرح في الساحة، وان تلاقي بعض القبول، لا لسبب إلا لأنها تبدو معقولة، مع أن كون أي أمر معقولا لا يعني انه صحيح علميا بالضرورة، إذ لا بد من أن يخضع للتحليل العلمي كي يتقرر فيما إذا كان صحيحا أو خاطئا.

## ـ نشأة أدب الأطفال وتطوره

منذ أن ساد الشعور بأن الأدب ليس حكرا على البالغين وحدهم راح المعنيون يقبلون صفحات كتب الأدب لينتقوا منها بعض الحكايات والقصص والقصائد التي يمكن أن يقبل عليها الأطفال ويفهموها ويتذوقوها. بل إن الأطفال أنفسهم اقبلوا على كثير من الانتاجات الأدبية التي لم تكن لهم في الأساس.

وأكثر الانتاجات، التي تعد اليوم كلاسيكيات أدب الأطفال، كان كتابها قد أبدعوها كإنتاج أدبي لبالغين دون أن يخطر الأطفال على بالهم، ولكن الأطفال وجدوا فيها ما يشبع خيالاتهم وما يلب بعض حاجاتهم الاتصالية.

ولم يكن للأطفال أدب خاص بهم بالمعنى الصحيح قبل القرن العشرين، ولكن إرهاصات واضحة كانت قد سبقت ذلك، ومهدت لأدب الأطفال أن يكون ظاهرة فنية كبيرة. وقد درج مؤرخوا أدب الأطفال على عدم استبعاد أسماء المبدعين الأوائل من قائمة أدباء الأطفال، رغم أنهم لم يكونوا كتاب أدب أطفال بالأساس بقدر ما كانوا معدي أو جامعي حكايات لاقت هوى في نفوس الأطفال، أو اعتمدها كتاب الأطفال فيما بعد الإنشاء

قصص أطفال بعد إجراء تحويرات فيها. وبلغ الإنصاف ببعض المؤرخين أن وضعوا بين المؤسسين الأوائل لأدب الأطفال أولئك الذين تأثرت كتاباتهم بحكايات شعبية كانت تروى للأطفال وأخرى للبالغين، حيث يمكن الحكم بان أدبا كان يروى للأطفال منذ أقدم الأزمنة، وكان الأطفال يقرؤون بآذانهم، وحين ظهرت الكتابة وجدوا لهم ما هو مكتوب يراد به تعليمهم كيف يفكون الحرف، وحين ظهرت الطباعة ظهرت لهم بعض الكتب ذات الأهداف الدينية والأخلاقية.

وبوجه عام، لم يكن الأطفال قبل نشأة أدب الأطفال بعيدين كل البعد عن الأدب، فقد كانوا يستمتعون أحيانا إلى الحكايات والأمثال والروايات والحكم والرحلات التي كان يتناقلها الناس أو يرونها في المجالس بقصد التسلية والتوجيه ومن الأدب ما هو التراث الديني، ومنه ما هو من التراث الشعبي الذي يحمل القيم والأفكار، ومن بين التراث الديني ما هو أدب حكمة أو أدب تهذيب.

ومن بين الآثار الأدبية الشعبية، ذات التأثير الكبير في حياة الناس، والتي حاول بعض الكتاب صياغة بعض الحكايات على غرارها، حكايات البانجاتنترا، أو خزائن الحكمة الخمس، أو الأسفار الخمسة، وهي حكايات هندية قديمة ترجمت إلى عديد من لغات العالم، وكانت تلك الحكايات تستهدف غايات عملية، وكانت حكاياتها منثورة، أما أمثالها وحكمها فقد

كانت منظومة (ويقدر المؤرخون أنها وضعت بين 500-100 ق.م باللغة السنسكريتية ونقلت لأول مرة إلى اللغة البهلوية.

وقد وضع حكايات البانجاتنترا برهمي معروف بالحكمة تلبية لطلب ملك كان له ثلاثة أولاد، وأراد أن يعلمهم فن السياسة، فعهد بالأمر إلى ذلك البرهمي الذي وضع حكايات حيوان ليفصح عن أفكاره في شكل فني واضح.

والى جانب حكايات البانجاتنترا انتشرت حكايات كليلة ودمنة التي ترجمها عبد الله بن المقفع من البهلوية إلى العربية، وترجمت من العربية إلى لغات أخرى عديدة، ومنها تعرف الأوروبيون إلى نوع أدبي جديد في بث الحكمة والتهذيب.(سلوم، 2001)

وتعد المجموعة الخرافية المنسوبة إلى ايسوب من أقدم المأثورات الأدبية التي لاقت الشيوع في أوروبا، وكانت من أوائل الكتب التي لا يستطيع أحد إلا أن يحكم بان الأطفال قد وجدوا فيها متعة كبيرة، رغم إنها طبعت للكبار بين عامي 1475-1480م، وبسبب إقبال الأطفال على قراءتها عدت أول كتاب يطبع للأطفال.

وتشير بعض المصادر إلى أن ايسوب حكيم يوناني، ولد عام 620ق.م وعاش فترة من حياته عبدا رقيقا بين عدة مالكين في مدينة ساموس، واستطاع نيل حريته بفضل ذكائه وحكمته، بل استطاع بهما التحرر من

رواسب العبودية ونيل الشهرة والمجد،وتنقل بين أعمال رفيعة منها: انتدابه في سفارات سياسية عديدة، ووضع حكاياته لتهدئة الخواطر وإخماد الفتن في بعض المدن اليونانية، وقد حمله الملك كمية كبيرة من الذهب ليوزعها على أبناء مدينة "دلفي" ولكنه ما إن احتك بالناس حتى هاله ما كانوا عليه من جشع، وحين عزم على عدم توزيع الذهب عليهم تآمروا عليه واتهموه بشتى التهم؛ وأباحوا قتله، فقتلوه.

ولكن هناك من بنفي وجود شخص باسم ايسوب، وهناك من يعترف بوجوده ولكنه يجزم بأن ما بين أيدينا من خرافات ليست هي خرافات ايسوب نفسها، وان الكثير الكثير منسوب إليه، حيث منها ما يرجع إلى آخرين عاشوا قبل عصره ومنها ما نسب إليه بعد سنين طويلة من قتله. وعلى أي حال، فقد اهتم كثيرون بخرافات ايسوب، كسقراط، والفيلسوف ديمتريوس فاكيروس، وفيدروس وغيرهم.(سلوم، 2001)

وقد جمعت خرافات ايسوب بعد بضعة قرون من مصرعه من قبل الراهب مكسيموس بلانودس، ولكن بعض المصادر تشير إلى أن بلانودس اعتمد على نسخة مشوهة لخرافات ايسوب، وتشير مصادر أخرى إلى انه لم ير قط نسخة من أي من الخرافات المنسوبة إلى ايسوب، بل قام هو بجمع حكايات شائعة، واخترع حكايات أخرى ونسبها جميعا إلى ايسوب، وان خرافات بلانودس كانت المصدر الأول الذي أخذت عنها النسخ المطبوعة لا يسوب.(Avery, 1975)

وعلى أي حال، فان هذه الخرافات كانت معينا لكتاب الأطفال الأوائل، حيث صيغ الكثير منها في أشكال قصصية، ومنها ما ادخل ضمن مقررات المدرسة، حتى ذهب البعض إلى تأكيد أهميتها بالقول: انه ليس هناك مثقف في العالم اليوم لم يتأثر في طفولته بخرافات ايسوب.

وكتب القاص الإيطالي جيوفاني بوكاشيو 1313-1375 مجموعة قصصية بعنوان دي كاميرون، أي الأيام العشرة، وتبدوا أنها على غرار ألف ليلة وليلة من بعض الوجوه، وقد تولى البطولة فيها عشر شخصيات رئيسة، بينهم سبع سيدات وثلاثة رجال، قد هربوا من فلورنسا خوفا من مرض الطاعون، وأقاموا عند سفح جبل بعيد، وراحوا يتبادلون رواية القصص كي يبعدوا عن أنفسهم شبح المرض، حيث كانت تروى في كل يوم عشر قصص تتشابه في موضوعاتها، واستمر الأمر عشرة أيام. وقد ورد في تلك القصص ذكر كنوز الملك سليمان، وبطولة صلاح الدين الأيوبي، إضافة إلى شخصيات خيالية.

ويشار إلى أن قصص الديكاميرون كانت معروفة قبل بوكاتشو، وعليه فهي ليست من وضعه لأنها نتاج عقول كثيرة، لكن بوكاشيو قد رفعها من صيغتها البدائية وأجاد تشكيلها وبعث الحياة فيها.

ومعظم حكايات الديكاميرون قصيرة، وهي تشير إلى الأحداث ولتسلية ملك وملكة نابولي، إلا أن الشعب الإيطالي وجد فيها تسلية، وأصبحت موضع اهتمام الكبار.

وكتب الرسام والنحات والمعماري والموسيقي والمهندس الإيطالي ليوناردو دافنشي ـ حكايات قصيرة ذات معان عميقة جاء بعضها على ألسنة الحيوان والنبات والجماد، ويبدو أن أكثر حكايات دافنشي قد فقدت.

وكان كثير من الحكايات التي وضعها دافنشي من إبداعه، ولكنه أضفى على بعض الحكايات القديمة لمسات جديدة، وظل الناس في عصره يتساءلون عن المصدر الذي كان دافنشي يستقي منه الحكايات، وحين عجزوا عن الوصول إلى ذلك لم يجدوا إلا أن يعترفوا بان دافنشي لم يكن فنانا وعالما فحسب، بل كان قاصا مبدعا أيضا.

ويبدوا أن حكايات دافنشي قد شاعت في عصره بين البالغين، لذا لم يدخله أي من مؤرخي أدب الأطفال ضمن قائمة أدباء الأطفال... ويظهر أن قليلا من كتاب الأطفال قد قلدوا دافنشي بعد أن ظهر أدب الأطفال، ولكننا نجد بين كتاب الأطفال اليوم من يمكن أن نجد في قصصهم بعض قسمات قصص دافنشي ـ لذا يصح أن يعد دافنشي من بين الآباء الأوائل لأدب الأطفال.(Avery, 1975).

ووضع الكاتب جون بنيان (John Bunyam) 1628- 1688 كتاب رحلة المسافر pilgrims progress الذي يعد من كتب التراث الديني المسيحي، إلا أن الكاتب استند في كثير من الأفكار الواردة فيه إلى ما انتهت إليه حركة التقصي ـ العلمي التي بدأت إرهاصاتها في تلك الفترة في أوروبا. وقد كان بنيان

كاهنا غير مجاز، وأمضى في السجن نحو اثني عشر عاما وهو يمارس الوعظ الديني، وكان قبل ذلك قد اشتغل سمكريا، وجنديا.

ولم يضع بنيان كتابه للأطفال، ولكن صياغات قد أجريت له فجعلته من بين كتب الأطفال الأولى، خصوصا وانه كان بالأساس قد وضع بأسلوب سهل، وكانت حركة الأبطال قد صورت فيه تصويرا دراميا، كما احتوى على مغامرات وأسفار قادت الأطفال إلى الاهتمام به، لذا يعد هذا الكتاب بداية لنمو أدب الأطفال المكتوب في إنكلترا.

ونظم الشاعر الفرنسي- جان دي لا فونتين (Jean de Ia Fontaine)1621-1695 مجموعة من الحكايات الخرافية في اثني عشر كتابا، أهدى بعضها إلى ولي عهد لويس الرابع عشر ملك فرنسا آنذاك وجاء في كلمة الإهداء الرقيقة "انه يرغب في تسلية الأمير وان يقدم له دروسا جادة يتلقاها بلذة".

وكان لافونتين قد أصدر أول الأمر ستة فصول من منظوماته، الحق بها بعد عدة سنوات خمسة فصول أخرى احتوت على 320 منظومة، وقد أوضح، في مقدمة المجموعة الثانية، أن أسلوبه بات مختلفا عن أسلوب المجموعة الأولى، لأنه استقى معانيها من موارد أغنى وأكثر وخصوصا كليلة ودمنة.(Piaget, 1973)

ويشير مؤرخوا الأدب إلى تأثر لافونتين بخرافات ايسوب، وانه استقى مضمون أعماله من الريف والطبيعة الحية، ومن الحيوانات التي كثيرا ما

استحوذت على البطولة في قصائده، والتي فضلها على غيرها من الأبطال، على أساس أن تقاليد الغابة هي تقاليد الحياة البشرية نفسها.

واكتسب لافونتين جمهورا واسعا من الأطفال الذين كان يرى أنهم الجمهور العريض أو المستقبل الذي ينبغي لكل كاتب عاقل أن يعمل على كسبه. وقد طبعت حكاياته المنظومة في حياته أكثر من ثلاثين طبعة، وترجمت إلى لغات عديدة، ولا تزال تطبع مرة تلو مرة.

وكان جان جاك روسو قد انتقد منظومات لافونتين انتقادا حادا، وأكد على أن البعض منها يدعو إلى ما يناقض الخصال الحميدة واستشهد بعدة منظومات منها: منظومة الثعلب الذي احتال على الغراب بأن راح يمتدح صوته مدحا شديدا ليغني، وحين بدأ الغناء سقطت قطعة الجبن من فمه فالتهمها الغراب، وأشار روس إلى أن تلك القصة تدعوا إلى الأخذ بالخدعة والرياء. ويمكن أن يجد المتمعن في منظومات لافونتين أن بعضا من تلك المنظومات تحمل ترجيحا للشر والأثرة والمكر.

وأصدر دانيال ديفو **(Danial Defoe)** 1660-1731 قصة روبنسون كروزو **Robinson Crusoe** عام 1719، التي تعد بداية الفن القصصي في إنكلترا، والتي تحمل الدعوة إلى الصبر وتحمل الصعاب، والرغبة في ارتياد المجهول.

وتبدو بداية القصة وكأنها تتناول وقائع حقيقية، ثم سرعان ما تنطلق في عالم الخيال... وتدور حول رجل يعيش في جزيرة مهجورة وتنقطع صلة

بالناس، إلا أنه يستطيع قهر الصعاب.وقصة روبنسون كروزو، بصيغتها الأصلية، تقع خارج أدب الأطفال، إلا أنها صيغت من جديد للأطفال، فأصبحت واحدة من روائعه، وقد أحبها الأطفال لما فيها من المفاجآت والأسفار والمخاطرات.(Piaget, 1973)

ويشير بعض مؤرخي الأدب إلى أن ديفو تأثر بألف ليلة وليلة، وتأثر بحي بن يقظان لابن طفيل، بينما يشير آخرون إلى أن القصة اعتمدت على قصة واقعية لرجل حقيقي من اسكتلندة وجد نفسه مدفوعا إلى القيام بمغامرة، فأصبح بحارا في سفينة من سفن القراصنة، وحصل بينه وبين قائد السفينة خلاف حاد فلم يجد القائد إلا إن يلقى به في إحدى الجزر، ولكن ذلك البحار استطاع الصمود هناك أربعة أعوام وأربعة اشهر، إلى أن مرت سفينة قرصان بريطاني واصطحبه معه إلى بلاده، وعند عودته لم يطب له أن يعيش الحياة التي كان يحياها قبل مغامرته، فابتنى لنفسه كوخا على الشاطئ مماثلا لذاك الذي ابتناه في الجزيرة النائية. وقد اطلع ديفو على حياة ذلك المغامر من خلال المذكرات التي نشرها قائد السفينة الذي أنقذه، فكتب قصته روبنسون كروزو.(**سلوم، 2001**)

وسواء أكانت هذه القصة من نسج خيال ديفو، أم هي تصوير فني لواقعة حقيقية، فان ذلك لا ينفي تأثره بحي بن يقظان، أو ألف ليلة وليلة، أو كليهما علما بان قصة ابن طفيل كانت قد طبعت عام 1686 بالإنكليزية.

وكان ديفو قد وضع عشرات الكتب، ولكن ثلاثة كتب ظلت موضوع الاهتمام، وهي: روبنسون كروزو، ومول فلاندرس، وصحيفة عام الطاعون.

وقد اشتغل ديفو في الصحافة، واشتعل بالسياسة، ولم يكن أمينا في عمله الصحفي، كما انه وجد نفسه قد تورط في السياسة، إذ لم يجن ما كان ينبغي، لذا اختفى فترة قصيرة عن الناس، ولكنه عاود الظهور بعد أن شارف الستين حين وضع روبنسون كروزو، وقيل عنها في حينها: إن السياسي والصحفي ومستشار الأمراء أصبح راوي قصص للطاهيات، يتحدث فيها عن مغامرات بحار تحطمت سفينته، حيث لم يقدر الكثيرون في زمانه روعة ما وضعه ديفو. ويشير مترجمو ديفو إلى أنه، بعد تشتت شخصيته وانتحاله مختلف الأدوار، استطاع بعد وضع روبنسون كروزو أن يحدد حقيقته باعتباره قاصا جيدا.

وقد وضع ديفو قصصا أخرى لم تلاق ما لاقته روبنسون كروزو، منها: ملك القراصنة، ومغامرات دنكان كامبل، وذكريات فارس، وتاريخ الشيطان.

وأصدر الكاتب، الذي ولد في إنكلترا لابوين انكليزيين، والذي شب وعاش في ايرلندا، جوناثان سويفت (Jonathan Swift) 1667-1745 قصته الخيالية المسماة رحلات جليفر Gullivers Travels عام 1726، وصف فيها جياة جليفر، الذي راح ينشد السعادة فيها وراء البحار، فهبط في بلاد الأقزام،

فلم يحل له العيش، وهبط في بلاد العمالقة، فلم يطب له المقام، وحل في مجتمع ثالث، أنصافهم العليا من البشر، وإنصافهم السفلى من الحيوانات، فلم يجد السعادة في ذلك المجتمع... وبذا ظل ما ينشده مجرد حلم بعيد المنال.

وكان جو القصة مشحونا بالتشاؤم والتهكم والسخرية من الإنسان، وكان سويفت يشير إلى أن غايته من كتابة قصته هذه هي أن يوبخ الناس لا أن يسليهم ولكن الناس وجدوا فيها تسلية ومتعة إذ إنهم يستمعون بذلك الهجوم المرير الذي شنه سويفت على أبناء الجنس البشري لان كل قارئ منهم كان يحسب نفسه غير مقصود بهذا الهجوم بل شخصا آخر.

ولم يكتب سويفت هذه القصة للأطفال وبالأساس ولكن ما انطوت عليه من رحلات ومغامرات وعجائب ومواقف مثيرة للخيال جعلتها قريبة إلى الأطفال ولم تصبح في عداد أدب الأطفال الا بعد أن صيغت بشكل جديد من قبل جون نيوبري. ومع هذا فإن من يؤرخ لأدب الأطفال لا يمكن إلا أن يضع هذا الكاتب بين الآباء المؤسسين لهذا الأدب. **(سلوم، 2001)**

وأصدر الكابت السويسري يوهان رادولف فايس 1780- 1830 رواية باسم أسرة روبنسون السويسرية عام 1813 عن بطل ألقت به الأمواج في جزيرة منعزلة على غرار قصة روبنسون كروزو وكانت قد وضعت للكبار ولكن عددا من الكتاب اجروا عليها التبسيط منهم اليزا جيتوود وارين، وكانت هذه القصة بالأساس قد ظهرت في كتاب بعنوان إرشادات للأطفال

وأصدقائهم في المدينة والريف. وقد اختصر العنوان بعد ذلك ليصبح أسرة روبنسون السويسرية.

وقد أعاد فايس كتابة القصص الشعبية السويسرية وألف النشيد الوطني السويسري ونشر عددا من القصص الذي كان والده يقصها عليه.

وأصدر الشاعر الإنكليزي وليم بليك (William Blake) 1757-1827 مجموعة شعرية هي أغاني البراءة التي كان لها تأثير في حركة أدب الأطفال إذ إن الفترة التي ظهرت فيها شهدت حركة نقد واسعة بسبب تباين التيارات في النظر إلى الطفولة وخصوصا بعد صدور كتاب أميل لجان جاك روسو الذي انتقد فيه كثيرا من الأساليب السائدة في تنشئة الأطفال, وقدم بدائل جديدة.

وكانت أغاني البراءة Songs of Innocence قد صدرت عام 1789 وصدرت بعدها بخمس سنوات أغاني التجربة Songs og Experience وكان بليك ينحت بعض مقطوعاته الشعرية على النحاس، وقد ظهرت في أشعاره الروحانية العميقة. ومع أنه لم يكن كاتب أطفال إلا أن بعض قصائده جذبت الأطفال بفضل ما فيها من خيالات.(Piaget, 1973)

ونشر الكاتب الروسي إيفان كريلوف 1768 - 1840 حكايات عديدة في تسع مجموعات. وأظهر في حكاياته شخصيات من الحيوانات وكان يريد بها إبراز مظالم الحكم القيصري في وقت كانت تسود فيه الرقابة الشديدة وكان كثير من حكاياته ذا صلة بأحداث واقعية وأشخاص حقيقيين مثل الهزائم والانتصارات أمام نابليون.

وتتميز حكايات كريلوف عن حكايات ايسوب. وحكايات كليلة ودمنة وحكايات لافونتين بان فنه صعب الترجمة إذ إن البطل الحقيقي في حكايات كريلوف هو اللغة الروسية نفسها، ومع هذا فقد كان كريلوف أول الكتاب الروس في إحراز شهرة عالمية إذ ترجمت حكاياته إلى اللغات الأوروبية الرئيسة خلال حياته, وترجمت بعد ذلك إلى عديد من لغات العالم بما فيها اللغة العربية.

وكان كريلوف كاتبا مسرحيا ساخرا وصحفيا بارزا، إلا أنه واجه فمع السلطة وبطشها فعطلت مجلاته الواحدة بعد الأخرى وقد وجد أن وضع الحكايات هو السبيل الوحيد الذي يستطيع به التعبير عن مكنونات نفسه دون أن يتعرض لسطوة وظلم الحكم القيصري.

وكان كريلوف رائدا سابقا في الأدب الروسي وقد وصفه بوشكين بأنه "أكثر شعرائنا وطنية وأعظمهم شعبية".

وكان الأطفال يجدون متعة بالغة في حكاياته كما أن الكبار يجدون فيه معاني كبيرة.. لذا ظلت هذه الحكايات مثلما كانت موضع اهتمام الأطفال والكبار معا، وبفضل هذا يعد كريلوف واحدا من الآباء المؤسسين لأدب الأطفال. **(سلوم، 2001)**

وجمع الشاعر الفرنسي والأكاديمي تشارلز بيرو(Charles Perraut) 1628-1703 بعض الحكايات الشائعة في الريف الفرنسي وأضفى عليها

شكلا كلاسيكيا بأسلوب رقيق وأصدرها تحت عنوان حكايات من الأزمنة القديمة عام 1697 منها: سندريلا وذو اللحية الزرقاء والجميلة النائمة، وقد عرف هذا الكتاب باسم حكايات أمي الأوزة. وكان قد أصدر مجموعات شعرية منها حكاية جلد الحمار وحكايات الأماني الباهتة.

وكانت حكايات بيرو بداية حركة التأليف للأطفال بقصد التسلية والإمتاع، إذ يعد من أوائل من كتبوا خصيصا للأطفال، وكان قد وضع ابنه كمؤلف على مجموعته الأولى، مخافة أن يهز صدورها باسمه مكانته الأدبية، حيث لم تكن النظرة إلى أدب الأطفال على أنه إبداع فني، ولكن بيرو ثبت اسمه على المجموعة الثانية.

ولمع اسم الإنكليزي، جون نيوبري (John Newbry)1713-1767كناشر لكتب الأطفال، بعد أن كان يدير مخزنا لبيع الكتب الخاصة بالأطفال، حيث شجع عددا من الكتاب على وضع أو ترجمة كتب الأطفال، أو تبسيط بعض الأعمال الأدبية، فنشر نحوا من مئتي كتاب كانت في مقدمتها حكايات أمي الأوزة، بعد ترجمتها إلى الإنكليزية عام 1729، إضافة إلى قصص أخرى مثل قصة روبنسون كروزو، ورحلات جيلفر.

ونشر جون نيوبري من إنتاجه الخاص عددا من الأعمال الأدبية للأطفال، أولها كتاب الجيب الجميل عام 1744، ثم كتابه الطيب ذو الحذائين الجميلين.

وبهذا يعد نيوبري أو كتاب الأطفال في إنكلترا، أو الأب المؤسس لأدب الأطفال فيها، ولا يزال العالم يعترف بدوره الكبير في هذا المجال، وقد استحدثت منذ العشرينات من القرن الماضي جائزة باسمه في أمريكا تمنح لأفضل كتاب للأطفال. **(سلوم، 2001)**

وصاغ الروائي الألماني، ارنست تيودور أمادوس هوفمان (A.T.Hofmann) 1776-1822 من الحكايات الشعبية قصصا خيالية تحمل سمات الفن القصصي- الخيالي، وبذا عدت أعماله رائدة في هذا المجال، إذ انه سبق اندرسون في تحويل تلك الحكايات إلى قصص، ومن هنا جاءت الإشارة إليه في تاريخ أدب الأطفال، وكان أبرز قصصه الروائية كسارة البندق التي أصدرها عام 1816 وتحولت بعد ذلك إلى أوبرا.

وجميع الأخوان الألمانيان، جاكوب كريم (Jacob Crimm) 1775-1863 وفيلهم كريم (Wilhelm Crimm)1786 -1859 أشهر الحكايات التي تشيع على ألسنة الناس، والي يحكيها الآباء للأبناء، وكان هدفهما الأول الحفاظ على ذلك التراث من الضياع.

وكان الأخوان، كريم، يلتقطان الحكايات من أفواه الرواة ويسجلانها كما هي دون تحوير في مضمونها، ولكنهما كانا يهذبان في أسلوبها ويخرجان من أصلها الشفهي الكلمات الأجنبية والكلمات القديمة التي لم تعد مستخدمة في اللغة الا في حدود ضيقة... واستمد الأخوان بعض الحكايات من مخطوطات ألمانية قديمة.

وظهر أو جزء من كتاب الأخوين عام 1812 بعنوان حكايات الأطفال والبيوت، وظهر الجزء الثاني عام 1814، وتضم المجموعتان أكثر من مئتي حكاية، وقد كانت الطبعة السابعة للحكايات، الصادرة عام 1857، هي الطبعة التي شاعت وترجمت إلى لغات متعددة فيما بعد.

ومع أن الأخوين لم يكونا يقصدان أن تكون هذه الحكايات للأطفال، بل أرادا الحفاظ على تراث قديم من الاندثار، وأرادا في الوقت نفسه أن تكون في متناول مختلف الناس على اختلاف مداركهم، إلا أن كثيرا منها لاقى القبول لدى الأطفال. وعلى أساس ذلك يؤلف ذلك الجهد الذي قاما به جزءا من تاريخ أدب الأطفال.

وقد كان الأخوان، من وراء التقاطهما هذه الحكايات، يريدان الكشف عن أصالة الثقافة الألمانية. ولكن التمعن في بعض الحكايات يكشف أن بعضها مشابه لبعض الحكايات الشعبية الشرقية، وعلى الخصوص الحكايات العربية، وبعض حكايات ألف ليلة وليلة.

ولا بد من الإشارة إلى أن طبعة حكايات الأطفال والبيوت، لم تكن تقتصر على الحكايات، بل كانت تضم هوامش وتعليقات للأخوين، لذا يعد الكتاب محاولة لدراسة الحكاية الشعبية الألمانية.

ولمع اسم الكاتب الدانمركي، هانز كريستان أندرسن (H. Christian Andersen) 1805-1875 الذي اشغل في صباه بنظم الشعر ووضع القصص المسرحية بأسلوب فج،

ولكنه حين التقى بعدد من الموسيقيين والمسرحيين والشعراء وأكمل تعليمه الثانوي بدأ بنشر بعض الأعمال الأدبية، إذ صدر له أول كتاب عام 1822 باسم مستعار، ونشر عام 1829 كتابا وصف رحلة على الأقدام، ولكن كتابا نشره وأعيد نشره في جميع أنحاء العالم عشرات المرات هو الجزء الأول من الحكايات الخرافية. وأثارت حكايات هذا الجزء، والأجزاء الأخرى نفوس الأطفال والكبار في كل مكان.

وكان اندرسن، حين بدأ وضع حكاياته، قد قال لقد شرعت في كتابة بعض الحكايات الخيالية للأطفال، لأنني أريد أن اكسب الجيل القادم.

وبلغ عدد حكايات أندرسن أكثر من 180 حكاية، وقد اعتمد على بعض الحكايات الشائعة آنذاك، ولكنه أسبغ عليها سمات الكمال القصصي الفني، كما اعتمد على بعض الأحداث التي مر بها في حياته، حيث كان في العصر الذي عاش فيه اندرسون اهتمام بالحكايات الشعبية في الدانمرك... وكانت حكايات الأخوين كريم، وألماني هوفمان شائعة هناك. وقد ادخل اندرسن البشر والحيوانات والنباتات والأشباح والجماد كأبطال في حكاياته.

ومن بين حكايات اندرسن حكايات متفائلة، ويتغلب فيها الخير على الشر الا أن بعضا منها ينطوي على التشاؤم وخصوصا تلك التي تتناول بعض مشكلات الإنسان. ويبدو أن اندرسون يريد أن يتقبل الأطفال على ما هي عليه وما فيها من حلو ومر.

ولا تزال حكايات اندرسن موضع اهتمام الأطفال في العالم، رغم مضي أعوام طويلة على تلك الليلة التي سقط فيها من سريره وفارق الحياة.

وقدم الروائي الأمريكي، جيمس فينمور كوبر (J. fenimore Coper) 1789-1851 مجموعـة مـن القصص والروايات التي تدور حول مغامرات رجال الحدود مع الهنود الحمر والصيادين والقباطنة والجواسيس.

وأحدث، تشالرز لام (Charles Lamb) 1775-1834عام 1806 حركة تمـرد ضـد الطـرق التعليمية في بعض قصص الأطفال، لذا أخذ يكتب بعض القصص بشكل متميز، كما ترجم إلى الإنكليزية بعض قصص هانز أندرسون.

أما تشالرز لودفيدج دوجسـون، الكاتب الإنكليـزي الـذي عـرف بلقب لـويس كـارول (Charles Lutwidge Dodgwon, Lewis Carroll) 1832- 1898 فقـد كـان واحـدا مـن أدبـاء الأطفـال الكبار، وقد استعار لقب "لويس كارول" عند نشره ما كان يراه بعيدا عن اختصاصه في الهندسـة والرياضيات والدين، وكان يوقع كتبه في هذه الموضوعات الأخيـرة باسـمه الصريح، بينمـا كـان يوقع بعض كتبـه الصفة الخياليـة باسـمه المسـتعار. وكـان في البدايـة، يـروي لإخوانـه الصغـار والأطفال، الذين عقد معهم صداقات، بعض حكاياته.

ومن كتبه الشهيرة قصة "أليس في بلاد العجائب". وقد جعل البطولة فيها لإحدى صديقاته الصغيرات، وهي: أليس، وكانـت هـذه القصة قـد نشرت عـام 1865، وهـي لا تحمل مضمونا فكريا بقدر ما تحمل من الغرائب والمفاجآت الطريفة. وله أعمال أدبيـة أخرى يمكن إدخالها ضمن أدب الأطفال، منها "ماذا وجدت أليس هناك" وقـد صـدرت في كتاب عام 1876.

وكان كثيرا من زملائه من أساتذة إحدى المدارس في أكسفورد ينظرون إلى ما يكتبه كارول على انه هذر لا معنى له.

وقد ترجمت قصة "أليس" إلى مختلف لغات العالم، وأخرجت للتلفزيون والسينما من خلال أفلام آدم الكارتونية، ومن خلال تمثيل أبناء آدم وبنات حواء!(Brown, 1976)

ووضع الروائي الأمريكي الساخر، مارك توين (Mark Twian) ساموئيل ل.كليمانس(Samuel Clemens)" قصصا للأطفال، منها "توم سوير" سنة 1876، و "الأمير والفقير"، و "هاكلبيري فين" عام 1882.

ولمارك توين نظرات تأملية في مسائل السياسة والحرب، ومجتمع البشرـ وما يحملون من قيم. وكان يمقت العدوان والطغيان واللصوصية والبغضاء، ويقول : إن تاريخ البشر زاخر بتلك اللصوصية الغادرة التي تنتحل دائما ثوب الهدف النبيل، إن قصة البشر لا تعدو أن تكون سردا موجزا لقصة سفك دماء البشر.

ومع أن مارك توين لم يكن كاتب أطفال، إلا أن روح الفكاهة، التي ادخلها في قصه، جعلت الشبان يقبلون على قراءتها، كما جعلت بعض الأطفال يقبلون صفحات كتبه ويتمعنون في بعض فقراتها، ولكن إقبال الأطفال على قصصه، التي أخرجت للسينما، كان كبيرا، حيث إن الأطفال يعنيهم كثيرا أن يروا بعيونهم توارد الأفكار وتعاقب الحوادث في سرعة.

221

ووضعت الروائية الأمريكية، لويزا ماي الكوت (Louisa May Alcott) 1831-1888 قصصا وروايات للأطفال، منها رجال صغار والوردة المتفتحة، وتحت الزنبق...وتقرب قصصها من ذلك النوع من القصص الذي يسمى قصص الحياة العائلية، التي تتخذ من أجواء البيت مجالا لها.

ومن الكتاب الذين أحب الأطفال واحدة من قصصهم الشهيرة الكاتب الاسكتلندي جيمس ماتيو باري (James Mathew Barrie) 1860-1937 الذي عرف ككاتب للأطفال عندما ظهرت عام 1904 قصة بيتر باك "الولد الذي لا يكبر أبدا" والتي قدمت لمسرح ولا تزال تقدم حتى اليوم. وتنطوي هذه القصة على الكثير الذي يثير خيال الأطفال.

ولكن باري لم ينصرف للكتابة للأطفال، فقد كان قبل إخراج قصة بيتر باك قد كتب عدة مسرحيات، وكان قد وضع عددا من الكتب من بينها كتابين عن بلدته، وعن حياة والدته التي كان يحبها حبا جما.(Brown, 1976)

وكان، أ. ان. افاناسيف (A.N Afandsive) 1855-1864 قد جمع وأعاد صياغة عديد من الحكايات الشعبية السوفييتية. وقد ابتدع حكايات جديدة مشابهة للحكايات الشعبية.

وأعد الاسكتلندي، اندرولانك (Andrew Lang) 1844-1912 حكايات خرافية، وقد استمد البعض منها من لغات اخرى، واعتمد على بعض ما جاء في ألف ليلة وليلة، ومن بعض الآثار الأدبية الشعبية الأخرى، "سندريلا"، و "الجميلة النائمة".

وهـو بالأسـاس دارس معنـى بـالتراث الشـعبي، ولكنـه كـان يتمنـى ان يسـتطيع الأطفال قراءة الحكايات التـي أبـدعتها الشـعوب المختلفـة، وكـان يـرى ان أولى القصـص كانت قد وضعت في بابل وفي مصر القديمة.

وكتـب جـول تشـاندلر هـاريس (Joel Chandler Harris 1908-1848 قصـص مغـامرات عديدة، منها قصص العم ريموس وقد اعتمد في كثير من قصصه على ما كان يتناقله الناس من حكايات بما فيها الحكايات الشائعة بين الأفارقة في أمريكا.أما الروائي الفرنسي جول فيرن (Jules Vern) 1905-1828 فيعد من رواد قصص الخيال العلمـي، وكـان في بدايـة حياتـه الأدبيـة قـد وضع مسرحية وتمثيلية شعرية، ثم بدأ بإصدار العديد من قصص الخيال العلمي، حتـى بلـغ عدد ما صدر له في هذا المجال نحوا من ثمانين قصة ورواية، منها "خمسة أسابيع في منطـاد"، و"من الأرض إلى القمر"، و "مغامرات القبطان هاتراس"، و "عشرون ألف فرسخ تحت البحر"، و"الشعاع الأخضر"، و"نجمة الجنوب"، و "عامان في إجازة" و "شتاء فوق الثلوج". وبذا يكون قد وضع قصصا في الرحلات والجولات الفضائية والسياحة الخيالية على سطح الأرض، وفي جوفها، وفي البحار والمحيطات، والأراضي القطبية، وعبر الفضاء بين الكواكب.

وقد تنبأ جول فيرن بكثير من المخترعات التي تحققت فعلا، وكان يـردد: كـل مـا يستطيع ان يتخيله إنسان يمكن لآخرين تحقيقه.

وقد مزج جول فيرن بين العلم والخيال في مجمل قصصه، ومع ان قصص وروايات جول فيرن ليست للأطفال إلا ان الفتيان وجدوا فيها متعة شائقة.

وشهد أواخر القرن التاسع عشر، والقرن العشرين إهتماما كبيرا بأدب الأطفال، حيث ظهر كتاب احتلوا موقعا في تاريخ هذا الأدب.

ومن بين الأسماء اللامعة التي ظهرت في فرنسا مثلا، ليونس بورلياغيه، الذي وضع قصصا وحكايات للأطفال، منها: "حكايات أبي لوجار"، و"أربعة تلاميذ"، وقد طبعت كتبه مرارا أثناء حياته وبعد وفاته عام 1965، ورينيه غيو الذي وضع عديدا من قصص الأطفال، وحاز على جوائز عالمية، منها: جائزة هانزكريستيان اندرسن التي تمنح كل عامين لكتاب الأطفال البارزين وقد توفي غيو عام 1969. وتومي اوبخيرير، الكاتب الفرنسي- الذي أقام في كندا، وأجرى تحويرات مثيرة في الحكايات الشعبية، وأسبغ عليها طابع الدعابة، وكان برسم بعض الحكايات بنفسه. ومن بين قصصه الشهيرة "اللصوص الثلاثة" و "الأجير الساحر"، و "حيوان راسين الكبير"، وقد وضع هذه المجموعات بين أواخر الخمسينات وأوائل السبعينات. وبول بيرنا الذي لا يزال يواصل النشر للأطفال منذ أواسط الخمسينات، ومن بين قصصه الشهيرة "حصان بدون رأس". وايميه مارسيل الذي وضع حكايات عديدة، منها : "حكايات القط"، وقد ترجمت قصصه إلى العديد من لغات العالم، وتحمل اغلب قصصه شحنات حزن. وقد توفي عام 1967.

وفي إنجلترا، نجد أسماء عديدة منها الروائية اينيد بلايتون التي وضعت نحو مئة قصة بوليسية لاقت إقبال الأطفال والمراهقين. توفيت عام 1968. والقاص آرثر رانسوم الذي وضع عدة قصص، منها "سو الو وأمازون". وترجمت إلى عدة لغات. توفي عام 1967. والكاتب كينيث غراهام الذي قصر نشاطه الأدبي على الكتابة للأطفال، وتعد قصته ،الريح والصفصاف". من بين القصص الشهيرة. توفي عام 1932. والقاص كليف ستابل لويس الذي بدأ نشاطه الأدبي منذ الخمسينات، ونال جائزة كارنيجي، وقد كان معظم أبطال قصصه من الحيوانات. توفي عام 1963. والقاصة فيليب بيبرس التي وضعت للأطفال بضع مجموعات قصصية منها: ،حديقة توم الليلية"، والتي نالت عليها جائزة كارنيجي ميدال عام 1958، و"قصة الجرو". التي نشرت في أوائل الستينات من القرن الماضي.

وفي الولايات المتحدة الأمريكية لمعت أسماء كتاب أطفال عديدين، منهم ماري مابس دودج التي أصدرت مجموعات قصصية للأطفال، منها: "الحذاء الفضي"، كما أنشأت صحيفة للأطفال. توفيت عام 1905. والقاص فرانك.ل. بوم، الذي يعد من بين كتاب الأطفال الأمريكيين الكبار، إذ ظهرت له مجموعات قصصية بعنوان "بلاد الأوز المدهشة" ولا تزال مجموعاته تطبع بصورة مستمرة. توفي عام 1919. والقاص جيمس أوليفر كوروود الذي كتب حكايات للأطفال على السنة الحيوان، منها قصة

"الباحثون عن الذهب"، و "وادي الهدوء". توفي عام 1927. والكاتبة المعاصرة مـادلين لا نكل التي ظهرت لها قصص عدة، منها: "الانطواء" و "أورنكلي عبر الزمن". والكاتبة فرجين الينور التي وضعت قصائد ومسرحيات للأطفال إضافة إلى عدد من القصص.

وفي ايطاليا يشار إلى أسماء عديدة، منها: الكاتب الـذي كتـب للشباب والأطفال وهو ادموندو دي أميسس الذي وضع كتابا شعريا وآخر نثريا، ولكن كتابه "القلب"، الذي نشر قبل نحو مئة سنة، اشهر هذه الكتب، إذ أنه صور فيه، على شـكل مـذكرات، الحيـاة المدرسية، وهو لا يـزال موضع اهـتمام المـراهقين في ايطاليـا، وقـد ترجم إلى عديـد مـن اللغات، منها اللغة العربية. توفي عام 1908. والكاتب فامبا الذي تميزت كتاباته الموجهة إلى الأطفال بطابع الدعابة، فضلا عـن عنايتـه بـإبراز القـيم المرغوب فيهـا، وسـاهم في صحافة الأطفال، ويعد من بين كتاب الأطفال الطليان المعروفين، ولا تزال دور النشر تعيد طباعة مؤلفاته. توفي عام 1920.

وفي روسيا كان ليوتولستوي 1828-1910، الذي كتب روايـات عظيمـة للكبار، منها ثلاثية عن الطفولة والصبا والشباب، و"آناكارنينا" و"الحرب والسلام"، قـد أحـب الفلاحـين والأطفال ودعـا إلى تعـليمهم، ووضـع قصصـا للمـدارس، وأولى أهميـة كبيرة في اختيـاره للأفكار التي تحملها، وحرص على صياغتها بأسلوب رقيق شديد البسـاطة، ولم يكن ميالا إلى رسم مظاهر

الشخصيات دون الدخول في تحليل العواطف والميول، ودون الإتيان بالشخصيات الخارقة.

وعرف أدب الأطفال في الاتحاد السوفييتي السابق، الكاتب ليف كاسيل 1905-1970، إذ وضع عديدا من القصص الموجهة إلى الأطفال والشباب، منها: قصة "شوام براني"، و "الرحلة الخرافية". وتبدو في بعض كتاباته صور أسلوبية ساخرة، لكنه كان يحرص حرصا واضحا على عدم التضحية بما ينطوي عليه أسلوبه من أفكار وقد انتقد ليف كاسيل كتاب الأطفال الذين يصورون شخصيات الأطفال في قصصهم في مستوى يفوق الواقع، أو في مستويات مثالية لا نقص فيها قط، وقد أشار كاسيل إلى ان ذلك الاتجاه هو اتجاه خاطىء، وله آثاره السلبية في الأطفال لأنهم يألفون أثناء طفولتهم تلك النماذج الكاملة في دنيا القصص، لكنهم ما ان يتجاوزوا مرحلة الطفولة حتى يجدوا أنفسهم في الواقع نماذج بشرية واقعية حية، تختلف عن تلك النماذج القصصية، فتصيبهم من جراء ذلك خيبة، وقد يداخلهم يأس وسوء ظن، لذا فمن الخير ان يعرفوا منذ الطفولة كيف تكون النواقص في الأطفال، وكيف تعالج، وكيف تنمو، إلى جانب قوى إنسانية خيرة تستطيع محاربة النقص والقضاء عليه رويد رويدا.

ويرى ليف كاسيل ان من الخطأ جعل قصص الأطفال قائمة على بطل مركزي واحد، أو نموذج بشري واحد، بل ينبغي ان تشتمل هذه الروايات على عدة أبطال من الأطفال، وعدة نماذج طفولية بشرية تتمثل فيها عدة نواح من الحياة.

وعنيت بالكتابة للأطفال معلمة روسية هي فوروفونروفا 1841-1923، وقد حرصت على تركيز جهودها في هذا المجال إلى الأطفال قبل سن المدرسة. ووضعت إلى جانب ذلك كتبا تحمل أفكارا ومعلومات علمية بصورة مبسطة. أما مكسيم غوركي 1868-1936 فقد توجه إلى الأطفال ودعا إلى الكتابة لهم.

وانصرفت الشاعرة آنيا بارتو، منذ أواسط الثلاثينات من القرن العشرين، إلى الكتابة للأطفال، وقدمت عددا من الأعمال الشعرية والقصصية.

وهناك أسماء عديدة من كتاب الأطفال، ففي سويسرا يعرف بليز ساندرارس 1887-1961 وهو شاعر نشر "حكايات صغيرة زنجية لأبناء البيض"، معتمدا على مجموعة من الحكايات الأفريقية الشعبية، وأعاد صياغتها في قالب شعري للأطفال.(**أبو معال، 1995)**

وفي بلجيكا، لا يزال اسم الشاعر موريس ماترلنك 1862-1949 معروفا للأطفال ويقرؤون قصصه بشغف كبير، رغم أن شخصيات قصصه كانت من الجان والعفاريت. ومن بين قصصه الشهيرة "العصفور الأزرق"، وفيها ظهرت أعمال خارقة للطبيعة.

وفي السويد يقرأ الأطفال لعديد من الكتاب منهم القاصة السويدية سيلما لاجيرلوف 1858-1940، إذ إنها وضعت كتابا وصفت فيه بلادها، ومزجت بين الحقيقة والخيال في عمل أدبي عدت بسببه كاتبة أطفال من طراز رفيع.

وقرأ الأطفال هناك للقاصة ماريا غريب التي وضعت "ابنة بابا بيلير"، وقد حازت على جائزة تمنح كل عام، منذ سنة 1950، من أصحاب المكتبات العامة للأطفال، عـن أفضل كتاب خيالي للأطفال باللغة السويدية.

ومن بين كتاب الأطفال في السويد أيضا هاري كولمان، الـذي وضع عـدة قصص منها: "الرحلة السرية"، و "فرناند ناثان"، و "مهاجمة الاستراحة البريدية"، وقد حـاز عـام 1969 على الجائزة التي حازت عليها ماريا.

وفي إسبانيا عرفت القاصة ماريا ماتوث التي انصرفت كليا نحو الكتابة للأطفال، ووضعت عديدا من الحكايات لهم، منها "أنوار الليل" عام 1971.

وفي هنغاريا، يتألق اسم فيرنيك مولنار 1878-1952 الذي وضع عـدة روايات للأطفال منها: أطفال شارع هول، وقد ترجم عديد من قصصه إلى لغات عديدة.

وفي البرازيل لا يزال اسم موانيرولوباتو 19882-1948 معروفا حيـث انصرف للكتابـة للأطفال، وأسس دار للنشر، وقد أحب الأطفال قصصه لما انطوت عليه من خفة وسخرية. (أبو معال، 1995)

ونعجز عن ذكر الأسماء الكثيرة اللامعة مـن أدبـاء الأطفال في العـالم في صفحات محدودة لهذا الفصل.

## - خلاصة الفصل

إن لأدب الأطفال من الناحية الفنية نفس مقومات الأدب العامة، أي أن مقومـات أدب الأطفال وأدب الراشدين تكاد تكون واحدة. وأدب الأطفال، رغم

أنه يتميز بالبساطة والسهولة، إلا أنه لا يعتبر (تصغيرا) لأدب الراشدين، لان لأدب الأطفال خصائصه المتميزة التي تسبغها طبيعة الأطفال أنفسهم.

وقد عالج هذا الفصل التعريف بأدب الأطفال، ونشأته وتطوره محولين الاستعانة بالنماذج والأمثلة التي تدلل على خصوصية هذا الأدب.

وكان ل بد أن نعرض الإرهاصات الأولى ونرصد تطورها عبر الحقب الزمنية المختلفة وعلى الصعيد العالمي، معززين كل مرحلة بالحديث عن أعلامها وروادها الذين أسهموا في تأسيسها وتطورها. ملاحظين مستوى التداخل والاقتباس وحتى تصل في بعض الأحيان إلى التكرار.

## الفصل الثاني عشر
## قصص الأطفال

- نشوء الحكاية

تعد القصة أبرز نوع من أنواع أدب الأطفال، وهي تستعين بالكلمة في التجسيد الفني، حيث تتخذ الكلمات فيها مواقع فنية كما تتشكل فيها عناصر تزيد في قوة التجسيد من خلال خلق الشخصيات وتكوين الأجواء والمواقف والحوادث، وهي بهذا لا تعرض معاني وأفكارا فحسب، بل تقود إلى إثارة عواطف وانفعالات لدى الطفل إضافة إلى إثارتها العمليات العقلية المعرفية كالإدراك والتخيل والتفكير.

ومع ان هناك من يرى إن وظيفة القصة الأساسية ليست ثقافية، الا أنها في جميع الأحوال تشكل وعاء لنشر ـ الثقافة بين الأطفال لأن من القصص ما يحمل أفكارا ومعلومات علمية تاريخية وجغرافية وفنية وأدبية ونفسية واجتماعية، فضلا عما فيها من أخيلة وتصورات ونظرات، ودعوة إلى قيم واتجاهات ومواقف وأنماط سلوك أخرى.

وقد استعان الإنسان بالقصة منذ فجر الحياة، إذ ركن إليها كأسلوب أراد به تهذيب الأخلاق والسلوك، وإشاعة الحكمة بصورة جذابة وأسلوب مؤثر، وعبر من خلالها عن نظراته إلى جوانب الحياة والى الكون وظواهره، أي

انه استعان بالقصة في التعبير عن نفسه، وفي نقل أفكاره وخيالاته إلى الآخرين، واستخدمها أيضا كأسلوب للتهذيب والتثقيف.

وقد أبدعت المجتمعات الشرقية عموما فيضا من القصص، حيث أراد الإنسان ببعض تلك القصص مواجهة ما ينتابه من مخاوف عن طريق تمجيد أعمال البطولة وإبراز دور الأرواح الخيرة في الانتصار على قوى الشر، وكان الإنسان يجد في ذلك ما يبعث في نفسه الإطمئنان على أساس ان ما يقلق الإنسان ويثير مخاوفه ليس أدوات القوة والعنف نفسها بل الصور التي يتخيلها عن تلك الأدوات.

وبوجه عام لا يمكن إغفال الدور الثقافي للقصة في الطفل، فمع أنها نوع أدبي فهي تحمل مضمونا ثقافيا، لذا فان الباحثين في الثقافة والشخصية يعتبرون تحليل القصص الشائعة عملية تقود إلى تحديد بعض سمات روح المجتمع الذي تشيع فيه، وتحليل قصص الأطفال بالذات يقود إلى الوقوف على سمات عديدة من بينها تحديد ما يريده الكبار لأطفالهم.(**شريف، 2003**)

- تعلق الأطفال بالقصص

ويلاحظ ان الأطفال شديدو التعلق بالقصص، وهم يستمتعون إليها أو يقرؤونها بشغف ويحلقون في أجوائها، ويتجاوبون مع أبطالها ويتشبعون بما فيها من أخيلة ويتخطون من خلالها أجوائهم الاعتيادية ويندمجون بأحداثها ويتعايشون مع أفكارها، خصوصا وأنها تقودهم بلطف ورقة وسحر إلى

الاتجاه الذي تحمله، إضافة إلى أنها توفر لهم فرصا للترفيه في نشاط ترويحي وتشبع ميولهم إلى اللعب، لذا فهي ترضي مختلف المشاعر والأمزجة والمدارك والأخيلة، باعتبارها عملية مسرحة للحياة والأفكار والقيم.

والقصص بتخطيها إبعاد الزمان تنقل الأطفال عبر الدهور المختلفة كما تتجاوز بهم الحاضر إلى المستقبل، وبتخطيها أبعاد المكان تنقلهم إلى مختلف الأمكنة ويتجاوزها الواقع تجعل للأطفال، وتهيىء لهم الطوفان والتحليق على أجنحة الخيال في عوالم مختلفة.

والقصص بفضل مسرحتها للحياة وما فيها من معان أصبحت وعاء تجسيد للثقافة ما دامت الثقافة أسلوبا للحياة إذ إنها تجعل للحياة أبعادا جديدة، فتبدو معقدة أو مشوقة أو غريبة أو قريبة إلى حياة الطفل أو بيئته أو ذات مساس بقضية يمكن ان يتركز اهتمام الطفل حولها، أو يجد نفسه وكأنه إزاء عقدة لا بد له من ان ينتهي بها إلى حل.

وفكرة القصة ليست مجرد لمحة عابرة لأنها تظل تتطور باستمرار مع المضي في القصة دون ان تتضاءل أو تطغى عليها تفصيلات فرعية أو استطرادات أو أفكار جانبية. وهي ترد في صيغة تلميح أكثر من صيغ التصريح المباشرة.

وتؤلف حوادث القصة جزءا من النسيج البنائي لها في شكل متسلسل ومتناسق ومنساب ويترابط دون افتعال أو حشو لتتكامل معا وتتأزم مشكلة أو عقدة يجد الأطفال أنفسهم إزاءها في شوق للوقوف على الحل.

وتجسد الشخصيات في القصة المواقف والأفكار بشكل تجعل الأطفال يتخذون الموقف العاطفي إزاءها تعلقا أو تفورا أو عطفا ويصل الأمر بالأطفال إلى التقمص الوجداني مع الأبطال، فيحزنون لحزنهم ويفرحون لفرحهم.

وتمثل الحبكة في القصة قمة تنمو فيها الفكرة والحوادث والوقائع الأخرى، وتتحرك الشخصيات مؤلفة خيطا غير منظور يمسك بنسيج القصة وبنائها مما يدفع الطفل إلى متابعة قراءاتها أو الاستمتاع إليها لان ذلك الخيط يستلزم تفكيرا أو تخيلا أو تذكرا أو يستلزم هذه كلها مجتمعة.

ويؤلف جو القصة موقفا مهما في خلق الحالة النفسية إزاء ما يحصل في القصة من خلال ما فيها من خلفية أو موقف زماني أو مكاني سواء أكان ذلك الموقف واقعيا أم مفترضا خياليا.

أما أسلوب القصة فهو يؤلف بناء فنيا يعبر عن فكرة القصة وحوادثها وشخصياتها تعبيرا واضحا وجميلا وقويا، حيث يتمثل الوضوح في ملاءمة الألفاظ والتراكيب لمستوى الطفل اللغوي، وفي التعبير الدقيق عن المعاني. وتتمثل القوة في قدرة الأسلوب على إيقاظ حواس الطفل وإثارته وجذبه كي يندمج بالقصة عن طريق نقل انفعالات الكاتب في ثنايا عمله القصي، وتكوين الصور الحسية والذهنية المناسبة. ويتمثل جمال الأسلوب في سريانه في توافق نغمي وتآلف صوتي واستواء موسيقي.(Townsend, 1977)

ويجد الأطفال في بعض القصص متنفسا لما يشعرون به من رغبات مكبوتة، إضافة إلى أنها تساعدهم في إنماء ثروتهم اللغوية. فالأطفال يمكن ان يفهموا القصة

من خلال تكوين صورة عامة عن حوادثها ومضمونها رغم جهلهم ببعض معاني كلماتها، ومن خلال السياق يتعرفون على معاني كلمات كثيرة.

وللقصة طواعية في ان تكون مقروءة أو مروية أو ممثلة على المسرح أو مقدمة عبر الإذاعة أو التلفزيون أو السينما، وهي تكتسب من خلال كل طريقة أبعادا فنية جديدة ومختلفة.

- أنواع قصص الأطفال:

من الصعب الاعتماد على معيار واحد في تقسيم قصص الأطفال. من هنا وجدت أو أفترضت تقسيمات حسب الموضوع، أو حسب الشخصيات، أو حسب علاقتها بالواقع أو الخيال، لكن التفسير الأكثر شيوعا هو الذي يقسمها إلى حكايات وخرافات وقصص حيوان، وقصص بطولة ومغامرة وقصص خيال علمي، وقصص خيال تاريخي، وقصص فكاهة وسنعرضها بإختصار.(سلوم، 2001)

- الحكايـات

يراد بالحكايـات، بالمعنى العـام، السرد القصصي- الـذي يتناقلـه النـاس. ومـن الحكايات ما هي شعبية، ومنها مـا هـي خرافيـة منسوبة إلى مؤلـف بعينه أو مجهولـة النسب.

وتغلب على الحكايات سـمة البسـاطة نسبة إلى أنواع القصص الأخرى، ولكـن بساطة الحكاية لا تعني بالضرورة فقرا في المعنى، إذ ان الحكاية في

235

الغالب تحمل مضمونا ثريا وعميقا. وتتضح سمة البساطة في الأسلوب واللغة والبناء، حيث تخلوا الحكاية من التعقيدات اللغوية ويطغى على الأسلوب الجمال والوضوح. ويخلوا بناؤها من التفصيلات التي تصرف الذهن عن تركيز الانتباه.

ومن الحكايات ما تبتعد في مقدمتها عن تحديد الزمان أو المكان مكتفية بمفتاح معين، ومنها ما تلتفت إلى ذلك التفاتة عابرة، كما ان الحكاية لا تحاول إسباغ صفات محدودة على الشخصية، ولا على الحوادث. ولهذا الاتجاه ما يبرره، حيث ان الحكايات هي وليدة عهود عديدة متعاقبة طوعها الإنسان وأخرجها عن واقعها الأول، وأسبغ عليه الصفات العامة التي أتاحت لها ان تستمر عبر الأزمنة وان تصدق في مختلف الأمكنة، مما يدعوا إلى الاعتقاد إن هذه الحكايات يوم إبداعها لم تكن بالصيغ التي وصلت إلينا فيه، إذ يحتمل أنها كانت لصيقة بزمان ومكان معينين، ولم تكن فيها التعميمات التي نجدها فيها الآن ويمكن أن نجد بعض الحكايات كانت تستهدف الإقناع، وأخرى تستهدف التثقيف، وثالثة أريد بها الهروب من الواقع إلى عالم خيالي أرحب، أو أجمل أو أكثر عدلا، ورابعة أريد بها اختلاق سبل لمواجهة صعاب الحياة ومشكلاتها المقبلات. وبعض منها أريد به تفسير بعض الظواهر.

- الحكايات الشعبية

الحكاية الشعبية **Folk Tale** نوع قصصي ليس له مؤلف لأنه حاصل ضرب وجمع عدد كبير من ألوان السرد القصصي ألشفاهي الذي يضفي عليه الرواة أو

يحورون فيه أو يقتطعون منه، وهو يعبر عن جوانب من شخصية الجماعة، لذا يعد نسبة إلى مؤلف معين نوعا من الانتحال ولكن يظل في طبيعته شعبيا.

وتدور الحكايات الشعبية حول أحداث وأشخاص أبدعها خيال الشعب، وهي ترتبط بأفكار وأزمنة وموضوعات وتجارب إنسانية ذات علاقة بحياة الإنسان. وهي في العادة لا تخرج عما هو سائد في الحياة الا في حدود ضيقة نسبيا.

وتستهدف الحكايات الشعبية تأصيل القيم والعلاقات الاجتماعية لذا فهي في الغالب ملتزمة. ولذا نجد ان كل حكاية تنطوي على معنى أو نمط سلوكي تريد له ان يتحقق أو آخر تريد له ان ينبذ.

وظهرت الحكايات الشعبية المروية قبل عصر التاريخ بآماد بعيدة، وظلت الشعوب تتناقلها جيلا عن جيل، وبذا احتلت موقع الصدارة بين الفنون التي تذوقها الإنسان، وعبر فيها عن عواطفه وأفكاره وخيالاته ونظراته. لذا فهي تفصح إلى حد معقول عن مضمون العاطفة والفكر والخيال والرؤيا، وليس بالوسع تصور شعب لا حكايات شعبية له.

وربما كانت الحكايات الشعبية أقدم الأنواع الأدبية التي قدمتها البشرية للأطفال، وقد تكون عبارة إحك لي حكاية قد ترددت على لسان كل طفل منذ ان وجدت الحياة الإنسانية على هذا الكوكب، ولا عجب إزاء هذا ان يطلق اليوم على الحكايات الشعبية اسم السحر القديم Old Magic .

ولا نجد تراثا من الحكايات الشعبية التي كان يقدمها الأقدمون إلى الأطفال، ويعود هذا إلى ان الكبار كانوا يتناقلون حكاياتهم ويعنون بها لأنها

تعبر عن حياتهم وحدهم بينما كانت حكايات الأطفال تظهر في كل عصر، ولكنها سرعان ما تنسى فتموت ولم يبق الا القليل من بين ذلك الفيض الذي يمكن القول ان الإنسان صاغه لأطفاله.

ومع ان التطور الذي تمر به الإنسانية اليوم جعل البعض ينظر إلى الحكايات الشعبية وكأنها غير متوافقة مع إيقاع الحياة الجديدة، إلا أن هناك اتجاها آخر يرى ان بعض الحكايات استطاعت ان تنال ما عجز عن نيله انكيدو في ملحمة كلكامش وهو الخلود.

ورغم ذلك فإن الكبار اليوم أهملوا الحكايات الشعبية، وأصبح تناقلهم لها نادرا. إذ تركوا الكثير من الحكايات الشعبية للأطفال وللمختصين الذين يتناولونها بالدراسة. وإهمال الكبار للحكايات الشعبية ليس دليل عافية، لأننا في عصر يسمونه واقعيا وماديا، لذا يظل الإنسان في اشد الحاجة وأمسها إلى كل الأنواع التي تحمل القيم والمعايير الأخلاقية الرفيعة التي تتطلبها واقعية ومادية العصر.

ونحن إذ نشير إلى هذا نسلم بأن الحكايات الشعبية كانت وليدة حياة وعادات ومعتقدات وعواطف الناس في أزمنة بعيدة، ولكن الحكايات التي اكتسبت الخلود منها تشير إلى أن عادات ومعتقدات وعواطف كثيرة ظلت تلازم الإنسان حتى اليوم، أي أنها اكتسبت صفة الخلود أيضا.

وعلى هذا فان من بين الحكايات الشعبية ما يمكن أن يصلح للأطفال ومنه ما ينبغي إبعاده عنهم لما يحمله من أضرار، ومنه ما يمكن إعادة كتابته في مضمون وشكل أنيق.

وحين بدأت حركة تدوين الحكايات الشعبية في بعض البلدان وجد أن هناك جزءا قليلا منها يمكن أن يشكل زادا لأدب الأطفال، ووجد في بعض آخر قسوة أو خشونة، لذا أعقبت حركة تدوين الحكايات الشعبية حركة أخرى مكملة وهي تحوير بعض تلك الحكايات التي قيل عنها إنها كانت للأطفال، إضافة إلى تطوير بعض الحكايات الأخرى التي كان يتناقلها الراشدون وذلك بقصد أن تكون مناسبة للأطفال.

وعليه أمكن القول إن كثيرا من قصاصي الأطفال استمدوا من الحكايات الشعبية أفكار قصهم، ولاقت تلك القصص هوى في نفوس الأطفال، وسعدوا بأبطالها الذين يتحركون دون حواجز أو قيود، وأنسوا بالحيوانات التي تتصرف في الغالب تصرفا إنسانيا، وبالنباتات التي تتحرك وتطير وتضحك وتذرف الدمع، وتقرأ الشعر، وبالأدوات الجامدة التي تروح وتيجيء وتقرع الطبول وتغني، وأثارت هذه الحكايات مشاعر الأطفال وسط أجواء التضحية أو البطولة، أو الصدق، أو العدل، حيث ينتصر الخير والأخيار ويخذل الشر والأشرار ويندحرون أمام الخير وأبطاله.

ويلاحظ أن كثيرا من الحكايات الشعبية تتشابه في أنحاء مختلفة من العالم، ومع أن هناك تفسيرات عديدة لهذا التشابه لسنا بصددها في هذه الدراسة الا أن ما تعنينا الإشارة إليه هو أن النظرة السريعة إلى أغلب الحكايات الشعبية التي جمعت في أوروبا توضح أن لها أصولا شرقية، إذ إن

معظمها كانت معروفة في بقاع جال فيها الأوروبيون مستكشفين، أو حلوا فيها لسنوات مستعمرين.(**سلوم، 2001**)

- الخرافـــات

الخرافات Fables حكايات يتضح فيها دور البطل الذي يجاهد أو يكابد، ويقوم بسلسلة من المخاطرات حتى يستطيع من خلالها تحقيق هدفه. وتدخل في هذه الخرافات قوى خارقة غير مرئية كالعفاريت والجان والكائنات المسحورة.

وتتجه الخرافة اتجاها أخلاقيا عادلا، فهي تكافىء الخير وتمجده وتقتص من الشرير وتلعنه وتعاقبه، وهي تنتهي عادة نهاية سعيدة، ولها هدف يختلف عما تهدف إليه الحكايات الأخرى، كالحكايات الوعظية أو التعليمية أو العقيدية.

ولا تكشف الخرافة عن ارتباطها بزمان أو مكان، لذا فهي تظل في جو غير واقعي، ففي الوقت الذي يبدو في الكثير من الحكايات الشعبية بعض ما يتم عن سمات المحلية والإقليمية، فإن الخرافات تخلو في الغالب من هذه السمات. وقد يرجع ذلك إلى أن أغلب أفكارها مستمدة من الأساطير والمعتقدات المتعارف عليها بين الشعوب المختلفة. وهذا النوع من الخرافات يقترب بعض الاقتراب من الأساطير التفسيرية. وفي بعض آخر من الخرافات كان الإنسان يجد تسلية ومتعة أو تنفسيا عما يعتمل في نفسه من مكبوتات.

ومن بين الخرافات كم هائل يتجه اتجاها أخلاقيا، إذ يكافأ الخير فيها بالخير والشر بالشر، ومنا ما تصور ما ينبغي للحياة أن تكون عليه، كأن

تصورها خالية من الألم بديلا عن واقع مؤلم، أو تصورها عالما غنيا بديلا من حظ تعيس، لذا فهي تتسلسل بالأحداث والأفكار لكي تنتهي نهاية متفائلة، ومن هنا جاء التجاؤها إلى الاستعانة بما هو غيبي أو سحري أو عفوي للحصول على هذه النتيجة.

وشخصيات الخرافات تبدو مسطحة، إذ لا يضفي عليها واضعوها سمات مجسمة، وتختفي فيها الأبعاد الزمانية، فقد يعيش البطل في الماضي السحيق ويواصل حياته في الحاضر والمستقبل، وهو في كثير من الأحيان لا يتعب ولا ينهزم ولا يموت، وقد يوصف بصفات عامة. ويختفي فيها أيضا البعد المكاني. فقد يؤدي البطل دورا في الأرض وآخر في الفضاء.

ومع أن ملامح نفسية لا تظهر على أبطال الخرافات إلا أن أفكارها تتحكم بالبطل وتنقله من حال إلى حال في سهولة تحقيقا لهدف الخرافة، كما يتضح التحكم في الحوادث أيضا. وتبدأ الخرافات بمقدمات متكررة في الغالب مثل " كان يما كان" أو "في يوم من الأيام"، وتنتهي نهايات سعيدة.

ويرجع تعلق الأطفال بالخرافات إلى أسباب عديدة منها كونها تنطوي على خيال وأعمال سحر وخوارق، لذا يجد الأطفال فيها سبيلا لتحقيق كثير من الرغبات النفسية الحبيسة في جو خيالي، كما أنهم يجدون لذة في انتصار الأبطال الأخيار الذين يتحدون ما يعترضهم من صعاب بمعاونة شخوص غير آدمية، ويجدون فيها عجائب وغرائب ومشاعر وأمثلة للصدق والعدل والتضحية والوفاء.

ومن جانب آخر فان الملاحظات تثبت أن الأطفال لا يكترثون كثيرا في القصص للوسط الاجتماعي الذي تدور فيه الأحداث، حيث إن عنايتهم بالأحداث المتلاحقة السريعة أكبر، وهذا ما يجدونه في الحكايات الخرافية التي تغفل الوسط الاجتماعي، وتتخطى الزمان والمكان وتمنح للإنسان قدرات إضافية.

ومن هذا فان كثيرا من الخرافات تعد عسيرة الفهم على الأطفال لأنها ترتبط بالأفكار المجردة، لذا يعنى عند اختيار الخرافات للأطفال أن تكون أفكارها وحوادثها واضحة.(أبو معال، 1995)

وقد وضع عديد من الكتاب أنواعا قصصية على غرار الخرافات القديمة، ويعد الكثير منها اليوم من روائع أدب الأطفال.

## - قصص الحيوان

القصص التي تقوم الحيوانات بدور الشخصيات فيها يطلق عليها اسم قصص الحيوان Animal Fair رغم انه من الممكن تصنيف هذه القصص إلى أنواع عدة وفقا لما تحتوي عليه من أفكار وحوادث إذ نجد أن من قصص الحيوان ما هي قصص مغامرات أو قصص بطولة أو قصص خيال علمي أو حكايات شعبية أو خرافات.

ويتعلق الأطفال بالقصص التي تقوم الحيوانات بأداء أدوار الشخصيات وليس في هذا ما يدعو إلى الدهشة إذ يبدو أن هناك نوعا من الصلة بين الأطفال وبين الحيوانات، كما قد يرجع ذلك إلى السهولة التي

يجدها الأطفال في تقمص أدوار الحيوانات، أو رغبتهم في قيام ألفة مع بعضها، أو في السيطرة على بعضها الأخر، كما أنها تتيح للأطفال أن يمارسوا التخيل والتفكير دون عناء لاعتمادها على الصور الحسية في التعبير، خصوصا وان شخصياتها في العادة قليلة، وأفكارها خيالية من التعقيد.

ويبدو أن الإنسان قد وجد في الحيوان عفوية، فاستساغ أن يجعله في مخيلته صنيعة يسبغ عليه ما يشاء أو يظهره بالكيفية التي يريد، فهو يظهره ذكيا أو بليدا، أو طيبا أو شريرا أو قويا أو ضعيفا، أو وفيا أو غادرا. ويتجاوز الإنسان ذلك فيسبغ عليه صفات روحانية خارقة. ووجد الإنسان نفسه أكثر وضوحا عندما استطاع أن يشخص سلوكه المستحب أو المستقبح من خلال مخلوقات غير إنسانية، أي وجد فيها خير مثال على "الأحسن" و "الأسوأ" في الشخصية الإنسانية أو غيرها من الظواهر.

وقد شاعت قصص الحيوان في جميع أرجاء العالم وكونت جزءا كبيرا من أدب الأطفال، ولم يقتصر تداولوها عبر الشفاه والكتب والمجلات، بل تجاوز ذلك إلى المسرح والسينما والتلفزيون والإذاعة.

ومن بين قصص الحيوان ما تتضمن أعمالا حقيقية حيث تدور أحداثها في العالم الواقعي للحيوان، كقيام القطة برعاية صغارها، أو قيام العصافير ببناء أعشاشها، أو ملاحقة القطط للفئران. وكل هذه الأنواع تنزع إلى الوصف بصورة عامة، فان النزعة القصصية تبدوا فيها باهتة.

ومنها ما تتجاوز العالم الواقعي للحيوان إلى تفسير مظاهر الطبيعة بوجه عام وسلوك الحيوان بوجه خاص، مثل تلك التي تفسر سبب إسوداد لون الغربان، أو أسباب وجود العرف على رأس الديك، ومنها ما تقوم الحيوانات فيها بدور البشر- كقيام الغزالة بدور الطفلة المهذبة النشيطة الحذرة، وقيام الأسد بدور الملك.

وظهرت قصص حيوان تنقد بعض عادات ووجهات نظر البشر بصورة كاريكاتيرية مثيرة للضحك، كما ظهرت قصص أخرى تعبر عن أوجه الصراع بين البشر- ويؤلف هذا النوع من القصص حيزا غير قليل في أدب الأطفال اليوم.**(أبو عمشة، 1999)**

وعلى أي حال فإن كثيرا من كتاب الأطفال أظهروا الحيوانات بأنها تفكر وتتحدث بشكل يماثل تفكير وأحاديث البشر، ومنهم من أكسبها إضافة إلى ذلك صفات إنسانية أخرى وألبسها ثيابهم، بينما حافظ آخرون على صفات وخصائص صفات وخصائص هذه المخلوقات إلى حد ما.

ومع أن جميع الأطفال في مختلف فئاتهم العمرية يتعلقون بقصص الحيوان، إلا أن أطفال المدرسة الابتدائية هم أكثر شغفا بها، وكانت دراسات عربية قد انتهت إلى هذه النتيجة متفقة ومنسجمة في ذلك مع نتائج كثير من البحوث الأجنبية في هذا المجال إلى حد كبير.

## - قصص البطولة والمغامرة

يدخل ضمن قصص البطولة والمغامرة مجمل القصص التي تنطوي على القوة أو الشجاعة أو المجازفة، أو الذكاء الحاد، ومن هذه القصص ما هي واقعية مثل القصص التي تعبر عن بطولة شعب أو جماعة أو فرد في مواجهة خطر من الأخطار، أو القصص البوليسية التي يؤدي فيها رجال الشرطة أدوارا شجاعة من اجل أداء مهماتهم وواجباتهم في ملاحقة المجرمين والقبض عليهم، ومنها ما هي خيالية، وهي تلك التي تجنح إلى إيراد بطولات لا وجود لها في الواقع.

وكانت "البطولة" منذ القدم لمعظم الحكايات والخرافات والأساطير، ويعزى استمتاع الأطفال بقص البطولة والمغامرة إلى عوامل عدة منها: أن بعض الأطفال يخلعون البطولة على أنفسهم، أو يعوضون عما يشعرون به من حرمان أو قصور في حياتهم الواقعية ما ترسمه هذه القصص من عوالم خيالية، أو أنهم ينفسون عما تحمله نفوسهم من رغبات أو يبعدون عن أنفسهم ما يشعرون به من خوف أو شك أو تردد في مواقف الحياة المختلفة.

ويختلف مفهوم "البطل" في نظر الطفل باختلاف مستوى نموه العقلي والنفسي والاجتماعي. وباختلاف الثقافة التي يحيا فيها. والجماعة الاجتماعية التي ينتمي إليها. فقد يرى الطفل الصغير في قرية معزولة في فرد من أفراد الشرطة بطلا، ويرى آخر في مستوى نمو وجو ثقافي آخر في القائد السياسي أو العسكري بطلا.

وتندرج قصص المقاومة ضمن قصص البطولة، وهـي لا تجـنح في العـادة إلى الخيال كثيرا، بل تحمل في العادة مضامين هادفة وواقعية، وكمثال على ذلك القصص التي تحفز حماس الأطفال إلى أشخاص أو أفكار معينة، وتجعلهم يقفون عند حقائق تكشف لهم أفاقا واسعة للقضية التي يتم الحديث عنها.

كما تعد قصص المغامرات ضمن قصص البطولة، حيث يـؤدي المغـامرون أعـمالا متميزة تثير الأطفال فيجدون أنفسهم يخرجون من خلالها على ركود الحياة ورتابتها.

وقد ظهرت قصص بطولة يقوم الأطفال أو الكبار الأعتياديون بـأداء الأدوار دفاعـا عن حق أو قضية إنسانية نبيلة أو من أجل إنجاز في مجال ما.

وتعد الملاحم Epics من قصص البطولة الأولى، وتتدخل فيها الآلهة إلى جانب البطل، ويتحول فيها مركز الحدث من الآلهة إلى الإنسان البطل. وبطل الملحمـة هـو بطـل ثقافي أو وطني، وتتجسد فيه أعظم الخصائص الفكرية في زمانه.

وكثير من الملاحم مكتوب بالأصل في شكل نص شعري وقليل منها كان نثرا، وكانت جلكامش أول الملاحم المعروفة في التاريخ، وقـد كانـت بالغـة الشيوع في بـلاد مـا بـين النهرين قبل اختراع الكتابة، وقد دونت بعد اختراعها، وكانت الملاحـم الأولى التي تمجـد القوة.(سلوم، 2001)

وتعد القصص البوليسية من قصص البطولـة لأنها تظهـر رجـال الشرطة كأبطـال يدافعون عن الحق، ويعملون من أجل القبض على الجناة مستعينين

بالأسلحة أو الأدوات الأخرى متحملين الصعاب دون كلل أو تردد، مستعدين لتقديم التضحيات.

ومن الملاحظ أن كثيرا من القصص البوليسية الغربية المترجمة إلى لغتنا العربية تغرق أذهان الأطفال بعالم مشحون بالعنف وأعمال القتل وغيرها من أنواع الجريمة التي تثير أسبابها وأساليبها حيرة الأطفال، إضافة إلى أنها تظهر المجرمين اللصوص والجواسيس خاصة وهم ينعمون بحياة رغيدة، ويرتدون أردية أنيقة ويرتادون الأندية الراقية، ويتناولون الأغذية الشهية، فيكون لهذا كله أثر في بعث الدوافع النفسية لدى بعض الأطفال نحو التشبه بأولئك المجرمين.

أما قصص الجاسوسية فهي لا تقل عنفا وتهويلا عن القصص البوليسية، وهي تبدو في وجه آخر من وجوهها قصصا بوليسية أيضا. كما يمكن النظر إليها من جانب آخر على أنها قصص بطولة لما يقوم به رجال الشرطة فيها ـ عادة ـ من ادوار.

وتتخذ القصص البوليسية والجاسوسية شعارا لها هو "أن الجريمة لا تجدي" و "إن عاقبة الشر الإندحار". ويتخذ مؤلفوا هذه القصص من هذا الشعار ذريعة لتبرير ما تطفح به قصصهم من أعمال عنف وقسوة خداع وإيهام.

ويعترض الكثيرون على بعض القصص البوليسية لما يصاحب أحداثها وتصرفات أشخاصها من شذوذ، كما يعترضون على زج الأطفال كمستمعين ومشاهدين وقراء في زحمة عالم تكتنفه الجرائم المنظمة والمحبوكة، والتي تبدو

أسبابها في كثير من الأحيان تافهة أو مجهولة على أساس أن ذلك يقوي نزعة الأطفال للهرب من الواقع، وترسم في أذهانهم صورا موهومة عن الحياة، إضافة إلى أنها تظهر لهم الجريمة وكأنها أمر إعتيادي قد يسهل القيام به. ولهذا اتجهت بعض المؤسسات الثقافية إلى وضع ضوابط محددة عند انتقاء هذه القصص للأطفال.**(الحسن، 2009)**

ويمكن اعتبار قصص الخوارق من بين قصص البطولة أيضا رغم أنها تتجاوز البطولة إلى الإتيان بما هو غير قابل للتحقيق فعلا في الواقع. وكمثال على ذلك قصص الرجل الخارق للطبيعة، وبعض قصص رعاة البقر، والقصص الخيالية التي يأتي أبطالها بالمعجزات، والبطل الخارق للطبيعة يتخذ له أسماء كثيرة اليوم في قصص الأطفال. وما سوبرمان الا واحد من أولئك ويظهر البطل في هذه القصص خالدا لا يغلب ولا يقهر، وقواه غير اعتيادية، وهو يستطيع التخلص من المواقف الصعبة بسهولة كأن يقتلع المباني والجسور بيديه، وتكفي نظرات عينيه لخذلان أعدائه وهزيمتهم، ويستخدم قوى "العلم" استخداما لا يتفق في أكثر المواقف مع الأسس والنظريات العلمية، وتنبعث من رؤوس أصابعه أشعة قاتلة، ومن فمه ينطلق الشرر، وهو لا يهزم ولا يموت، ولا ينعم بحياة خاصة.

ويؤخذ على هذا النوع من القصص رغم إقبال الشديد من الأطفال عليها أنها تدفع الأطفال في أحيانليست قليلة إلى محاكاة أبطال لا وجود لهم أصلا في الواقع، ولجوئهم إلى الحلول الهروبية مما يعترض حياتهم من مشكلات.

ويشوب التطور القصصي في هذه القصص كثير من الافتعال حيث تتلاحق الوقائع العنيفة كالحروب والقتل والفيضانات والحرائق، وتنتهي بتمكن البطل من النجاة والانتصار في آخر لحظة.(**أبو معال، 1995**)

وحكايات الجان القديمة هي أقرب ما تكون إلى قصص الخوارق الحديثة لأن تلك الحكايات تطغى عليها الأعمال الخارقة، لكن البطل في حكايات الجان لا يتولى القيام بالحدث بنفسه، بل يعتمد على شخصية خارقة اخرى كالعفاريت والسحرة، وهي تهدف إلى تأكيد جوانب قيمية وفكرية قبل كل شيء لذا نجد أنها تكافئ القيم المستحبة فيها بنتائج طيبة، والقيم المرفوضة بنتائج سيئة، لذا فهي تعبر عن صراع في القيم الإنسانية قبل كل شيء إضافة إلى تعبير البعض منها عن صراع الإنسان ضد الطبيعة.

ويندمج الأطفال مع أبطال القصص، يتقمصون بعض أدوار أولئك الذين يتأثرون بهم، ولا غبار تربويا على هذا الأمر إذا كان رسم الشخصيات في قصص الأطفال سليما. حيث أن التقمص هو عملية لا شعورية يمتص من خلالها الفرد الصفات المحببة إلى نفسه من شخصية أخرى يكن لها الإعجاب، أو الحب سواء أكانت تلك الصفات طيبة أم سيئة. ويساعد التقمص الطفل على إكتساب الكثير من العادات والتقاليد واللغة وأنماط السلوك المختلفة. وقد تكون بعض أنماط التقمص ضارة كتقمص الطفل شخصية منحرف أو مجرم، أو طائش أو صاحب شهرة زائفة، أو تقمص طفل لا تتلاءم شخصيته وظروفه مع شخصية وظروف

المتقمص عنه. ومن هنا جاء التأكيد على وجوب تصوير الأبطال للأطفال من عالم الواقع أو الخيال ممن لهم من الخصائص الأخلاقية المتوافقة مع خصائص الطفولة وأهداف المجتمع في تثقيف أطفاله.(قناوي، 1998)

- قصص الخيال التاريخي

حتى وقت غير بعيد كان يتردد مصطلح "القصة التاريخية"، معبرا عن ذلك النوع من القصص الـذي يسـتوحي أحداثه أو شخصياته أو أجـواءه مـن التاريخ. ولكـن هـذا المصطلح أخـذ يضـمحل شـيئا فشـيئا، وحـل محلـه مصطلح أخر هـو "قصـة الخيـال التاريخي" Historical Fiction

وكان يراد بمصطلح القصة التاريخية ذلك التسجيل لحياة الإنسـان ولعواطفه السابقة في مجال تاريخي معين، وأريد لها أن تكون أداة يفهم منها المتلقـي روح التاريخ وحقائقه إضافة إلى فهم الشخصية الإنسانية.

ولكن المتمعن في القصة التاريخية، وفي هدفها يوضح أنها تخرج عـن كونهـا أدبـا قصصيا، وبالتالي عن كونها قصة، لأن الأدب عمومـا لـيس تسـجيلا للحيـاة بقـدر مـا هـو تجسيد فني لحياة الإنسان ودوره في هذه الحياة، وما يرتبط به مـن آمال وآلام وأخطار ومشكلات، وعلى هذا يبدو استخدام مصطلح "القصة التاريخية" وكأنه يعبر عـن درس في التاريخ إلى حد ما.

وقد ظهر هذا جليا في عديد مما كتب للأطفال في هذا المجال، فأطلق عـلى أنـواع من السرد الأدبي الذي يتناول أحداثا ووقائع وأشخاصا في أزمنة

تاريخية مختلفة رغم عدم التزامه بمقومات العمل القصصي الأساسية، بـل بلـغ الأمـر أن نظر البعض إلى السير الشعبية والسير الذاتية على أنها قصص تاريخية. ولهـذا كانـت درة الفعل على استخدام مصطلح "القصة التاريخية" مشروعة، إذ قام على أنقاض تلك الـردة المصطلح الجديد، ليشير إلى القصة التي تدور حول حدث تاريخي وتلتزم بمقومات العمل القصصي.

وظهور مصـطلح الخيـال التـاريخي، أو بـالأحرى إنتشـار اسـتخدامه بكـثرة خـلال العقود الأخيرة، لا يعني أن هذا النوع من القصص هو حديث النشأة، فقد ظهرت قصص الخيال التاريخي منذ وقت بعيد، وتضـمنت تلـك القصص مـا يـبرز العلاقـة بـين الحيـاة الخاصة والحياة الاجتماعية، ضمن أبعاد تاريخية محددة عندما يخضع القاص المضـمون التاريخي لمنظوره الخيالي، ويصوغ الأحداث والأجواء وفق ذلك المنظـور، وهـو لا يقصر ذلك على الأحداث التاريخية الماضية، بل يتجاوزها إلى التنبؤ بأحداث مسـتقبلية، وبهذا فإن الخيال التاريخي يضفي لمسات خياليـة عـلى الأحداث والوقائـع والظواهر، ماضية كانت أم حاضرة أم مقبلة في تناول قصصي.

وعلى هذا، فإن قصص "الخيال التاريخي" لا تستهدف نقل الحقـائق إلى الأطفـال، بل تهدف إلى مساعدتهم على تخيل الماضي وإستحضار صـورة عنه، والإحسـاس بـأحزان وأفراح الأجيال التي سبقتهم، إضافة إلى تخيل الإحساس بأوجه الصراع بين البشر، حيث تتهيأ للطفل عبرها فرص الخوض في غمار

المشاركة في حياة الماضي، والشعور باستمرارية الحياة مع "رؤية أنفسهم" في موقعهم الحاضر في مسيرة الزمن من حياة الإنسانية.(صالح، 2001)

ويتضح أن قصص الخيال التاريخي، في مجملها، هي مثيرات للإحساس بالتاريخ، بكل ما فيه من نجاحات وإخفاقات ومعاناة، لذا تجد قصة من قصص الخيال التاريخي للأطفال تقدم صورة ما يسببه إنسان لغيره، من بني جنسه، من آلام حين يظلمه أو يستعبده، فيكون ذلك حافزا لأن ينبذ الأطفال الظلم والإستعباد. وقصة أخرى تريد أن تكشف للأطفال عن أن التعبير مسألة أساسية غير قابلة للتوقف، وان الأمم حين يعلو نجمها فإنه قد يأفل من جديد حين لا تستمر عوامل الصعود والتطور. وقصة ثالثة تكشف عن أن الأطفال، في كل مكان وفي كل زمان، يبحثون عن الدفء والشعور العائلي، ورابعة تذكي روح الفكرة القائلة أن الإنسان لا يمكن أن يحيا في معزل عن الآخرين، وان ليس هناك إنسان هو جزيرة قائمة بذاتها. وأخرى تمجد شجاعة أو رفعة خلق أناس اعتياديين عاشوا في الماضي. وغيرها تتناول قيام أطفال من بلاد الله الواسعة بربط سبائك الذهب تحت عرباتهم وتهريبها إلى ميناء مجاور، تحت عيون الجنود النازيين، أثناء الحرب العالمية الثانية، مع الإفصاح عن درجة الانضباط العالية التي تمسك بها أولئك الأطفال.

- قصص الخيال العلمي

تتعامل قصص الخيال العلمي Science Fiction مع الإمكانات العلمية والتغيرات التي تحصل في المجتمع، وهدف هذه القصص إقتراح فروض

واقعية عن مستقبل البشر، أو عن طبيعة الكون. وهذه القصص وثيقة الصلة بالتطور السريع في العالم اليوم، وهي تقوم على التنبؤ إلى حد بعيد، حيث كان الخيال العلمي قد رسم تخيلات عن اكتشافات واختراعات كثيرة أمكن وقوعها فعلا بعد التنبؤ بها بوقت ليس بقصير. لذا تسمى هذه القصص أحيانا قصص التنبؤ، أو قصص المستقبل، أو قصص الاستباق.

وتقوم قصص الخيال العلمي، استنادا إلى حقائق مثبتة، بالتركيز على تأثير العلم في أوجه الحياة في المجتمع، بما في ذلك شؤون السياسة والدين والرياضة والتعليم والتسلية. وينتج هذا النوع الأدبي علماء وقعوا في اسر هواية الأدب، وأدباء استحبوا التطفل على حقائق العلم.

وتهيىء بعض قصص الخيال العلمي نشر حقائق علمية بأسلوب فيه كثير من جوانب التجسيد الفني، ونشر أفكار مختلفة عن صور المستقبل. ومع هذا فإن هدف هذه القص ليس إيصال المعلومات إلى الأطفال، بل إشباع مخيلاتهم ودفع عقولهم إلى التفكير في آفاق أكثر سعة. لذا تعد تنمية قدرة الطفل على التخيل والتأمل والمرونة أحد أهداف هذه القصص.

ويربط البعض بين هذا النوع الأدبي، وبين الأساطير Myths وقصص الخيال الجامح Fantazy"الفنتازيا" واليوتوبيات؛ ومع وجود روابط بين هذه الأنواع كلها، إلا أن قصص الخيال العلمي تعد ظاهرة أدبية جديدة، حيث تعد الأساطير والفنتازيا واليوتوبيات من أسلاف الخيال العلمي، رغم أن هناك من

يصر على اعتبار الأساطير واليوتوبيات وغيرها من الجولات الخيالية، مثل تلك التي كتبها لوسيان Lucian في القرن الثاني الميلادي، ورحلات جليفر، التي كتبها سويفت عام 1726، وفرانكشتاين، التي كتبها ماري شيلي Mary Shelly عام 1918، قصص خيال علمي، ويبدو أن الذين يذهبون هذا المذهب يحاولون إضفاء الأهمية على قصص الخيال العلمي الحديثة، وكأنهم يرون من اللازم أن يكون الخيال العلمي ضمن شجرة عائلة كبيرة.(Piaget, 1973).

ولا يمكن التسليم بهذا الطرح لان التمعن في أدب الخيال العلمي يفصح عـن أنه نوع جديد طارىء على الأدب، وهو بهذا يمثل فصيلة من نـوع جديـد متميـز، وانـه جـاء وليدا لحركة التقدم العلمي والتكنولوجي والتغيرات السياسية في أوروبا وأمريكا في نهاية القرن الثامن عشر، والتي أسبغت ظلالها على جميع جوانب الحياة، بما فيها الأدب، حيث وجد الناس هناك أنفسهم أمام مستقبل تهدده مشكلات من نوع جديد.

وتختلف الأساطير عن قصص الخيال العلمي في أنها لم تعتمد علـى نظريـات علمية، ولم تستخدم وسائل علمية... وإذا كانت تبرز فيها بعض الموضوعات أو الوسائل، التي أصبحت في عداد الموضوعات أو الوسائل العلمية، فان ذلك كان قد جاء بصورة عفوية. فموضوعات التحليق في الفضاء والتجوال في مجاهل الكون، التي وردت في عديد من الأساطير، كانت تعوزها الوسيلة العلمية، التي هي أساس الخيال العلمـي، إضافة إلى أن

الأسطورة كانت تؤدي وظيفة اجتماعية هامة، في تعبيرها عـن عقيـدة الإنسـان؛ وهـذا لم يتهيئا لأدب الخيال العلمي، ولم يكن الخيال العلمي يريده لنفسه.

وما يقـال عـن الأسـاطير، في تميزهـا عـن الخيـال العلمـي، يقـال أيضـا عـن بعض الخرافات، التي انطوت على بعض الموضوعات التي تبدو علمية اليـوم، حيـث إن ذلك لا يؤهلها لان تكون من فصيلة الخيال العلمي.

أما اليوتوبيات، فرغم عنايتها بالمستقبل الا أنها لم تعتمد على أسس العلم، كما أن ما يكتب اليوم في هذا المجال يمكـن أن يعـد ضـمن مجـال الخيـال التـاريخي، أو الخيـال الديني، أو التأمل الفلسفي.

ولم يعد الخيال العلمي يقتصر على القصـة، بـل ظهـر في الغـرب في شـعر ألاغـاني. ونجد قصص الخيال العلمي في كتب ومجلات عديدة للأطفـال، وفي الإذاعـة والتلفزيـون والسينما.

ويعتبر الخيال العلمي في الأفلام أكثر تأثيرا في الأطفـال، حيـث تتهيـأ لهـذه الأفـلام إمكانات إخراج واسعة، وتتم الاستعانة بالمؤثرات المختبرية، والخدع السـينمائية إلى مـدى واسع، بما في ذلك استخدام الكمبيوتر في إبداع الصورة المطلوبة للفيلم.

ويشير الفنان جورج لوكاس، الذي اخرج فلـم "حـرب الكواكـب"، في إجابتـه عـن أسباب الاهتمام البارز بأفلام قصص الخيال العلمي بـالقول: "لقـد انتهـت موضة أفـلام القراصنة ورعاة البقر والقصص التي تبحث عن

المجرمين، ولذلك فقد فكرت في إحياء هذا اللون من الأفلام العلمية التي تعتمد أسـلوب الخيال، والتي لا يعرف الشباب عنها إلا القليل".

ويرجع تعلق الأطفال بهذه الأفلام إلى عوامل عـدة منهـا: مـا تنطـوي عليـه مـن سرعـة وحركة ومؤثرات اخرى، إضافة إلى ما في موضوعاتها من غرابة. والطريف أن الصحف كانت قد نقلت في الأسبوع الأول من عام 1983 خبرا يقول:"في ستوكهولم، قامت أول مظاهرة مـن نوعهـا للأطفال، فقد تجمعوا إمام إحدى دور السينما احتجاجا على قرار الرقابة بمنع دخـول الأطفـال، الذين تقل أعمارهم عن 11 سنة، لمشاهدة فيلم الخيال العلمي! لأنه مـليء بكثيـر مـن منـاظر العنف، وتدور أحداثه حول مخلوق عجيب على شكل طفل".(الجماعي، 2005)

وقد تخصصت شركات كبيرة في إنتاج أفلام الخيال العلمـي للأطفـال، عـلى أشرطـة الفيديو، وهناك دراسات تشير إلى أن بعض الأطفال، في أمريكا وأوروبا يقضون جزءا مهما من ساعات يومهم في مشاهدة هذه الأفلام.

## - القصص الفكاهية

ينجذب الأطفال إلى القصص الفكاهية بشكل ملفت للنظر، حيـث يجدون فيهـا، وفي الطرائف والنوادر ما يضحكهم. لذا تخصصت صحف وشركات أفلام في إنتاج القصـص الفكاهية.

ولا يعرف علماء النفس أو غيرهم من العلماء السبب في إستعداد الأطفال للضحك، لذا فهم يذهبون في تفسير ذلك مذاهب شتى، بينما يعرف أغلبهم

أسباب بكاء الأطفال، ومن القصص الفكاهية ما ترسم على شفاه الأطفال ابتسامة، ومنها ما تضحكهم، ومن بين هذه وتلك ما تحمل مثلا ومبادىء أخلاقية. ومنها ما تنبه أذهان الأطفال وتدفعهم إلى التخيل أو التفكير، ومنها ما تشيع فيهم رغبات إنسانية نبيلة، وتسبغ على حياتهم المرح والانشراح، ومنها ما تنمي وتطور فضلا عن ذلك كله ثروتهم اللغوية والمعرفية.

ويختلف الأطفال في قبولهم لهذه الأنواع، حسب مستويات نموهم، وحسب البيئة التي يعيشون فيها. وهناك قصص فكاهية لا تبعث على الضحك، إذ إنها تحمل مضمونا جادا، ولكنها تتخذ لها دوما جوا مرحا.

ومن جانب آخر، فإن إطلاق الأطفال الضحكات، بعد استماعهم أو مشاهدتهم لهذه القصة أو تلك، لا يعني بالضرورة أن القصة من القصص الفكاهية، لان الطفل، وكذا البالغ، يجد في الضحك أحيانا وسيلة ليقي عن نفسه آلام المشاركة الوجدانية، حيث يهبه الضحك شيئا من المناعة ضد الألم، وفي هذا المجال يشير والت ديزني الشهير في عالم أفلام الأطفال بالقول:"الناس كثيرا ما يتعاطفون حينما يضحكون. ولما كان الأطفال يتعاطفون بشكل زائد عن الحد فإنهم يجدون أنفسهم مضطرين إلى أن يغلقوا عيونهم حينما يكونون إزاء المواقف المروعة".

والإنسان كثيرا ما يواجه مواقف الخوف والهلع بان ينفجر ضاحكا، مما يؤكد أن الضحك لا ينم عن الفرح في جميع الأحوال. وجميعنا نفعل ذلك بشكل تلقائي.

257

وتعتمد القصص الفكاهية على المفارقات الناتجة عن التناقض في الحياة مضمونا، وعلى الإيحاء غير المباشر أسلوبا، في جو بعيد عن التوتر. وعلى هذا فهي ليست مبعث هزل عابر، بل هي تثير خيال الطفل وتفكيره، وتشيع في نفسه البهجة.

وتميز قصص الفكاهة بالقصر- والبساطة، وتكون عقدتها في النهاية، وتستمد موضاعاتها من الحياة اليومية، وفي أحيان أخرى تبتعد عن الواقع من خلال شخصيات غير إعتيادية، أو أحداث غريبة لا يمكن لها أن تكون في الحياة الاعتيادية.

وترجع بعض أصول قصص الفكاهة إلى الحكايات الشعبية المرحة التي تداولتها الشعوب المختلفة، وتشير الدراسات الفولكلورية إلى أن أجيالا متعاقبة ظلت تردد بعض الحكايات المرحة مئات السنين، وبلغ من انتشارها أن رددها أكثر الشعوب في العالم، رغم تباعد المسافات وقلة الاتصال في تلك الفترات.

وتعد النكتة من الأشكال القصصية الفكاهية، وهي تلميحة ذات معنى تنطوي على مفارقة، أما النادرة فهي حكاية قصيرة تتركز حول موقف يبعث على الفكاهة وهي أطول نسبيا من النكتة.(صابات، 1979)

والحكايات والقصص الفكاهية تشابه في بعض جوانبها قص الهزليات المصورة.

ومن الهزليات قصص فكاهية تعتمد في حوادثها في الغالب على المصادفات النادرة المثيرة، كما تنتهي في الغالب أيضا بصدفة غريبة، لذا تبدو في أكثر الأحيان مختلة في البناء القصصي.

ويلاحظ أن كثيرا من الأفلام والمجلات والكتب المخصصة للأطفال، تعطي نصيبا وافرا للقصص الفكاهية والهزليات المصورة، مستغلة ميل الأطفال إلى المرح.

- خلاصة الفصل

لأن القصة تعد من ابرز أنواع أدب الأطفال، وهي تستعين بالكلمة في التجسيد الفني، حيث تتخذ الكلمات فيها مواقع فنية ـ في الغالب ـ كما تتشكل فيها عناصر تزيد في قوة التجسيد من خلال خلق الشخصيات وتكوين الأجواء والمواقف والحوادث، وهي بهذا لا تعرض من معاني وأفكارا فحسب، بل تقود إلى إثارة عواطف وانفعالات لدى الطفل إضافة إلى إثارتها العمليات العقلية المعرفية كالإدراك والتخيل والتفكير.

ولأن القصة تشكل وعاء لنشر الثقافة بين الأطفال حيث نجد من القصص ما يحمل أفكارا ومعلومات علمية تاريخية وجغرافية وفنية وأدبية ونفسية واجتماعية، فضلا عما فيها من أخيلة وتصورات ونظرات، ودعوة إلى قيم واتجاهات ومواقف وأنماط سلوك أخرى.

ممن هنا تناول هذا الفصل قصص الأطفال من حيث نشوء الحكاية وتعلق الأطفال بالقصص وما تشكله من مساهمة في البناء الثقافي والفكري للطفل. وكان مهما أن نعرض وإن بشكل موجز لأنواع قصص الأطفال.

وانتقلنا للحديث عن الحكاية وأنواعها وتطورها من حيث كونها مرافقة للقصة وإن اختلفت في شكلها الفني. وهكذا الحال مع الخرافة مع ما يميز أسلوبها وشخصياتها.

وقد تعددت الأطر فنية التي وضعت فيها هذه الأشكال الفنية من قصص الحيوان إلى قصص البطولة والمغامرة وقصص الخيال التاريخي، وقصص الخيال العلمي، وصولا إلى قصص الفكاهة وما تشكله من أداة مهمة في التشكل الثقافي للطفل.

## الفصل الثالث عشر
## أدب الأطفال العربي

- الإرهاصات الأولى لأدب الأطفال العربي

بعد ظهور العديد من الكتب والصحف الموجهة إلى الأطفال، وبعد إنتشار البث الإذاعي والتلفزيوني وتخصيص مساحات زمنية متخصصة للأطفال في الوطن العربي لدرجة ظهور محطات تلفزيزنية مخصصة للأطفال أمكن الحديث عن مادة مقدمة إلى الأطفال يؤلف الأدب جزءا منها.

وفي هذا الفصل نتناول الإرهاصات الأولى لأدب الأطفال ومصادره الأولى المتمثلة بالترجمة، والاقتباس عن التراث العربي والتراث الأجنبي، والتأليف.

ولدى استعراضنا السريع لمصادر أدب الأطفال لن نطيل الوقوف بطبيعة الحال عند الواقع الحالي، بل نكتفي بالظواهر العامة دون الدخول في تفصيلات فرعية، لان نتناول تلك التفصيلات قد يقود إلى إغفال أعمال أدبية أو أدباء هنا أو هناك دون قصد منا، خصوصا وأن أعمال التوثيق في هذا المجال لا تتيح لأي باحث أن يتناول هذا الموضوع بشكل متكامل، لان ذلك يتطلب الاعتماد على بيانات كمية ونوعية عن أدب الأطفال العربي، في وقت لم نجد أي مؤسسة أو جهاز عربي عمل على جمعها بعد، حتى أننا لم نجد حتى

ببلوغرافيا لهذا الموضوع تشفي الغليل بالمعومات، فضلا عن أن هذا الميدان قد أتخم بأسماء وأعمال لا يمكن الحكم بأنها في مجملها يمكن أن تصنف ضمن هذا المجال، ولا يزال الحكم على كثير من الأعمال أمرا سابقا لأوانه. خصوصا وان العقود الأخيرة شهدت هبة في هذا الميدان لم تهدأ بعد كي يستطاع التمعن فيما تمخضت عنه من كم ونوع وإخضاعه للتقييم، لذا نكتفي بالأطلال على واقع أدب الأطفال من حيث النشأة والتطور.(**الرمحين، 1996**)

## -الخلفيـــة التاريخية:

كان الاستصباء الذي يعني أن يتلبس الكبير بأحوال الصبي ويحاكيه في أفعاله وأقواله من الأمور المألوفة لدى العرب من اجل أن يربوا أطفالهم ويوجهوهم ويمتعوهم.

وحرص العرب منذ وقت مبكر على تربية الأطفال وتعليمهم أكثر الفنون الحيوية... وقيل إن عمر بن الخطاب رضي الله عنه كتب إلى ساكني الأمصار:"... أما بعد فعلموا أولادكم السباحة والفروسية ورووهم ما سار من المثل وحسن من الشعر".

وكانت للأطفال ألعابهم المختلفة التي يشجعهم الكبار على القيام بها. ونجد في التراث الشعري العربي فيضا من المقاطع التي كانت تغنى للأطفال عند تلعيبهم أو تنويمهم. ومن بين هذا التراث ما هو أغاني مهد ترنمها الأمهات لأطفالهن عند تنويمهم، وأغاني ملاعبة يرنمها الكبار للأطفال أثناء اللعب. وقد

أطلق مصطلح أغاني "ترقيص الأطفال" على هذا الموروث الشعري الخاص بأطفال المرحلة المبكرة. ونجد فيه أغاني خاصة بترقيص الذكور، وأخرى خاصة بترقيص الإناث، إضافة إلى أغان للذكور والإناث معا. ومن بين المعاني التي تحملها هذه ألاغاني التعبير عن حب الطفل والحنو عليه، أو إبداء الإعجاب به، أو الدعاء له بالصحة والمستقبل الحسن. ومن ألاغاني ما تحمل أحزانا ومشاعر قاسية، ومنها ما تنطوي على التفاخر بالحسب والنسب، ومنها ما تتضمن ترنيمات لا تحمل من معنى بقدر ما تحمل من إيقاع يراد به هدهدة الطفل. وهذه المورثات ل يمكننا أن نضعها في عداد أدب الأطفال.

ويمكن العثور بين ثنايا الأدب العربي القديم على بعض الأعمال الأدبية التي يمكن أن توافق مع قدرات الأطفال رغم أنها في الأساس غير موجهة إليهم. ويظهر أن الأطفال وجدوا متعة فيما كان يلقيه الوعاظ والمرشدون في المساجد وحلقات الجلوس التي تروى فيها الأخبار والسير الشعبية والحكايات، وتوصف بها الغزوات والرحلات.

وعلى هذا فليس في تراثنا الأدبي العربي رغم ثرائه الجم ما يمكن أن نطلق عليه أدب أطفال، وما ألف ليلة وليلة وكليلة ودمنة وغيرهما من الأدب الشعبي إلا أقاصيص وحكايات خاصة بالكبار تناقلها الناس لما فيها من أخيلة جامحة. وكان بعض الحكام يعملون من أجل أن يشيع كثير من الحكايات التي تبعد الناس عن واقعهم وتنسيهم حياة المرارة التي يعيشون.

وبلغ الاهتمام ببعض الحكايات أن عمل عدد من الشعراء على وضعها في شكل منظوم. ومن بين تلك الحكايات كليلة ودمنة التي وضعها منظومة أكثر من شاعر من بينهم آبان اللاحقي الذي عاش طفولته في البصرة، وانتقل بعدها إلى بغداد. وكان عدد أبيات المنظومات أربعة عشر ألف بيت جاء في مقدمتها:

**هذا كتاب أدب ومحنة     وهو الذي يدعى كليلة دمنة**
**فيه إحتيالات وفيه رشد     وهو كتاب وضعته الهند**
**فوصفوا آداب كل عالم     حكاية عن السن البهائم**
**والحكماء يعرفون فضله     والسخفاء يشتهون هزله**

وعرف إلى جانب اللاحقي عديدون في مجال نظم الحكايات، منهم ابن الهبارية الذي وضع "الصادح والباغم". وقد وصف بعض مؤرخي الأدب هذه المنظومات بأنها من شعر السخف.(**سلوم، 2001**)

وعدم وجود أدب للأطفال العرب في تلك الفترات ليس مسألة تثير الاستغراب، لان أدب الأطفال في كل مكان لا يزال حديث النشأة عالميا ويعتبر الربع الثاني من القرن العشرين هو بدء ظهور بعض الإنتاجات الأدبية التي يمكن اعتبارها ضمن هذا الأدب، رغم أن هناك آراء تذهب إلى أن الأمر يمكن أن يكون أسبق من ذلك بضعة عقود من السنين.

## - البدايات

كانت الترجمة مصدرا مهما لأدب الأطفال في الوطن العربي، منذ أن بدأ هذا الأدب بالظهور... وكان محمد عثمان جلال 1838-1898 من أوائل

الذين ترجموا بتصرف يقرب من الاقتباس للأديب والشاعر الفرنسي- الكبير لافونتين في ديوانه "العيون اليواقظ في الأمثال والمواعظ" في مئتي حكاية منظومة، وقد أضاف بتصرفه في الترجمة بعضا من الحكايات العربية.

وكان عثمان جلال قد وصف أعمال لافونتين "بأنها من أعظم الآداب الفرنسية المنظومة على لسان الطير، وهو باب الصادح والباغم وفاكهة الخلفاء". وقد استهل كتابه بأبيات حاول فيها تبيان هدفه من وضعها:

| | |
|---|---|
| وانظر فتلك روضة المعاني | ودوحة المنطق والبيان |
| نظمت فيها مائتي حكاية | وكلها بالحسن في نهاية |
| فيها إشارات إلى مواعظ | نافعة لكل واع حافظ |
| ضمنتها أمثالها والحكما | وربما استعرت قول الحكما |

وانتقد عثمان جلال الحياة الأدبية في عصره وما كان يشيع بين الناس في مجالسهم، كسيرة عنترة وأبي زيد الهلالي والظاهر بيبرس وذات الهمة، مؤكدا أهمية ما قام بوضعه لما ينطوي عليه من (حكم ومواعظ أخلاقية على السنة الطير) إضافة إلى ما تحققه (من متعة فنية عن طريق ذلك اللون القصصي الرفيع). وقد أشار إلى ذلك بقوله:

| | |
|---|---|
| **لكن أراك تعكس الآمالا** | **تقول هذا ينفع الأطفالا** |
| **قل لي بالله على الصحيح** | **بلفظك المستعذب الفصيح** |
| **حكاية تعلم الأطفالا** | **وتسحر النساء والرجالا** |

| | |
|---|---|
| أحلى والأسيرة لفـــــترة | تقرأ فيها سنة وعشـــرة |
| أو سيرة الظاهر أو ذات الهمة | أراك لا تنطق لي بكلمـــة |

ومن بين الحكايات التي نظمها محمد عثمان جلال والتي كان لافونتين قد نظمها حكاية الثعلب والعنب، والتي جاءت ضمن خرافات ايسوب أيضا والتي تقول:"رأى ثعلب عناقيد من العنب الأسود الناضج مدلاة في جنة معروشة، فبذل غاية جهده ليصل إليها، فعجز عنها ولم يحل بطائل، فانصرف عنها آخر الأمر وهو يعزي نفسه عن خيبة أمله، ويقول في نفسه: انه حصرم مر، وليس عنبا ناضجا كما كنت أظنه".(معوض، 1994)

وجاءت الحكاية من نظم عثمان:

| | |
|---|---|
| حكاية عن ثعلـــب | قد مر تحت العنب |
| وشاهد العنقــــود في | لون كلون الذهـــب |
| وغيره من جنبه أسود | مثل الرطـــــــب |
| والجوع قد أودى بــه | بعد أذان المغـرب |
| فهم يبغي أكلـــــة | منه ولو بالتعـب |
| عالج ما أمكنــــه | يطلع فوق الخشـب |
| فراح مثل مـــا أتى | وجوفه في لهـــب |
| وقال هذا حصــرم | رأيته في حلـــب |
| والفرق عندي بينــه | وبين تين العلـــب |
| فان هذا أكلـــــه | يشبه لحم الأرنـــب |

266

**ولحم ذاك مالـــــح كالضرب فوق الركـــب**
**قال له القطف انطلــق ثعلب ابن ثعلــــب**
**طول لسان في الهــــوا وقصر في الذنـــــب**

وعني الشاعر الكبير أحمد شوقي بخرافات لافونتين فوضع نحو عشر مقطوعات شعرية ونحو ثلاثين خرافة منظومة. وقد قال شوقي في مقدمة "الشوقيات" عام 1898: "جربت خاطري في نظم الحكايات على أسلوب لافونتين الشهيرة. وفي هذه المجموعة شيء من ذلك، فكنت إذا فرغت من وضع أسطورتين أو ثلاث أجتمع بأحداث المصريين وأقرا عليهم شيئا منها فيفهمونه لأول وهلة! ويأنسون إليه ويضحكون من أكثره، وأنا استبشر بذلك، وأتمنى لو وفقني الله لأجعل للأطفال المصريين مثلما جعل الشعراء للأطفال في البلاد المستحدثة منظومات قريبة المتناول، يأخذون الحكمة والأدب من خلالها على قدر عقولهم. والخلاصة: إنني كنت ولا أزال ألوي في الشعر عن كل مطلب، واذهب من فضائه الواسع كل مذهب. وهنا لا يسعني إلا الثناء على صديقي خليل مطران صاحب المنن على الأدب، والمؤلف بين أسلوب الإفرنج في نظم الشعر وبين نهج العرب. والمأمول أن نتعاون على إيجاد شعر للأطفال والنساء، وان يساعدنا سائر الأدباء والشعراء على إدراك هذه الأمنية".

ويبدو أن أحدا من الشعراء لم يستجب آنذاك لدعوة شوقي بمن فيهم خليل مطران نفسه، كما أن شوقي عزف فيما بعد عن الاستمرار في هذا الاتجاه.

وقد تضمنت الشوقيات في طبعتيها الأولى والثانية عددا من تلك المقطوعات بينما استبعدت من الطبعات اللاحقة، لكن الجزء الرابع من الشوقيات المطبوع عام 1943 ضم خمسا وخمسين منظومة، بينما ضم الجزء نفسه المطبوع عام 1951 ستا وخمسين. ونشرت عام 1961 مقطوعات اخرى لشوقي لم تكن قد نشرت من قبل في شوقياته. وقد جمعت اغلب هذه المنظومات ونشرت عام 1949 في كراس بعنوان "منتخبات من شعر شوقي في الحيوان"، وقد بلغ عددها خمسين منظومة، هي: "ضيافة قطة"، "البلابل التي رباها البوم"، "الديك الهندي والدجاج البلدي"؛ "فأر الغيظ وفأر البيت"، "ملك الغربان وندور الخادم". "الظبي والعقد والخنزير"، "ولي عهد الأسد وخطبة الحمار"، "الأسد والثعلب والعجل"، "القرد والفيل"، "الشاة والغراب"، "أمة الأرانب والفيل". "حكاية الخفاش ومليكه الفراش"، "الأسد ووزيره الحمار"، "النملة والمقطم"، "الغزال والكلب"، "العلب والديك"، "النعجة وأولادها"، "الكلب والقط والفأر"، "سليمان والهدهد"، "سليمان والطاووس"، "الغصن والخنفساء"، "القبرة وابنها"، "النعجتان"، "السفينة والحيوانات"، "القرد في سفينة"، "نوح عليه السلام والنملة في السفينة"، "الدب في السفينة"، "الثعلب في السفينة"، "الليث والذئب في السفينة"، "الثعلب والأرنب في السفينة"، "الأرنب وبنت عرس في السفينة"، "الحمار في السفينة"، "سليمان عليه السلام والحمامة"، "الأسد

والضفدع"، "النملة الزاهـدة"، "اليمامـة والصياد"، "الكلـب والحمامـة"، "الكلـب والببغاء"، "الحمار والجمل"، "دودة القز والدودة الوضاءة"، "الجمل والثعلـب"، "الغزالـة والأتان"، "الثعلب الذي إنخـدع"، "ثعالـة والحـمار"، "البغـل والجـواد"، "الفـأرة والقـط"، "الغزال والخروف والتيس والذئب". "الثعلب والأرنب والديك"، "الثعلب وأم الذئب".

ومن يتفحص مقطوعات شوقي وقصصه الشـعرية، يجـد أن بعضـها ذات سـمات رمزية يصعب على الأطفال فهمها، يضـاف إلى أنهـا في مجملها ذات ألفـاظ لا يتسـع لهـا قاموس الطفل اللغوي، مع العلم أن شوقي أراد بهذه المقطوعـات والقصـص التوجـه إلى الأطفال.(**معوض، 1994**)

وجدير بالذكر أن شوقي في الوقت الذي حاول نظم مقطوعاته وقصصه الشـعرية على غرار أسلوب لافونتين إلا انه اعتمد في موضـوعاته عـلى مصـادر عديـدة كالحكايـات والخرافات الشائعة بما فيها بعض ما جاء في امثولات لافونتين.

ونعرض ثلاث مقطوعات شعرية منتخبات من شعر شوقي في الحيوان:

- الثعلب والديك:

**برز الثعلب يومـــا**      **في شعار ألواعظينـــا**
**فمشى في الأرض يهـدي**      **ويسب الماكرينـــا**

ويقول الحمـــــد لله | إله ألعالمينـــــا
يا عباد اللـه توبـــوا | فهو كهف التائبينـــا
وازهدوا في الطير إن الـ | ـعيش عيش الزاهدينا
واطلبوا الديك يـؤذن | لصلاة الصبح فينـــا
فأتى الديك رســـول | من أمام الناسكينـــا
عرض الأمر عليــــه | وهو يرجو أن يلينـــا
فأجاب الديك: عـــذرا | يا أضل المهتدينـــا
بلغ الثعلب عنـــــي | عن جدودي الصالحينا
عن ذوي التيجان ممـــن | دخل البطن اللعينـــا
إنهم قالوا وخــــير | القول قول العارفينـــا
مخطىء من ظن يومـــا | أن للثعلب دينـــــا

- سليمان والهدهد:

وقف الهدهـــــد في | باب سليمان بذلـــــه
قال يا مولاي كـــن لي | عيشتي صارت مملـــه
متّ من حبة بـــــر | أحدثت في الصدر غلـــه
لا مياه النيل ترويهـــا | ولا أمواه دجلـــــه
وإذا دامت قليــــل | قتلتني شر قتلـــــه
فأشار السيد العـــالي | إلى من كان حولـــه:

قد جنى الهدهد ذنبـــا    واتى في اللؤم فعلـــه
تلك نار الإثم في الصـدر    وذي الشكوى تعلـــه
ما أرى الحبـــــة إلا    سرقت من بيت نملـــة
إن للظالم صــــــدرا    يشتكي من غير علـــه

- اليمامة والصياد:

يمامة كانت بأعلى الشجـــرة    آمنة في عشها مستتـــــرة
فاقبل الصياد ذات يـــــوم    وحام حول الروض أي حوم
فلم يجد للطير فيه ظـــــلا    وهم بالرحيل حين مـــــلا
فبرزت من عشها الحمقـــاء    والحمق داء مالـــــه دواء
تقول جهلا بالذي سيحـدث:    يا أيها الإنسان عم تبحـث؟
فالتفت الصياد صوب الصوت    ونحوه سدد سهم المـــوت
فسقطت من عرشها المكـــين    ووقعت في قبضة السكـــين
تقول قول عارف محققـــــق    (ملكت نفسي لو ملكت منطقي)

ووضع الشاعر إبراهيم العرب المتوفى عام 1927 "آداب العرب" في تسع وتسعين قصة شعرية على غرار خرافات لافونتين أيضا، وقد طبع ديوانه عام 1913. وقد جاء في مقدمة الديوان: "...فهذا كتاب خدمت به نابتة الوطن المحبوب، وأجريت فيه الأمثال والحكم المأثورة ليأخذوا منها ما يربي نفوسهم وقوم أخلاقهم ويطبعها على أصوب أراء المتقدمين.

وقد التزمت أن أجعل مواعظ كتابي أقاصيص قريبة التناول، واضحة المعنى سهلة النظم يقرؤونها بلا ملل، وينتهون منها إلى تلك الكلم الجوامع كأنها نهايات طبيعية لتلك المواضيع، عذبة المشرب. على أنني جاريت السابقين من كتاب العرب وأدباء الغرب فجعلت حكم تلك العظات دائرة على السنة بعض الحيوانات المعروفة لتكون الأخبار بذلك أفكه المواعظ وأبلغ في ضرب الأمثال وسرد الحكم..."

كما أوضح في فاتحة الديوان بقصيدة شعرية شيئا عن ديوانه بقوله:

| | |
|---|---|
| **وبعد فهذى حكمة ومواعـــظ** | **لتهذيب أخلاق وإصلاح أحوال** |
| **بهن معان كالعيون سواحـــر** | **وألفاظ در كل بحر بها حـــال** |
| **فلو وهب الرحمن للدهر مسمعـا** | **لمال إلى الإصغاء منشرح الحـال** |
| **عن الطير في جو السماء أخذتهتـا** | **وفي القفز عن ظبي وذئب ورئبـال** |
| **عروس تجلت للأحبة مهرهـــا** | **رضاهم وما مهر الأحبة بالغــالي** |
| **لخدمة أوطاني وإعلاء شأنهـــا** | **صرفت نفيس النظم والعمر والمـال** |
| **وما أرتجي حسن الثناء من امرىء** | **فيا ليتني أنجو من القيل والقـــال** |

وقد ابتعد إبراهيم عن روح الفكاهة التي تميز بها كل من محمد عثمان جلال وأحمد شوقي، والتزم الكتابة ذات الصفة الوعظية، ولكن يمكن الوقوف عند عديد من المنظومات الرقيقة ذات المغزى الجميل، مثل منظومة: "الطاووس"، و"البخيل وابنه"، و"الديكان والنسر"، و"الفتاة والنحلة".

و"العالم والمزارع"، و"السنجاب والكلب والثعلب"، و"الشجرة القديمة والبستاني"، و"الصياد والعصفور".(**إبراهيم، 1981**)

ووضع محمد الهراوي (1885- 1939) منظومات شعرية يتناسب كثير منها مع مستويات الأطفال اللغوية والإدراكية، ونشرت في طبعات عديدة منها: "سمير الأطفال" أجزاء وكان العنوان الفرعي لكل كتاب من هذه الكتب هو: شعر سهل بالصور للإنشاء والإملاء والمطالعة والحفظ.

وصدرت للهراوي أربعة أجزاء من "أغاني الأطفال" عام 1924 مراعيا أن يكون كل جزء مناسبا لفترة من فترات الطفولة، كما وضع عدة قصص منثورة.

ويعد الهراوي من أوائل من انصرفوا بجد نحو كتابة الشعر للأطفال، وقد حرص على أن يخاطب الأطفال من خلال شعره بلغة سهلة واضحة ومعبرة، كما حرض على اختيار أخف الأوزان وأيسرها حفظا، وكان يستمد موضوعاتها من صميم الحياة. وتغلب على شعر الهراوي الصفة التعليمية، وهو يعد رائدا في ميدان الشعر للأطفال.

وكان الهراوي قد وضع الشعر للكبار أيضا، ويعرف عنه انه حين أقام عدد من الشعراء العرب مهرجانا لمبايعة احمد شوقي بإمارة الشعر 1927 كانت مجموعة من الشعراء قد احتجت على هذه المبايعة، وكان الهراوي يرأس هذه الجماعة إذ انه كان يرى أن إمارة الشعر بدعة، وأن لكل شاعر مكانته الشعرية التي تميزه عن غيره.

وقد وضع الهـراوي إضافة إلى ذلك مسرحيات للأطفال منها "الـذئب والغـنم" وتوزعت منظوماته الشعرية للأطفال في المجالات الدينية والوطنية والعلاقات البشريـة والموضوعات الأخلاقية والمخترعات والألعاب.

ومن منظوماته الدينية "اللـه" و"معرفة اللـه تعالى" و"آدم وحواء" و"سيدنا محمد"، و"سيدنا نوح" و"سيدنا إبراهيم" و"سيدنا سليمان" و"سيدنا يوسف" و"سيدنا موسى" "سيدنا عيسى" و"أهل الكهف" و" القرآن الكريم".

وله قصائد وطنيـة عـن مصر- منها: (نشـيد مصر- و"مصر- للمصريـين" و"أغنيـة مصرية" و"تحية العلم" و"نشيد النيل".

ومن منظوماته في العلاقات الأسرية "حب الأهل" و"تحية المسكن" و"تحية الوالدين في الصباح" و"تحية الوالدين في المساء" و"العطف الأخوي".

ومن منظوماته عن الفتاة المصرية (نشيد فتيات النيل) و(نشيد فتيات المدارس) و(الفتاة في الطريق) و(أخـلاق فاطمـة)، ولـه عـن المدرسـة (تحيـة المدرسـة) و(النشـيد المدرسي) و(تلميذ ونجار) و(الكتاب) و(خطبة ختام السنة) و(أنشودة فتيـة المـدارس) و( نشيد الكشافة).

وله منظومات عن الأعياد والمناسبات منها: "نشيد العيد" و"نشيد شـم النسيم" و"نشيد رأس السنة" و"أنشودة الصباح" و"أنشودة المساء".

ولـه أغنيـات للعـب منهـا: "أنشـودة كرة القـدم" و"أنشـودة لركوب الحصـان" و"أنشودة لركوب السيارة" و"الحلقة الدوارة".

أما عن المخترعات فقد وضع منظومات عن "الطيارة" و"الباخرة" و"السيارة" و"القطار" والترام" والدراجة" و"الالة الكاتبة" و"المنظار" و"الساعة" و"الحاكي" و"آلة التصوير" و"الخيالة" و"الكمنجا".

وله قصائد تحمل معاني أخلاقية منها: "قلبي للجميع" و"تحية اللقاء" و"الهدية" و"الأمانة" و"الترتيب والنظام" والطفل والببغاء" و"شاعر الصغير" و"نزهة كلب" و"الكلب والحصان" و"الطفل والهر المرائي" والشقاق مجلبة الفشل" و"بين جد وحفيدته".(**إبراهيم، 1981**)

ونعرض مقاطع قليلة من منظوماته في منظومة "أخلاق فاطمة"، كتب:

**فاطمة لا تغضب — إلا لحق تغضب**
**لا تحلف الأيمان لغوا — لا وليست تكذب**
**حديثها محبب — وطبعها مهذب**
**فاطمة في درسها — مجدة لا تلعب**
**فاطمة ليست تسيء — لامرىء أو تذنب**
**لا تعرف الشتم الذي — عنه نهاها الأدب**
**أدبها معلم — اكسبها الخلق أب**

وفي منظومته "أنشودة فتية المدارس" قال:

**نحن فتية — نطلب الأدب**
**كل واحد — يحمل الكتب**

نبتغي بهـــا أرفع الرتـــب
مصر أمنـــا حقها وجـــب
ترب أرضها ينبت العجب
ماء نيلهـــا سائل الذهـب
بين أمنـــا والعلا نسـب

وكتب في منظومة "الحلقة الدوارة" يقول:

دار الصـــف لفوا، لفـــوا
لفوا الأيـدي لف القيـــد
قيد الصحب هو في القلـب
قلبي صـــافي راع وافـــي
وافي الـــود حسن القصد
قصدي الفضل أنا والأهــــل
أهل القـــطر هم في الصـــدر
صدر الزمـــن لبني وطـــني
وطني مصـــر ولي الفخـــر

وانشد في منظومة "وصف بستان":

انظر إلى البستان ذي الأزهار والماء الأيك والأطيــــــار
الماء يجري في الجداول سلسلا يسقي جذور النخل والأشجار

**والزهر أشكال على أفنانــــه　　　والغصن نضر يانع الأثمــــار**
**والطير يصدح بينها متنقــلا　　　ويعود عند الليل في الأوكــار**
**هذا صنيع الـلـه بين عـــباده　　　فتبارك الـلـه القدير البـــاري**

وفي منظومة "الالة الكاتبة" قال:

**وآلة كاتبــــــه　　　من اختراع العصر**
**لها شريط طابـــع　　　يغني غناء الحـبر**
**يخرج من أوراقهـا　　　من نسخة لعشــر**
**أحرفها سلكيـــــة　　　تنبض عند النقــر**
**وكل حرف رسمه　　　مبــــــين في زر**
**يرن فيها جــرس　　　عند انتهاء السطـر**

وفي منظومة "الكلب والحصان":

**الكلب جاء مـرة　　　إلى الحصان يمزح**
**فقام عند بابـــه　　　يطرقه وينبـــح**
**فانتبه الحصان مـن　　　نوم وجاء يفتـح**
**فوقف الكلب لـه　　　بذيله يلـــوح**
**وقال؛(هو) في وجهه　　　ومال عنه يمــرح**
**قال له الحصان: (خذ　　　عندي كلام يفـرح)**
**فرجع الكلب لـــه　　　وقال (قل ما يشرح)**
**قال: توت في أذنــه　　　وعاد وهو يرمــح**

ونشرت للعلامة اللغوي الدكتور مصطفى جواد 1901-1969 في شبابه بعض المقطوعات الشعرية على السنة الحيوان عام 1923 مثل "اللقلق والعصفور"، و "والهر والفيران".

ووضع المهندس حامد القصبي عام 1929 أول جزء من أجزاء كتبه الثلاثة: "التربية بالقصص لمطالعات المدرسة والمنزل"، وقد جاء في مقدمة كتابه الأول: "... ولم أتردد في أن انشر بين الناس كتابي هذا عندما تبينت أن الحاجة ماسة إليه. ذلك لأنني في مطالعتي للكتب الإنجليزية عثرت على عدد كبير من القصص التهذيبية التي تتضمن الحكمة والموعظة الحسنة في أسلوب شائق، وعبارات خلابة يقصد بها إلى تربية الناشئين تربية خلقية قويمة، فعولت على ترجمتها لأعطي منها صورة واضحة لطالبات مدارسنا وطلابها الذين يفيدهم هذا النحو من التهذيب خصوصا أن كتب المطالعة العربية التي تناولتها الأيدي الآن خلو من كثير من أمثال هذه القصص.

وقد شجعني على المضي في الطريق ما رأيته من إعجاب كثيرين من المثقفين بما تسنى لهم الإطلاع عليه من هذه القصص مما دلني على أنها ستكون جديدة ومفيدة إلى حد ما بالنظر إلى البعض الأخر من القارئين غير الطلاب.

وقد توخيت في الترجمة الاحتفاظ بروح القصة غير مقيد بالالتزامات الأخرى. لتأخذ القصة صبغتها العربية الخالصة التي تلائم الذوق السليم".

وفي الطبعة السادسة أشار القصبي إلى انه عندما دفع عام 1929 إلى المطبعة الجزء الأول وقال: "كان مصير الكتاب وحظه من الشيوع بين الجمهور محبب وإني أذكر مع الغبطة انه لم يمض عام أو بعض عام على الطبعة الأولى حتى نفذت بين إعجاب القارئين وتشوقهم إلى بقية أجزاء الكتاب...".

وقد أضاف القصبي رسوما في كتبه ابتداء من الطبعة الرابعة حيث قال: "وها أنذا أقدم هذه الطبعة حالية بالصور والرسوم مستكملا مزايا الكتب القصصية الموضوعة للصغار".(إبراهيم، 1981)

ونظم الشاعر معروف الرصافي 1875-1945 مقطوعات شعرية للأطفال منها ما نشرـ في المجلات الصادرة لطلاب المدارس ـ مجلة "الفتوة" البغدادية مثل قصيدة "الشمس" التي نشرت عام 1929، وقصيدة "الوطن"، وقصيدة "الرفق بالحيوان" عام 1932.

ونشرت للرصافي مجموعة من هذه المقطوعات في كراس بعنوان "تمائم التعليم والتربية". ومن بين هذه المقطوعات "أنشودة العرب" و"الله" و"الوطن" و"ألام وابنها الصغير" و"ديك الأرملة وابنها الجاهل" و"الديك في أخر الليل" و"العنكبوت ودودة القز" و"حق ألام" و"الدب والذئب الهرم" و"الأغنياء والفقراء" و"الثعلب والغراب" و"الفارة وأمها" و"اللعب بعد الدرس" و"اغرودة العندليب" و"المدارس" و"كل شيء يتكلم"

و"الربيع" و"الشتاء" و"الصيف" و"المقعد الأعمى" و"آثار العرب الخالدة" و"حق المعلم" و"التلغراف والكهربائية" و"البلبل والورد".

وكان الرصافي قد وضع لمجموعته هـذه مقدمة، تحـدث فيهـا عـن دور الأسـرة والمدرسة والوسط الاجتماعي في حياة الطفل. وقال وهو يتحـدث عـن المدرسـة: "وعليـه فمستقبل كل امة منوط بمهودها وبتخوت مدارسها، فمن أراد لأمته مسـتقبلا طيبـا فمـا عليه الا أن يسعى بقدر ما يستطيع في إصلاح تلك المهود وتلك التخوت، وإلا كان مقصرا في أداء الواجب عليه باتجاه أمته، ولو كان من الذين محضوها الود وأرادوا لها الخير.

أما مدارسنا معاشر العرب فأقول بملء القلب أسفا: إنها لا تزال بعيدة عن إيصـال أبنائها إلى الغاية المطلوبة منها، إذ هي اليوم ناقصة جدا من وجوه عديدة بالنسبة إلى ما بلغته مدارس غيرنا من الكمال، فعسى أن ينظر المفكرون منا في أمرها، ويأخذ كـل واحد منهم في إصلاح ما يراه فيها من الخلل بقدر استطاعته ومقدرته".

ويختتم مقدمته بالتأكيد عـلى أهميـة المـؤثرات في الأطفـال، وأسباب وصـفه تلك المنظومات بالقول: "إن في أدمغة الصبيان قابلية عظيمة للتلقي، واستعدادا كبيرا للأخذ فلا مؤثر في الكون إلا تنطبع آثاره فيها بكل سهولة وتكون بعد انطباعها أعز إمحاء مـن خطـوط الرواجب، ولذا قالوا العلم في الصغر كالنقش في الحجر. ولذا أيضا أخذ المفكرون فيما يريدون للإحداث الصغار من التربية

الفكرية والأخلاقية، ومما أوجدوه من تلك المسائل ما كتبوه لهم من الأناشيد والأشعار التي تشرب قلوبهم حب الوطن، وتلقنهم الأخلاق، وتعودهم التفكير والاعتبار بمخلوقات اللـه، وغير ذلك مما يكون له تأثير حسن في أخلاقهم أيام الصبا. وهذا هو الذي دعاني إلى أن أكتب لأبناء مدارسنا هذه الرسالة الشعرية ضمنتها مقاطع مختلفة من الشعر المدرسي.

واستهلت الطبعة الثانية لتمائم التعليم والتربية عام 1948 بـ "كلمة بريئة" ليوسف يعقوب مسكوني، قال فيها:

"أكتب هـذه الكلمـة وشاعرنا المرحوم الرصافي في طيات الثرى وأدرج البلى، ترك لنا بعد موته تراثا خالدا تغرده البلابل من أبناء الأجيال وتحفظه على كر السنين والأعـوام. وفي إعـادة طبع هـذا الكتاب تجديد صفحة خالدة من صفحات تلك المخلفات التي ما نطق بها إلا عن شعور فياض بحبه لأبناء جلدتـه مـن أبنـاء هـذه الأوطان من ديار يعرب وقحطان، فقد أحبها حبا طفح بـه قلبـه ونطق به لسانه، فكان الهزاز الغريد طول حياته التي كـان متبرمـا بها فشدا وغنى بقلب حزين وطروب مصغرة مـن ألـوان شعره العذب في هذا الكتيب الذي قدمه لأرباب العلم والتعليم، وهـو يمثل جانبا لا يستهان

به من جوانب ديوانه الخالد وشعره الطريف والتالد ضاربا للأمة العربية مثلا من أمثلة التعشق بالحرية ورفع نير الاستعباد بالخلق المتين والعمل الرصين والحزم المتين...". **(إبراهيم، 1981)**

وسنقدم في هذا المجال ثلاث مقطوعات مما وضعه الرصافي:

- منظومة "الله":

**انظر لتلك الشجرة ذات الغصون النضرة**
**كيف نمت من بذرة وكيف صارت شجرة**
**فانظر وقل من ذا الذي يخرج منها الثمره**
**وانظر إلى الشمس التي جذوتها مستعره**
**فيها ضياء وبها حرارة منتشره**
**من الذي كونها في الجو مثل الشرره**
**وانظر إلى الليل فمن أمجد فيها قمره**
**وزانه بأنجم كالدرر المنتشرة**
**والطود من طوده والبحر من ذا سجره**
**والريح من أرسلها والماء من ذا فجره**
**وانظر إلى الغيم فمن أنزل منه مطره**
**فصير الأرض به بعد إغبرار خضره**

وانظر إلى الروض فمن نوع فيه زهـــره
وانظر به فراشـــة صاعدة منحــدره
جناحها يشبـــه في خطوطه المستطـره
ديباجة موشيـــة تنشرها كالحبــره
فانظر وقل من ذا الـذي أوجد هذي الحشره؟
وانظر إلى المرء وقـــل من شق فيه بصـره
من ذا الذي جهـــزه بقوة مفتكـــرة
ذاك هو اللـه الــذي ويل لمن قد كفــره
ذو حكمة بالغـــة وقدرة مقتـــدره

- ومنظومة "اللعب بعد الدّرس":

جدوا بدرس العلم حتى تتعـبوا فإذا تعبتم بالدراسة فالعبـوا
فاللعب ليس يبيحه يومـــا إلى متعلم إلا اجتهاد متعـــتب
وملاعب الطلاب بعد فراغهـم من درسهم حق لهم مترتـب
فهي التي تنمي لهم أبدانهـــم وتريح من أذهانهم ما أنصبوا
والفكر منهكة وان شفـــاءه لعب يعاد به النشاط ويكسـب
والجسم يكسل عند طول جماحه كالماء من طول الركود يطحلب
لولا متاعبنا لما حصلت لنـــا في العيش راحتنا التي نتطلـب
كل الحياة مشاغل لكنهـــا لولا المشاغل مرة لا تعـــذب

| | |
|---|---|
| فالخبز دون المضغ يصعب أكله | والماء دون تجرع لا يشـــرب |
| وسعاد الإنسان بنت شقائـــه | السعي أمّ والشقاء لهـــا أب |

-ومنظومة "كل شيء يتكلم":

| | |
|---|---|
| لا شيء مما نعلـــم | الا له تكلـــم |
| تكلم مختصـــر | يفهمه من يفهم |
| إن الغراب قد غدا | يقول "غاق غاق" |
| فكان معنى قولـــه | في نظر الحـــداق |
| من قام مثلي باكرا | لم يبل بالإمــلاق |
| إن الذباب قائـــل | بصوته الخزقـــاز |
| مقالة فسرهـــا | لنا ذوو الألغـــاز |
| من لم يعز نفسـه | لم يحظ بالإعـــزاز |
| قد أخذ العصفور من | بعد وضوح الفـلق |
| يقول قولا واضحــا | بصوته المزقـــزق |
| إن رمت رزقا طيبـا | فاسع وجد تـرزق |
| وكم سمعنا صرصرا | في ليلة المعتـــكر |
| يقول فيما مـــده | من صوته المصرصر |
| من يسهر الليل لكي | يصير بدعا يصبـر |
| وضفدع مرتطـــم | ما بين ماء ولثق |

قال بمستنقعـــــــه وهو ينق في الغسـق
ما خاب قط من صدق ولا نجا من اختلـق
والطبل عند ضربــه يخرج صوتـا دم دم
فكان معنى صوتـــه كما رواه ســر دم
إن تفعل الخير فــلا تدعه لكـن دم دم
والباب عند فتحـــه قال لنا جلنبلـــق
فكان معناه لـــدى من سد رأيا وحذق
من دق باب مطلـــب ولج في الدق انبلـق

ومع أن مقطوعات الرصافي كانت قد نشرت في كتاب في الأربعينات، الا أن اغلبها كان قد نشر في عدد من المجلات المدرسية ومجلات الأطفال في العشرينات. ولم تضم للأسف هذه المقطوعات إلى ديوانه، رغم تعدد طبعات ذلك الديوان، كما أن أحدا ممن اشرفوا على جمع الديوان لم يشر إلى تلك القصائد الجميلة.

وقد واجه الرصافي انتقادات بعض الشعراء بسبب وضعه تلك القصائد، وكان من بين الذين هاجموا الرصافي الشاعر جميل صدقي الزهاوي 1863-1936، حيث اعتبر هذا النوع من الشعر ضعفا في المستوى الأدبي، وذلك بعد أن نشر الرصافي "تنويمة الأم لطفلها" عام 1923 في مجلة "المرآة الجديدة".

ووضع اللبناني، الأب نقولا أو هنا المخلصي، ترجمة شبه حرفية لمئة وثماني عشرة خرافة من خرافات لافونتين من مجموع 339 خرافة، وأصدرها في شبه كراسات متتالية ثم جمعها في كتاب واحد بعنوان "امثال لافونتين" الصادر عام 1934، وقد استهدف من ترجمتها تحقيق نفس ما استهدفه محمد عثمان جلال، واحمد شوقي، وإبراهيم العرب، في أن تكون لهذه الخرافات هدف تعليمي.

ووضع الدكتور أحمد حقي الحلي، مجموعة من المنظومات الشعرية للأطفال خلال الأعوام 1930-1933، عندما كان معلما في مدرسة تطبيقات دار المعلمين الابتدائية في بغداد، حيث كان قد أحسن بضآلة عدد "المحفوظات الشعرية" الشائعة بين أطفال المدرسة، ولم تنشر إلا في عام 1952 بجزئين، بعنوان "المحفوظات الطفلية". وقد جاء بعضها على السنة الطير، وقد تضمنت بعض المقطوعات مشاعر وطنية وقومية.

ومن بين منظومات الحلي، قصيدة عن خالد بن الوليد:

| | |
|---|---|
| يا بطلا ليعـــرب | ومن سما للشهـــب |
| روحك فينا لم تـزل | يا (خالد) لم تغـب |
| يا قائدا، أفعالـــه | باتت حديث العجب |
| في الحرب كنت دائما | منتصرا لم تغـــب |
| قد كنت سيفا قاطعا | وللردى لم تهـــب |
| بك البلاد افتخرت | وأنت فخر العـرب |

286

ونشر الشاعر عبد الستار القره غولي بعض القصائد الشعرية السهلة في مجلة "الفتوة" البغدادية، ابتداء من عام 1934 حتى عام 1935، وكانت تلك المقطوعات قد ظهرت بتوقيع "الفتى". ومن بين تلك المقطوعات: "أيها الفتى العربي" و"من قميص أو سدارة" و"في العيد" و"الشهيد المختار" و"أنا والعرب" و"حبذا".

وللشاعر عدة مؤلفات اخرى، منها: "الألعاب الشعبية لأحداث العراق وفتيانه"، وكتاب "روايات من تاريخ العربط، وهو مجموعة من الحكايات المنظومة. **(إبراهيم، 1981)**

ومن بين قصائده المنشورة في عام 1934 "الفتى العربي" وكان نصها:

**إن الفتى العـــربي لا — يرضى الهوان ولا يضام**
**متحليا بالمكرمـــات — وإنها نعم الوســـام**
**شيم توارثها عـــن — الآباء أبناء الكـــرام**
**ذا همة قعساء ينبـــو — دونها حد الحســـام**
**هو كالحمامة للصديـــق — وللأعادي كالحمـــام**
**يقرى الضيوف وينجـــد — المستضعفين لدى الخصام**
**وهو الحريص على البلاد — وحبه فيها هيـــام**
**ولأجل أمة يعـــرب — يحلو له الموت الـــزؤام**
**أما الخؤون فليتـــه — لاقى الردى قبل الفطـام**

**لو كنت اطلي وجهـــــه (بالكبلي)[1] وبالسخـام**
**ولكنت أركبه حمـــــارا دون سرج أو لجـام**
**ووراءه يجري ويهتف خائن ألف غـــــلام**
**فعسى يكون لغـــيره درسا بليغا، والسـلام**

ووضع جبران النحاس، في أوائل الثلاثينات، ديوانه المطبوع عام 1940 "تطريب العندليب" وتضمن سبعا وتسعين قصة شعرية، منها ما هو مأخوذ عن لافونتين. وكان النحاس قد أشار في مقدمة ديوانه إلى نشوء وتطور الحكايات المنظومة في الشرق والغرب، وأشاد بلافونتين حيث قال:

"... ولعل أبرع من اشتهروا بنظم الأساطير وأظرفهم من الغربيين الشاعر الفرنسوي لافونتين، وقد أفرغها في ألطف قالب من شعره الفرنسوي الذي لا يؤدي رشاقته نقل أو تعريب، وكساها من براعته وحسن ديباجته ما ضرب به على المتقدمين" و"عجز المتأخرين حتى أصبحت بحق منسوبة اليوم إليه، فإن ايسوب مثلا يذكر الواقعة بكلمتين، هما بمقدمتي القياس أشبه منهما بالقصة، ثم يستخرج منهما نتيجة منطقية هي المغزى، وأما لافونتين فانه يبرزها في قالب روائي، وفيه الأخذ والرد أشياء على نحو ما كتاب كليلة ودمنة من وصف حركات النفس وغرائزها وانفعالاتها بين صبر وجزع وعفة وطمع وخصام وانتقام، الا أنها بقلم ابن المقفع أتم وأدق تمثيلا..."

(1) صبغة حمراء.

وقد استهل ديوانه بمقدمة شعرية وضعها عام 1932، نثبت نصها الكامل، لما تحمله من آراء حول الحكايات المنظومة، إضافة إلى إشارتها إلى مولد ونشأة الشاعر الذي لم يكتب عنه الا القليل:

**نحمدك اللهم يا من أطلقا — بحمده كل لسان خلقا**
**ومن جميل صنعه تسبيح — يشيده الأعجم والفصيح**
**سجع الحمام وارتجاز الرعد — ونظم نثر القطر فوق الورد**
**من لقن الطيور والبهائما — حكمته صادحها والباغما**
**ومن لنا قد ضرب الأمثالا — مبصرة تجنبنا الضلالا**
**قيض منها الرشد للحصاة — والنطق كالمصباح في المشكاة**
**والكلم الطيب مثل الشجرة — يؤتي القلوب كل حين ثمره**
**فكم جلا عن العقول غيبها — سرى الليالي بحديث بيدبا**
**أتاه لقمان هدى ورحمة — فازدهر الشرق بنور الحكمة**
**فليس بالغا مداه العبد — مهما أطال الحمد أما بعد**
**يقول خلص الحق والقسطاس — جبران آل يوسف النحاس**
**بيروت فيها نشأتي ومولدي — ومصر داري ودمشق محتدى**
**وكل ارض لك كانت مألفا — لست ترى عن حبها منصرفا**
**وقد جمعت نبذة من شعري — حسناء لم أزفها بمهر**
**وإنما أطعت فيها القلبا — بصوغها برسم من أحبا**

إذا بها كطاقة من زهـــــر ... مضمومة من شجن التذكـــر
جعلتها ذكرى لفضل والـدي ... وحبه بنية بعد الواحـــــد
ولأخي شكري الذي قد قطرا ... قلبي دما حين مضى مختصــرا
ولميشيل من عليه مدمعــــي ... يجري وليس شافيا توجعــي
يا ليت إني كنت عنهما فــدى ... فالعيش من بعد شقيقين سدى
ثم لقلب أمي الحنـــــون ... من لا يزال ذكرها يشجينـــي
من أخلصت تثقيفنا إخلاصا ... ولقتنا البر والإخلاصـــــا
وهل يفيد غير صـــوت الأم ... سلامة الذوق وحسن النظـم
ولا أرى مندوحة أن اثنـــي ... على فتى كان إمام الفـــــن
ابن المقفع البليغ من خلـــص ... لفضله الإبداع في حسن القصص
وهو الذي جاز مدى أشكالـــه ... فلا فتى حاك على منوالـــــه
فكان من طرازه تطريـــزي ... كالصفر جنب الذهب الإبريـز
ثم لفنتين نسيج وحــــده ... من لم يدان شأوه من بعـــده
لأنني من جودة استقيـــت ... وبسنا نبراسه اهتديـــــت
طيب نفس فكه لا نلفـــي ... إنسا نظير وحشه في الظــرف
فان يكن ليس له امثـــــال ... أمثاله جرت بها الأمثـــــال
وأطيب الثنا على مـــؤدبي ... ومن يوازي فضله فضل الأدب
قطب العلوم عند أمة العـــرب ... وصاحب القدح المعلى في الأدب

**وهو الذي أوضح منهاج الأول — من بعد ما دالت على الشرق دول**
**يراعه معيار الانتقــــــاد — ومشعب الصواب والســـراد**
**فما عرفنا قبله منطقـــــيا — انصع لفظا وابل ريقـــــا**
**متصلا بالوحي لطف حســـه — مؤيدا منه بروح قدســـــه**
**حتى تلقى صدره التنزيـــلا — فسطر التوراة والانجـــيلا**
**وكان لليقين خير ناهـــــج — الألمعي اللوذعي اليازجــــي**

ويبدو أن جبران النحاس، كان من بين أوائل الذين نظموا على غرار منظومات لافونتين... وليس بالوسع الحكم فيمن كان اسبق، هو أم إبراهيم العرب، أم محمد عثمان جلال، حيث إن تاريخ صدور منظومات هؤلاء الأدباء، في كتب، ليس دليلا على الأسبقية، فمع أن "تطريب العندليب" صدر عام 1940، إلا أن بعض منظومات النحاس كانت قد نشرت في عدد من المجلات، ابتداء من عام 1901. **(إبراهيم، 1981)**

وعلى أي حال، فإن منظومات هؤلاء والمنظومات الأخرى، التي وضعها الأب نقولا أبو هنا ألمخلصي وغيره، كانت مختلفة فيما بينها اختلافا كبيرا، حتى في الحالات التي تدور فيها حول حكاية واحدة، فحكاية "الثعلب والعنب"، التي جاءت في خرافات ايسوب، ولافونتين، ونظمها محمد عثمان جلال جاءت في ديوان جبران النحاس في خمسة أبيات فقط، بينما قد وردت في ديوان محمد عثمان جلال في ثلاثة عشر بيتا، قد نظمها جبران:

| | |
|---|---|
| **مر على جفنه كرم ثعلـــــب** | **وجوفه من الطوى ملتهب** |
| **والورق الأخضر وشاه العنب** | **مثل زمرد وذهـــــــب** |
| **لكن جفن العريش عـــالي** | **اقرب منه أنجم الليـــالي** |
| **فليس خطمه إليه يصـــل** | **فقال هذا حصرم لا يؤكـل** |

وشاع اللون القصصي الشعري فيما بعد بشكل واضح، وكانت مجلة أبولو الأدبية، التي صدرت في أيلول 1932 حتى كانون الثاني1934، تنشر تحت باب "شعر الأطفال"، لعدد من الشعراء، منهم: الصاوي محمد شعلان، وبركة محمد، وعلي عبد العظيم، وكامل كيلاني.(**معوض، 1994**)

وظهرت في الثلاثينات أسماء عديدة لشعراء قصص للأطفال، منها ما هو مستمد من التراث العربي منها ما هو مقتبس من التراث الغربي إلى جانب ما هو مترجم.

وقد برز كامل كيلاني 1897-1959 ككاتب أولى كثيرا من اهتمامه للكتابة للأطفال، فعد رائدا لأدب الأطفال العرب في ميدان النثر، بفضل كثرة ما ترجم واقتبس وألف من قصص ومنظومات، وقد هيأت له ذلك ظروف عديدة، فقد كانت له منذ صغره مربية يونانية أودعت في نفسه حب القصص، وكانت تروى له كثيرا من الحكايات. كما انه اطلع على جانب من التراث الأدبي الغربي إضافة إلى سعة إطلاعه على التراث الأدبي العربي.

وقد كتب أولى قصصه عام 1917، وظل يواصل الكتابة للأطفال طيلة سنوات حياته. وقد اقتبس من ألف ليلة وليلة، ومن طرائف جحا، ومن أساطير الشرق الأخرى، وأساطير الغرب، وقدم للأطفال بعضا من كلاسيكيات أدب الأطفال مثل روبنسون كروزو، ورحلات جليفر، وبعض روايات شكسبير، وصدرت كتبه للأطفال في مجموعات هي: "قصص رياض الأطفال" و"حكايات الأطفال" و"حكايات جحا" و"أساطير الحيوان" و"عجائب القصص" و"قالت شهرزاد" و"قصص جغرافية" و"أساطير افريقية" و"قصص من الف ليلة وليلة" و"قصص فكاهية" و"قصص هندية" و"قصص تمثيلة"، و"قصص عربية" و"شكسبير" و"قصص غربية" و"اشهر القصص" و"أساطير العالم" و"قصص علمية".

ومع الاعتراف بريادة الكيلاني لأدب الأطفال، إلا من يتمعن فيما كتب يجد إنه لم يستطع أن يحرر أسلوبه من التصنع، ولم يستطع إبعاد التراكيب والكلمات الصعبة.

ورافق ظهور الكيلاني وأعقبه كتاب عديديون. ولا نزال نقف أمام مئات الأسماء في الوطن العربي، ولكن عدد الذين نذروا أنفسهم للكتابة للأطفال وحدهم قليل جدا.

وقد وجدنا من المناسب أن لا نتناول الكتاب الذين أعقبوا الكيلاني لأسباب عديدة، من بينها: أن ميدان أدب الأطفال لا يزال مفتوحا أمام

الداخلين والخارجين، وان من الصعب الحكم على عديد من الأعمال اليوم... كـما أننا لا نريد في هذا الفصل تسجيل تاريخ أدب الأطفال العربي، بقدر ما نريـد الوصول إلى عـدد من الظواهر حول هذا الميدان.(معوض، 1994)

- مصادر أدب الأطفال العربي:

نشأ أدب الأطفال العربي معتمدا على: التأليف والترجمـة والتلخـيص والتبسـيط والإقتباس والإعداد على التراث الأجنبي، والإعداد من التراث العربي. ونعرض جوانـب مـن هذه المصادر، مكتفين بالتمثيل دون الحصر:

أولا: التأليف:

لم ينشأ أدب الأطفال العربي عـلى أهميتـه نتيجـة وعـي تربـوي أو اجتماعـي، لذا كانت المبادرات الفردية هي التي وضعت البدايات الأولى له، عن طريق الصـدفة، أو عـن طريق محاولة التقليد. واستعراض كيفية توجه كامـل الكيلاني، ومـن أعقبـه مـن كتـاب الأطفال، يظهر ذلك بوضوح إلى حد كبير.

ولا تزال حركة تأليف أدب الأطفال تمضيـ بصـورة وئيـدة، كـما أن كتـاب الأطفال لم يتحرروا من الأسلوب المدرسي، ومنهم من يكتفي بإيراد المعلومات، ومع هذا يصرون عـلى أن تعتبرهم الدراسات والأبحاث من كتاب الأطفال.

وبالإضافة إلى ذلك فان من بين الكتاب يتولون أعـدادا أو اقتبـاس أو ترجمـة أثـار أدبية، ويلصقون أسماءهم كمؤلفين دون الإشارة إلى المصدر

الأساسي. ووصل الأمر إلى أن ظهرت كتب تحمل أسماء عربية على مؤلفات لشكسبير وشارل بيرو واندرسون وغيرهم.

وبوجه عام فإن أدب الأطفال المؤلف لا يزال محدود الحيز ضمن ما يقدم للأطفال، وان حركة التأليف لا تزال غير نشطية، في الوقت الذي نجد فيه في بلدان كثيرة حركة تأليف واسعة في مختلف المجالات.(**الرمحين، 1996**)

ثانيا: الترجمة والاقتباس:

كانت الترجمة مصدرا مهما لأدب الأطفال في الوطن العربي، منذ أن بدأ هذا الأدب بالتبلور، وقد كان محمد عثمان جلال وإبراهيم العرب والمخلصي وجبران النحاس قد ترجموا امثولات لافونتين، كما أن كامل كيلاني قد قدم ترجمات عديدة، لكن ترجماته كانت قريبة إلى الاقتباس، إذ كان يغير في كثير من المواضيع، ويلخص ويحذف ويضيف.

وترجم آخرون عديدا من الروائع الأدبية منها: "كوخ العم توم" لهيربيت ستاور، و"قصة مدينتين" و"أوليفرتويست" لتشارلز ديكنز، و"الزنبقة السوداء" لألكسندر دوماس، و"دون كيشوت" لميخائيل دي سرفانتس، "توم سوير" لمارك توين، و"عصفور الجنة" لأوسكار وايلد، و"الغاز" لإدجار ألان بو، و"المزيف" لروبرت أونيل، و"المخطوف" لروبرت لويس ستيفنسون، و"مغامرات روبن هود"، و"أليس في بلاد العجائبط، و"روبنسون كروزو"، و"سندريلا"، و"رحلات جليفر"، وكثير غير هذه القصص. وقد رجع المترجمون إلى الصيغ المبسطة لهذه القصص.

واقتبست كثير من القصص والحكايات والأساطير، من بلدان مختلفة منها القصص الفرعونية مثل: "شعب لا يغلب" و"عصا تحمس" و"كنوز سيتي" و"مغامرات الأمير كاموزا" و"انتقام تحوت" و"حورس الأبيض" و"حورس الأسود" و"خوفو والسحرة" و"تاتا" و"اونيس".

وترجمت قصص من رومانيا، منها "الطائر المسحور" و"غباوة التنين" و"الرجل المتحجر" و"بطلة الأبطال" و"الفتاة المشؤومة" و"الراعي الجميل" ومن بولندا: "قصر ـ ويفل" و"برج النيران" و"الحكم والشيطان". ومن القصص الإغريقية: "مغامرات أوليس" و"سقوط طروادة" و"حصان طروادة" و"بطولة تيزيه" و"عودة أوليس" و"المغامرة" و"ملحمة الإسكندر" و"نساء بواسل" و"الطاغية المحتال"، ومن القصص الهندية: "باهارتاط" و"سودانا" و"شندرا" و"الأميرة القاسية" و"شبكة الموت" و"الشيخ الهندي" و"صراع الأخوينط و"في غابة الشياطين" و"الوزير السجين" و"فيشنو" و"الأمير نالا" و"حبات الرز" و"اليواقيت الأربع" و"حرب أبناء الأعمام" و"البراهمة الأربعة" و"آلهة الهند" و"إكرام الأمراء" ومن القصص اليونانية القديمة "رحلات أوديسيوس" عن الأوديسه، و"مغامرات بيرسيوس". ومن القصص الياباني: "الأشجار والأقزام" و"التاجر ريهي المحارب وأمه" و"خلق العالم" و"غضبة ربه الشمس" و"الصفصافة الحنون" و"سيدان وخادم" و"الأتباع" و"الأوفياء" و"القط

المتوحش" و"المرآة". ومن القصص الصيني: "تعاون الإخوان" و"من أجل الحرية" و"الصنم السكري" و"القفاز السحري" و"كنز الفضة" و"النهر الأحمر" و"الحبوب المقوية" و"جبل الكنوز السبعة" و"البطيخ اللؤلؤي" و"شجرة الكرز" و"رأس من الطين" و"حكم رادع" و"الأصدقاء" و"الحماقات الثلاث". ومن القصص الإسباني: "السيدة السوداء" و"أسطورة السيد وشارعان في أسبانيا" و"الببغاء" و"الوردة الملكة" و"الحذاء الحديدي".

ومن بين هذه الاقتباسات والترجمات، ما كانت وليدة جهود فردية. ولكن هناك دورا أجنبية للنشر قامت بدور واضح في تقدم ترجمات عربية لعديد من القصص من بينها: مؤسسة فرانكلين الأمريكية للطباعة والنشر ودار التقدم السوفيتية، فقد قامت الدار الأولى بنشر ترجمات عديدة، منها : الأرنب معلم الوقت، وذو اليد الفضية، والبيت المسحور، والدب الأكبر، والدب الصغير، والديك والثعلب، وذيل الأرنب، والرجل العجيب وشركاه، وغيرها من القصص الأمريكية. أما دار التقدم فقد نشرت قصا عديدة، منها "الصبيان" لأنطون تشيخوف، و"الدبة الثلاثة" لليوتولستوي، و"العصفور الصغير" لمكسيم غوركي، وغيرها.

والى جانب هاتين الدارين، قامت مؤسسة ليد يبرد بنشر كثير من القصص، منها: "سندريلا" و"ليلى الحمراء" و"الذنب" و"الأميرة النائمة" و"العنزات الثلاث". كما نشرت عدة كتب ضمن سلسلة روبن هود. (**الرمحين، 1996**)

ثالثا: الإعداد عن التراث العربي:

إستفاد الأوائل، الذين يعدون بين الـذين وضـعوا اللبنـات الأولى لأدب الأطفـال في الغرب أيما فائدة، من الحكايات الشرقية عموما والعربية خصوصا، فقـد انتفـع لافونتين من كليلة ودمنة مثلا وكانت ترجمة ألف ليلة وليلة إلى اللغات الأوروبية ذات تأثير كبـير في نشأة الحكايـة التـي كانـت أمـا لأدب الأطفـال اليـوم. وحتـى الخرافات المنسوبة إلى ايسوب، فهناك من يفترض أنها ذات أصول شرقية بالأسـاس، ولكـن اسـتعراض نشـأة أدب الأطفال العربي في العصر الحديث يشير إلى أن الذين عنوا بأدب الأطفال العرب، كانوا قد تأثروا بالغربيين أولا.

وشهدت سنوات الالتفات إلى أدب الأطفـال في الـوطن العربـي اهتمامـا محـدودا بالتراث الشعبي، وهذا الاهتمام اقتصر على التراث الشعبي الذي سبق أن أخذ طريقه إلى النشر، مثل ألف ليلة وليلة، وكليلة ودمنة، والسير الشعبية. أما الحكايات الشعبية الكثيرة في أقطار الوطن العربي، فلـم يعتمـد عليهـا الا في حـدود بالغـة الضيق، حيث إن جمع الحكايات لم يتحقق الا في نطاق محدود، إذ لا تزال هناك حكايات كثيرة لم تجمع بعـد، وإذا لم تنبر جهات مختصة إلى جمعها، فإنها ستؤول إلى الضياع والإنـدثار، لان الألسـن لم تعد تتناقلها كما كان الأمر قبل عقود أو سنين.

ومن بين الحكايات، التي وضعت للأطفال استنادا إلى التراث، حكايات من ألف ليلة وليلة، وكليلة ودمنة، وقصص طريفة عن جحا وأشعب، إضافة إلى عدد من الحكايات من التراث الشعبي لشفهي.

وعلى أي حال نستطيع أن نحدد أبرز الظواهر المتعلقة بأدب الأطفال العربي فيما يلي:

1- إن الإرهاصات الأولى لأدب الأطفال العربي بدأت مع مطلع القرن العشرين، عندما قدم عدد من الشعراء والكتاب بعض المنظومات الشعرية، وبعض القصص للأطفال.

2- إن أدب الأطفال العربي اعتمد على مبادرات شخصية، ولم يظهر كحركة أدبية، رغم تكرار دعوات عدد من الكتاب والأدباء للعناية بالأطفال، وبتقديم المادة الأدبية لهم.

3- إن أدب الأطفال اعتمد على الاقتباس والترجمة من التراث الأجنبي، رغم أن أدب الأطفال الغربي بالذات استفاد إلى حد كبير من التراث العربي، كما اعتمد أدب الأطفال على نطاق محدود من التراث العربي. أما التأليف للأطفال فقد ظهر في فترة متأخرة من عمر هذا الأدب.

4- إن أدب الأطفال، خلال النصف الأول من القرن العشرين، كان ذا صفة وعظية، ولم تظهر الكتابات الأدبية الرفيعة على محدوديتها الا خلال العقود الثلاثة الأخيرة من القرن اللماضي ومطلع هذا القرن.

5- إن أدب الأطفال العرب بدأ شعرا، ولم تظهر القصة المنثورة الا في مطلع الأربعينات من القرن الماضي.

6- رغم اتساع حيز الترجمة نسبة إلى التأليف، الا أن أعمالا أدبية رفيعة حديثة لم تترجم إلى اللغة العربية. كما أن هناك روائع أدبية تعد من كلاسيكيات أدب الأطفال لم تترجم لأطفالنا حتى اليوم.

7- إن بعض دور النشر الأجنبية والعربية قد سعت إلى ترجمة كتب ومجلات للأطفال العرب، ومع أن كثيرا من هذه الآثار ذو قيمة أدبية كبيرة، الا أن جزء منه يشكل جزءا من عملية الغزو الثقافي، خصوصا وان هذه المواد تقدم بصورة فيها كثير من الإثارة والجاذبية، مما يؤلف حافزا على تهافت الأطفال عليها، ومع أن دعوات كثيرة قد انطلقت للوقوف بوجه تيار الغزو الثقافي إلى أطفالنا، إلا أن أي منظمة أو دولة لم تقم بأي إجراء فعال بوجه هذا المد. واكتفت بعض الدول بمنع دخول هذه الإصدارات إلى أطفالها، ولكن هذا وحده غير كاف، إذ لا بد من تقديم بديل مبرمج يغني الأطفال عن التلهف إلى تلك الإصدارات، ويشبع في الوقت نفسه بعض حاجاتهم الاتصالية، وهذه المواقف غير غريبة عن مجمل المواقف العربية إزاء الثقافة، حيث تعمل البلدان العربية على معالجة الأمراض المزمنة بالمسكنات.

8- يلاحظ أن بعض القصص والصور القصصية، التي اعتمدت على التراث الشعبي العربي، قد جنحت إلى أسلوب تمجيد الماضي، من خلال العبارات اللفظية الرنانة دون تجسيد الوقائع والأفكار تجسيدا فنيا راقيا.

9- إن بعض القصص، المستمدة من التاريخ والتراث، احتوت على مواقف قاسية، وكان من اللازم إبعاد مثل هذه المواقف، كما أن أكثر ما قدم للأطفال، اعتمادا على التراث العربي المكتوب، قد احتوى على تعبيرات وألفاظ لا يتسع لها قاموس الطفل اللغوي.

10- إن أساليب عديدة قد ظهرت في العالم، في كتابة القصص والمقالات والشعر للأطفال، كما أن مضامينها تناولت جوانب متعددة" ومع هذا فان أساليب ومضامين أدب أطفالنا لا تزال تدور في دائرة مغلقة لا بد لها من أن تتسع وتتفتح.(إبراهيم، 1981)

- إنتشار الفضائيات ومحطات الأطفال

− دور هذه المحطات في عرض قصص الأطفال.

− دورها في الدفع لترجمة نصوص جديدة.

− إقبال الأطفال على الترجمات لأسباب عدة:

أ- الجودة الفنية.       ب- الإثارة.

ج- مشاهدة هذه القصص على أفلام الكرتون.

- أسس بناء ثقافة الطفل قبل المدرسة (الكويت نموذجا)

تعتبر مرحلة ما قبل المدرسة من المفاصل الأساسية لتشكل ثقافة الطفل وقد كانت هذه الحقيقة مدركة بشكل مبكر في مختلف الدول العربية لا سيما أن غالبيتها كانت قد استقلت حديثا، وقد شهد منتصف القرن

الماضي حركة واسعة بالاهتمام بثقافة الطفل، ومن التجارب التي كانت رائدة يمكن أن نوثقها في هذا المجال التجربة الكويتية التي تعد مميزة ويشار لها بالبنان.

وقد حددت المؤسسة التعليمية الكويتية عبر العقود الماضية، الثوابت التي اعتبرت منارة يتم البناء الثقافي على أساسها من خلال فلسفة متكاملة راعت فيها جوانب كثيرة ومهمة في حياة الإنسان تتعلق بمجتمعه ودينه وبيئته ونعرض بنودها فيما يلي:

أ-   فلسفة نابعة من قيم المجتمع الكويتي الذي يؤمن بالدين الإسلامي فهي تعمل على:

■ تنمية القيم والاتجاهات الدينية والخلقية لطفل الرياض.

■ الحرص على أن تتفق الخبرات والبرامج والأنشطة المقدمة للطفل مع هذه القيم والاتجاهات.

ب-   فلسفة عربية تتفق مع واقع المجتمع الكويتي الخليجي العربي، فهي تعمل على تنمية الاتجاهات الايجابية نحو الكويت والخليج العربي والأمة العربية والإسلامية.

ت-   فلسفة تؤمن بدور العلم في المجتمع المعاصر لذلك فهي تحرص على تعويد الأطفال الأسلوب العلمي في التعامل.

ث- فلسفة تؤكد على روح الانتماء إلى الجماعة والأسرة والبيئة وتعمل على تكوين علاقات إيجابية مع الآخرين.

ج- فلسفة تحترم فردية الطفل وتؤمن بكرامته وبحقه كإنسان وتنظر إليه كأمل لأسرته وتوفر له كل ما من شأنه أن يعمل على تحقيق ذاته.

ح- فلسفة تنادي باستخدام أساليب التربية القائمة على مبدأ الحرية واللعب الحي والنشاط الذاتي التلقائي جنبا إلى جنب مع التربية المقصودة والموجهة لمساعدة الطفل على اكتساب المهارات التي لا يستطيع أن يكتسبها من خلال اللعب الحر وحده، مع تنمية الكفاءة العقلية واللغوية للطفل بصفة خاصة. (دليل المعلمة للخبرات التربوية.2001).

خ- فلسفة تؤمن بضرورة ربط الأنشطة والخبرات التي تخدم الطفل في الرياض بواقع المجتمع والحياة والمستقبل.(فرماوي والمجادي، ص213، 1999).

د- فلسفة تؤمن بدور المتعلم في المجتمع المعاصر لذلك فهي تحرص على تحقيق نموه الشامل.

ذ- فلسفة تؤمن بأهمية حواس الطفل ومداركه عن طريق المثيرات الحسية والأنشطة المباشرة والممارسة الفعلية.

ر- فلسفة تقوم على الإيمان بـدور الأسرة الإيجـابي والفعـال في العمليـة التربويـة
ومن ثم فهي تعمل على توثيق الصلة بين الأسرة والروضة بهدف تحقيق نوع
من التكامل لتربية الطفل وتنشئته بصورة تشمل كافة جوانب نمـوه النفسي-
والعقلي والاجتماعي والجسمي.(دليل المعلمة للخبرات التربوية.2001).

-إنشاء أول روضتين في دولة الكويت:

افتتحت دار المعارف في العـام الـدراسي 1954-1955 أول روضـتين في الكويت
وهما"روضة المهلب"في منطقة الشرق و"روضة طارق"في منطقـة القبلـة،حيث جـاء في
التقرير السنوي لنفس العام لدائرة المعارف أنـه في هـذا العـام تـم افتتـاح مدرسـتين
لصغار التلاميـذ مـن البنـين والبنـات الـذي تـتراوح أعمـارهم مـابين سـن الرابعـة
والسابعة، يقضي- فيهـا الأطفـال يومـا كـاملا يتنـاولون وجبـة الغـداء وينـامون فتـرة
الظهيرة، ويمارسون أنشطة مختلفة تحت مراقبة معلمات، وقد تـم تجهيز الروضتين
بالأثاث والتجهيزات التي تتناسب مع طبيعة وأهداف تلـك المرحلـة، كـما طبق لأول
مرة في الكويت نظام الاختلاط بين الجنسين في مدرسة واحدة كذلك تم تطبيـق نظام
جديد يحتم على الطفل قضاء يوم كامل في الروضة يمارس فيه أنـواعا مختلفـة مـن
اللعب والنشاط ويكتسب الكثير من العادات الطيبة، ثم يتناول في فترة الظهيرة وجبـة
الغداء يعقبها فترة من النوم، واقتصر

القبول في هذه الرياض على الأطفال الكويتيين فقط وذلك منعا لازدحام الفصول بأعداد كبيرة من الأطفال مما يكفل الهدف الأساسي من إنشاء مرحلة رياض الأطفال وهو توفير العنايـة والرعاية اللازمتين للأطفال تحت إشراف معلمات مؤهلات، ومنذ ذلك الحين بدأت دائرة المعارف التوسع في إنشاء مدارس رياض الأطفال لمواجهة الأعداد المتزايدة من الأطفال وتلبية رغبة الأهالي في إلحاق أطفالهم بهذه المؤسسات التربوية، ثم بدأت دائرة المعارف بإطلاق اسم رياض الأطفال على هذه المدارس بدلا من اسم المدارس المشتركة وتحدد سن القبول فيها بسن الرابعة والخامسة،والهدف الأساسي

منها هو توفير الجو الصالح للصغار في سن مبكرة من العمر حيث يجد الأطفال فيها المتعة ويلعبون اللعب المنظم مع التدريب على مبادئ القراءة والكتابـة والحساب. (العبدالغفور.83.1995).

مرت رياض الأطفال في دولة الكويت بخطوات وتغيرات بارزة نتيجة للرعاية التي حظيت بها منذ نشأتها حتى السنوات الأخيرة، الأمر الذي دعا زوار الكويت على اختلاف جنسياتهم إلى الاعتقاد بأن رياض الأطفال في الكويت مرحلـة إجبارية لا تختلف عن المراحل التعليمية الأخرى، وقد نشأ هذا الانطباع اثر تزايد نسبة الأطفال المسجلين برياض الأطفال في دولة الكويت حيث بلغت نسبتهم في العام الدراسي 91-92 )

91.6%) من عدد الأطفال الذين هم في سن (3-6) سـنوات، وقد زادت هـذه النسبة في السنوات الأخيرة، مما يدل على الإيمان بأهمية هذه المرحلة ودورها التربوي الاجتماعي في تنشئة الطفل وتربيته، ويبلغ حاليا عدد مدارس رياض الأطفـال (153) روضة تحتوي على (1452) فصل، بها حوالي (44270) طفلا، وتبلـغ الكثافـة الطلابيـة للفصل (27.7) طفل في كـل فصل، والكثافـة الطلابيـة للمدرسـة (259) طفل، وعـدد هيئة التدريس (3379) مربية، وبالنسبة لمتوسط إجمالي تكلفة الطفل في هذه المرحلة فيصل إلى (2134) د.ك، وهي أعلى تكلفة في السلم التعليمي. (نذر،2002).

## -الأسلوب المتطور في رياض الأطفال:

الأسلوب المطور في رياض الأطفال والذي يسمى أيضا بالأسلوب المتطور نبع من مصادر أساسها النظريات والمعلومات والدراسات التي تهتم بتطوير الطفل ونمـوه في مراحله الأولية لذلك فإننا عند القيام بتعريفه نجده يحتوي علـى ثلاث دعامـات رئيسية وهي:

أ-    المرحلـة العمريـة للطفـل: وفيهـا يجمـع العلـماء علـى تشـابه تطـور الأطفـال ونمــوهم في السـنوات التسـع الأولى في النـواحي العقليــة والجسميــة والاجتماعية والانفعالية.

ب- الفروق الفرديـة بـين الأطفـال ويتبين هنـا أنـه رغـم التشـابه السـابق إلا أن الخصائص والسمات الشخصية تختلف فيما بينهم.

ت- الخبرات البيئية المرتبطة بالأسرة والثقافة: إن هذه الخبرات تؤثر تأثيـرا مباشرا على الطفل ولكل بيئة عاداتها وتقاليدها التي تعكس ثقافة المجتمع.

ونرى أن الأسلوب أو النظام المطور يهـتم بالطفـل كوحـدة واحـدة متكاملــة متجانسة مـن النـواحي الجسـمية والعقليـة والانفعاليـة والاجتماعيـة، ويعتمـد عليـه كمحور في العملية التربوية والتعليمية، بمعنى أن الطفل هو أسـاس المـنهج والبرنامج وأن البرنامج يخلق نتيجة قـدرات واستعدادات وميـول ورغبـات الأطفـال، والنظـام المطور ليس بمنهج أو لوائح صارمة يجب تطبيقها وإنما هـو عبـارة عـن فلسفة قائمـة على نظريـات تطبيقيـة تخص الأطفـال، ومـن هـذا المنطلـق مطلـوب مـن المعلمات القائمات على العمل بتطبيق النظام بالتركيز على معرفة وتفهم الأطفال وقدراتهم لـكي يتمكن من معرفة دورهـن في تعليم كل طفل واتخـاذ القرار المناسـب الـذي يخـدم ويتوافق مع قدرات الطفل واهتماماتـه.

ويقوم الأسلوب المطور عن فلسفة شاملة تقوم على أسـاس اتخـاذ المعلـم قرار اختيار النظام المناسب والملائم وفق تطور واحتياج كل طفـل عـلى حـده مـع الأخـذ بعـين الاعتبار الخبرات التي مر بها الطفل من خلال

بيئته الأسرية والاجتماعية، ومـن أجـل تطبيـق النظـام المطور في الكويت كـما هـو مطلوب يجب أن تتحلى المعلمات بالمعلومات والمهارات اللازمة والتجارب والخبرات في طريقة تقديم الأسـلـوب المناسب، كـما يجب عـلى أوليـاء الأمـور أن يفعلـوا أدوارهـم وعلاقاتهم مع المدرسة والمنهج والأنشطة المختلفـة وأن يكون القيـاس والتقـويم عـلى درجة عالية من الثبات والموضوعية وأن يكون المنهج قائـما على احتياجات الطفل ورغباته وميولـه واختلافاته في القدرات الفردية عن غيره.(الهـولي والمسـعد، ص120-255، 2002).

أما الغايات فتتبلور وتشتق من الغايات التربوية في دولة الكويت وهي: العقيـدة الإسـلامية، طبيعـة المجتمـع الكـويتي، طبيعـة العصر- وخصائصـه، وخصائـص المـتعلم ومطالـب نمـوه، ويسـعى التوجيـه الفني العـام لريـاض الأطفـال في وزارة التربيـة نحـو تحديث التعليم وتطويره وتحسين العملية التربوية لتتلاءم مع متطلبات المجتمع ونمـوه وحاجات الأفراد والمستجدات التربوية واضعة في الاعتبار أننا نربي هذا الجيل ليعيش في القرن الواحد والعشرين، ويتعلـق ذلـك بالأهـداف العامـة لريـاض الأطفـال في دولـة الكويت وهي:

أ‌-   مساعدة الأطفال على غرس العقيدة الإسلامية في نفوسهم وترسيخ الإيمان بـالله في قلوبهم وتنمية اتجاهات إيجابية نحو الدين.

308

ب‌- مساعدة الأطفال على اكتساب مشاعر الانتماء للأسرة والكويت والخليج العربي والأمة العربية والإسلامية.

ت‌- مساعدة الأطفال على تكوين مفهوم إيجابي عن الذات.

ث‌- مساعدة الأطفال على كسب الاتجاهات التي تساعدهم على أن يكونوا آمنين وإيجابيين في علاقتهم مع أقرانهم ومع الراشدين.

ج‌- مساعدة الأطفال على تنمية إحساسهم بالمسئولية والاستقلال ويتقبلون الحدود التي يتطلبها العيش في مجتمع تعاوني.

ح‌- مساعدة الأطفال على كسب اتجاهات ايجابية نحو البيئة المحيطة بهم وتقدير مظاهر الجمال فيها والمحافظة عليها.

خ‌- مساعدة الأطفال على إدراك حاجاتهم الجسمية والمحافظة على أبدانهم وتقويمها من خلال تنمية عادات صحية سليمة في اللعب والنوم والتنفس والأكل والملبس وغرس عادات الأمن والسلامة في المنزل والشارع والروضة.

د‌- مساعدة الأطفال على تنمية جميع حواسهم واستخدام أجسامهم والتحكم فيها بمهارة وإحساس متزايد بالثقة.

ذ‌- مساعدة الأطفال على كسب بعض المهارات الأساسية اللازمة للحياة.

ر- مساعدة الأطفال على توسيع اهتمامات ومداركهم عن البيئة المحيطة بهـم
والتفاعل الإيجابي معها. (دليل المعلمة للخبرات التربوية،2001).

ويتم تحقيق الأهداف المنشودة من خلال تنمية المهارات الرئيسية لدى الطفل
وتتكون هذه المهارات من:

☒ المهارات النفسحركية:

− مهارة التمييز السمعي.

− مهارة التمييز اللمسي.

− مهارة التمييز الشمي.

− مهارة التمييز المذاقي.

☒ المهارات العقلية المعرفية:

− مهارة الانتباه.

− مهارة الفهم السليم.

− مهارة التذكر والحفظ.

− مهارة التعبير اللفظي السليم.

− مهارة التعبير عن الذات.

− مهارة القراءة.

☒ المهارات الاجتماعية:

- ضبط النفس
- التعاون
- المشاركة
- مهارة الاستقلال الذاتي.
- مهارة التنافس الحر.
- مهارة تفهم الآخرين.

وهذه المهارات لكي تقدم للطفل في رياض الأطفال يجب أن تصاغ بأسلوب وطريقة علمية تؤمن استفادة الطفل من هذه المهارات بالشكل المطلوب، لذلك وجد العاملون على تطور رياض الأطفال في الكويت طريقة أفضل لتقديم المهارات وتجزئتها إلى مفاهيم وصياغتها.(فرماوي والمجادي، ص 216،1999).

وقد عملت رياض الأطفال بإشراف وزارة التربية على صياغة المناهج والسياسات بما يلبي هذه المتطلبات، حتى غدت فعلا أحد أهم أدوات المجتمع الكويتي في بناء ثقافة الأطفال في الكويت مواطنين ومقيمين.

- خلاصة الفصل

وفي هذا الفصل نتناول الإرهاصات الأولى لأدب الأطفال ومصادره الأولى المتمثلة بالترجمة، والاقتباس عن التراث العربي والتراث الأجنبي، والتأليف. وقد ارتأينا أن تكون عبر العناوين التالية:

- الإرهاصات الأولى لأدب الأطفال العربي
- مصادر أدب الأطفال العربي.
- الترجمة عن الآداب الأجنبية.
- الاقتباس من التراث العربي.
- الاقتباس من التراث العربي.
- تأليف الأدب للأطفال العرب.
- تأثر أدب الأطفال في العالم بالأدب العربي.

واضعين أمثلة عن الأشكال المختلفة وأعلامها وروادها.

وقد ارتئينا أن نضع بعجالة النموذج الكويتي لتأسيس رياض الأطفال وفلسفته لتعبر عن القيم والمبادئ التي يجب أن يكتسبها الأطفال في مرحلة ما قبل المدرسة.

# الفصل الرابع عشر
# أدب الأطفال
# في دولة الإمارات العربية المتحدة

- مقدمة

خطّت دولة الإمارات العربية منذ قيامها عبر المؤسسات والأندية ومراكز الطفولة والوسائل التثقيفية والتعليمية مستثمرة الوسائل الإعلامية من صحف ومجلات سياسة تعنى بالطفولة من كافة جوانبها وأولت رعاية الطفولة وتنمية مواهبها لصقل مواهب الأطفال والرقي بعقولهم عناية فائقة، ولا نغالي إذا قلنا أنها كانت هاجسا للقيادة السياسة في كل مجالات الحياة في الدولة الفتية.

فقد تعددت الأنشطة الثقافية من برامج إذاعية وتلفزيونية ومهرجانات على طول البلاد وعرضها، وسخرت الكثير من الإمكانيات للنهوض بالطفولة وسلامة نموها البني والعقلي والحضاري.

لقد تميزت التجربة الإماراتية عن غيرها في مجال ثقافة الأطفال وأدبهم بأنها استفادت من التنوع الثقافي والحضاري للمقيمين في الدولة، وتعاملت القيادة السياسية ومن خلفها التربوية والثقافية مع هذا التنوع بروعة الحديقة وجمال تنوع أزهارها، فأنتجت الحياة الثقافية باقة من أدب الأطفال مسحرة بجمالها، خلابة بتنوعها.

313

إن الانفتاح على الشعوب والأمم الأخرى عبر الاتصال الحضاري دورا مهما في تنوع وسائل التثقيف الخاصة بالأطفال في الإمارات، فسعت الدولة وحثت مواطنيها والمقيمين فيها إلى تبني شعار رعاية الطفل وإعداده ليكون مؤهلا لصناعة مستقبل حضاري مشع حتى غدا منارة يحتذى بها.

## - مؤسسات ومراكز رعاية الطفولة في الإمارات:

**أولا: دور الحضانة:**

تمشيا مع التطور المتسارع للحياة الاقتصادية والاجتماعية في الدولة الحديثة، وسيرا على خطى الشعوب المتقدمة حضاريا تأسست في طول البلاد وعرضها مؤسسات للرعاية يتلقى فيها الطفل الرعاية والعناية من قبل أخصائيين مؤهلين برعاية الطفل العديد من الجوانب التي تسهم في بناء شخصيته وتأهيله لممارسة حياته والتحضير للمستقبل.

وقد سعت الدولة من خلال الأنظمة والقوانين الخاصة بإنشاء هذه المؤسسات وعبر الرقابة الدائمة والدعم الموصول إلى أن يحظى الطفل بالعناية والرعاية اللازمة لتحقيق الأهداف التربوية ومن أهمها:

أ- حصول الطفل على تنمية شاملة مع مراعاة الفروق الفردية من حيث القدرات.

ب- الاستجابة لحاجات الطفل النمائية حتى يتمكن من تحقيق ذاته عبر بناء الشخصية السوية المستقلة المنسجمة مع متطلبات المجتمع وأمانيه وتعويده على الاعتماد على نفسه.

ج- توليد وتنمية روح الابتكار لدى الطفل.
د- بناء شخصية الطفل وفق المبادئ الإسلامية السامية.

وقد سعت وشكلت فعلا شراكة مع الأسرة في رعاية الطفل في سنواته الأولى من حياته، وقد وفرت الدولة كافة التسهيلات والإمكانيات لنجاح هذه المؤسسات في أداء وظائفها والقيام بواجباتها خير قيام.

**ثانيا: رياض الأطفال:**

تنمية للرعاية المجتمعية واستكملا لما بدأته دور الحضانة تأسست رياض الأطفال كمؤسسات تربوية تهدف إلى رفع جاهزية الطفل لاستقبال المدرسة النظامية عبر رعاية ميوله وممارسة نشاطاته المتفقة مع قدراته الخاصة، وقد ضمت هذه الرياض الأطفال بين 3-5 سنوات.

وقد شرعت الأنظمة والقوانين التي تحكم عمل هذه الرياض من حيث جاهزيتها الفنية من حيث الأبنية والمستلزمات إلى العاملين المؤهلين لتحمل هذه المسئولية تحت رعاية ومتابعة الدولة الدائم والمستمر.

وقد حرصت المؤسسة التربوية أن تقوم رياض الأطفال بمهماتها الثقافية والحضارية تعزيزا لمجموعة من الأهداف المجتمعية لعل أهمها:

أ- توليد وتنمية القيم والمبادئ التربوية الإسلامية والإنسانية لدى الأطفال.
ب- تعزيز العلاقة بين الأطفال ومعلميهم.

ج- اكتشاف المظاهر السلوك السلبية لدى الأطفال مثل الانطواء أو الإفراط في الحركة ومعالجتها بطرق تربوية علمية.

د- المساهمة في بناء شخصية الطفل ونموه جسديا ونفسيا.

**ثالثا: المؤسسات الثقافية:**

تأسست في الدولة مجموعة من المكتبات العامة التي خصصت أقساما للأطفال وحوت الكتب والوسائل التعليمية والتربوية التي تنمي الطفل حركيا ونفسيا وانفعاليا بطريقة سليمة، ومن هذه المؤسسات:

أ- المجمع الثقافي في أبو ظبي.

ب- مكتبة الشارقة العامة.

ج- المكتبة العامة في دبي.

وقد تأسست في الإمارات مجموعة من الصحف والمجلات التي خصصت للأطفال من أهمها:

1- مجلة ماجد: وهي أسبوعية تصدر عن مؤسسة الاتحاد للصحافة والنشر.

2- مجلة أطفال اليوم: وتصدر عن المؤسسة العربية للصحافة والإعلام.

## - ضروب أدب الأطفال في الإمارات:

من الصعب تتبع أكال أدب الأطفال في دولة الإمارات العربية المتحدة بمعزل عن بقية دول الخليج العربي التي كانت تشهد حراكا اجتماعيا من حيث التداخل والاندماج في كثير من جوانبها، حيث تشير المصادر التاريخية

أن التداخل الاجتماعي بين قبائل المنطقة تجعل من الصعب أن نسمي قبيلة أو عشيرة ليس لها امتداد في باقي المناطق، ومن هنا آثرنا الحديث عن الأشكال الفنية لأدب الأطفال في العصر الحديث فقط ليس لعدم وجود القديم ولكن المجال لا يتسع لتتبع الأشكال الأدبية في المنطقة كاملة.

## أولا: الشعـــر:

كغيره من صنوف أدب الأطفال في العالم عموما وفي المنطقة العربية والخليجية خصوصا، ومن أكثر ضروب الشعر انتشارا بين الشعوب والأمم كانت الأناشيد الخاصة بالأطفال، والتي هي عبارة عن كلام ذو جرس موسيقي، وهي منظومات لها إيقاعها الخاص. وتنسجم هذه الأناشيد مع الطفولة حيث أنها ترانيم راقصة ومطربة للطفل ودافعة للحركة.

**ومن الأشعار والأناشيد الشائعة:**

## أ- أغاني المهـــد:

منذ الأسابيع الأولى من حياة الطفل تترنم الأم بكلمات لحنية تعبر فيها عن سرورها بمولودها ومداعبة له بكلمات عذبة، وليس لأحد أن ينسب أي من هذه الأشعار والأناشيد لشاعر بعينه، حيث أنها الموروث الثقافي للمجتمع عبر اتصاله الحضاري مع الثقافات الأخرى.

وتعكس هذه الأشعار ثقافة المجتمع وقيمه وهكذا كان الحال في الإمارات العربية المتحدة، حيث تزخر كتب التراث الإماراتي والذاكرة

الشعبية بأناشيد وأغنيات المهد وتتميز كغيرها من أغاني المهد بأنها باللهجة العامية أو المحكية.

نبدأ أغنية المهد الإماراتية كما هي حال الخليجية والعربية عامة بالعبارات المفخمة الجميلة التي تعبر عن التوحيد والإيمان كقول الأم: "لا إله إلا الله، محمد رسول الله، مكة مدينة بيت الله...الخ"

وكما ذكر عبد التواب إسماعيل (1998) "أن الأطفال إيقاعيين بالفطرة، فهم ينامون على أغاني أمهاتهم".

**ب- أناشيد الألعاب:**

أدركت الأم بالخبرة والموروث أن التعليم والتربية عن طريق اللعب هي الأكثر ملاءمة للأطفال في السن المبكرة، إذ يساعد الأطفال على التركيز والملاحظة، ومن المعروف أن الطفل يميل إلى اللعب بكافة أشكاله وطرقه، ومن خلال اللعب يظهر الشعر الغنائي المرافق للعب، فيردد الأطفال بتلقائية شديدة كلمات قد لا يعون معانيها ومدلولاتها جيدا، وهذا الغناء والنشيد يرافق حماس اللعب وحركته وكما أشار عبد التواب (1998) أن هذه الأغاني والأناشيد تسهم في نمو الطفل العقلي والثقافي والنفسي والاجتماعي والأخلاقي.

وهذا النوع من الشعر موجود في البيئة الإماراتية، حيث ترافق كل لعبة من اللعاب أنشودة خاصة به، وتغنى في العادة باللهجة العامية، مع ملاحظة أن التطور الاقتصادي أوجد ثقافات مختلفة بفعل تواجد المقيمين من كافة

أرجاء الدنيا، فظهر هذا واضحا جليا في الأناشيد التي يرددها الأطفال أثناء لعبهم، وتذكر ليلى البلوشي (2007) في كتابها أدب الطفل في دولة الإمارات أن الأطفال ينشدون أثناء لعبة الأصابع أنشودة مرحة تقول في جزء منها:

| | |
|---|---|
| أنا سندباد بلادي | هي بغدادي |
| أختي ياسمينة | فتاة جميلة |
| صديقي علي بابا | رئيس العصابة |
| فتحت كتاب الدين | ورأيت علاء الدين |
| طعن بالسكين | تنين تنين |

**ج- أناشيد الروضة**

يذكر الدكتور الريماوي (1997) أن الطفل يستطيع استرجاع المعلومات من الذاكرة القصيرة، والتطور يجري على قدرته على استرجاع لمعلومات من الذاكرة الطويلة مع النمو، ومن هنا تنصح الدراسات الحديثة إنماء ذاكرة الطفل في هذه المرحلة بالمعلومات الهامة والضرورية، وتقع الأشعار ضمن المعلومات التي يرغبها الطفل وبالتالي تكون رغبته أعلى في الحفظ والتخزين.

وتتميز أناشيد الروضة أنها تحمل قيما ومعلومات وهي بهذا تعد شعرا تعليميا للأطفال، وقد أبدع الشاعر راشد العيسى قصائد تعليمية جميلة تحض على تمثل الآداب والأخلاق التي يحتاجها الطفل في دناياه وآخرته، وقد

استخدم كلمات وعبارات سهلة ومفهومة للطفل، وقد أوردت البلوشي نماذج جميلة قيمة من أشعره مثل:

لا آكل .. وأنا شبعان

لا أشرب.. وأنا تعبان

أجلس بهدوء ونظام

ومقاطع أخرى تحض الأطفال تحببهم برسول الله صلى الله عليه وسلم حيث قال:

نبينا عظيم .. وسيد كريم

من أسرة شريفة .. وسادة كرام

و الله قد أمر .. محمد خير البشر

ومن القصائد التعليمية أوردت البلوشي للشاعر راشد العيسى مقاطع من قصيدة عدوا معي:

قال الأول للثاني .. أنا لا أهمل أسناني

قال الثالث للرابع .. أنا لا ألعب في الشارع

والخامس قال الملعب .. ما أوسعه كي نلعب

والسادس يرسم قلما .. والسابع يعمل عملا

## د- المحفوظات التعليمية

دأبت وزارة التربية في دولة الإمارات على تضمين المناهج التعليمية في مختلف المراحل التعليمية قطعا أدبية من مختلف ضروب الأدب من القصة

والمسرح والشعر العمودي والتقليدي، وكانت الاختيارات في غالب الأحيان موفقة حيث تلبي الأهداف التربوية والتعليمية لكل فئة عمرية.

وكما نقلت ليلى البلوشي (2007) عن محمد راشد الزعابي بقوله "التجارب التي يقدمها الكتاب للصغار هي مهم في ذاتها فهي تكون مسارا للطفل يسير فيه دون إعمال الفكر إلا بعد مرحلة متقدمة من حياة ذلك الطفل، لهذا فالمطلوب من الكتاب أن يختاروا التجربة الصادقة لما فيها من جوانب التوجيه السليم".

وقد كان لثلة من الكتاب مقطوعات شعرية جميلة تتمثل وجهة النظر هذه، ونذكر منهم على سبيل المثال لا الحصر- يوسف أبو صبيح وعارف الشيخ الذي قدم مقطوعة جميلة تحمل نموذجا بعنوان هيا اصدقوا:

| | |
|---|---|
| أنا مسلم لا أكذب | الصدق فرض واجب |
| الصدق مفتاح الهدى | وإلى الإله يقرب |
| هيا اصدقوا يا أخوتي | هيا اصدقوا لا تكذبوا |

وبدعم وتشجيع كبيرين من مؤسسات الدولة والمؤسسات الأهلية أبدع الشعراء من مواطنين ومقيمين أعمالا أدبية للأطفال وقد تميز الجو الثقافي في الدولة باحتضان الأعمال والنتاج الأدبي للمواطنين والمقيمين على حد سواء مع الاستفادة من النتاج الأدبي العربي، وللمتابع أو المراجع للمناهج التعليمية في الإمارات أن يجد عدة مجالات أو اهتمامات لأدب الأطفال.

**ثانيا: القصــــة:**

للقصة مكانة مميزة مقارنة مع الفنون الأدبية المختلفة في حياة الطفل أثناء مراحله العمرية المختلفة، وهي كما عرفها أبو معال (2001) أنها الأحداث التي يرويها الكاتب، وقد تتناول حدثا أو أكثر جرت لشخص أو أكثر.

ومن المعروف والموروث أيضا أن للقصة تأثير كبير على السلوك لدى الأطفال، وتشترك مع الفنون الأدبية الأخرى بالأهداف والغاية منها، فهي تقدم السلوك المرغوب أو تحذر من المرفوض، إلى جانب التسلية والمعلومات والثقافات المختلفة. وفي كل سياقاتها تقدم خدمة تربوية يرغبها الكبار أن تصل للصغار. وهـي إلى جانـب ذلـك تقـدم خدمـة بالغة الأهمية في يناء الثروة اللغوية والثقافية للإنسان كبيرا أة صغيرا ويتعاظم هذا الدور لدى الأطفال.

والقصة بعناصرها الفنية المختلفة في حبكتها القصصية والفكرة التي تطرحها مـن خلال شخصياتها أي أبطالها تقـدمهم بأسـلوب خـاص عـبر السـرد القصصي- والحـوار بـين الشخوص، وتجري في زمان معلوم أو مجهول فهي جميعا تشـترك في نمـاذج نحصرها في الأشكال الفنية التالية:

1- **الحكاية:** وهي سرد لأحداث قـد تكـون حقيقيـة أو متخيلـة جـرت لأشخاص مـن شعب من الشعوب، وأبرز ما يميزها أنها في الغالب شفهية. وقد قدم مجموعة من الأدباء هذا النموذج بطريقة راقية، وإن كانت مستمدة من التراث الشـفهي، فقـد قدم حسن المرزوقي قصته "أم الدويس" بحرفية وإبداع.

2- **قصص الحيوان والطير:** وهي كتلك التي تتوارثها الأجيال لـدى مختلـف الشـعوب، وهي تروي العلاقة الحميمة التي تربط الإنسان بالحيوان ، أو تلك التي تروى على لسان حيوانات أو طيور ولكن سلوك هذه الحيوانات وحواراتها هي إنسانية، فهـي تقدم الحكمة والتجربة والقيم الأخلاقية، وأهم ما يميزها أنها توسع الخيـال وتـدم المعلومة والخبرة المطلوب تقـديمها للطفـل، وقـد تناولنـا هـذه الـنماذج في فصـول الكتاب، ولعل قصة "العصفور الذكي" لرمضان عبـد الهـادي نموذجـا أنيقـا وجمـيلا ونموذجا لقصص الأطفال في الإمارات.

3- **قصص الخيال:** يقوم هذا اللون الأدبي على أحداث متخيلة جرت لأشخاص حقيقيين أو وهميين، وفي الغالب يون لشخصيات هـذه القصـص قـدرات اسـتثنائية خارجـة عن المألوف، وفي كثير من الأحيان تكـون أشـكال أبطالهـا غـير موجـودة في الواقـع، وتعتمد هذه القصة على خيال كاتبها الخاص، وقد درجت لدى مختلـف الشـعوب قصص الخيال وخصوصا كتب الخيال العلمي.

4- **القصص التاريخية:** وهي تلـك القصـص التـي بـين فـن القصـة والتـاريخ، وتتنـاول أحداثا جرت في الماضي، من خلال أبطال الحروب والمعارك أو القـادة أو شخصـيات بارزة، ويمزج هذا اللون الأدبي بين الحروب والحب والكراهية والشجاعة والإقدام.

وهذا اللون الأدبي مهم للأطفال في مراحلهم العمرية المختلفة، وفي كثير من تلك القصص يرافق الحوار صور ملونة لتزيد من تفاعل الطفل مع الحدث أو الشخصية. وتبدأ عادة بعبارات شبة ثابتة مثل "كان ياما كان"، أو "في يوم من الأيام" أو ما شاكلها من العبارات الافتتاحية للقصة.

5- **قصص المغامرات:** هذا اللون الأدبي قريب إلى نفسية الطفل وحبه للأحداث أو الشخصيات الجريئة والمغامرة، ويعيش من خلالها أجواء المغامرة وقد يتقمص شخصية من شخصيات القصة أو الرواية ويعيش معها، ومن القصص الجميلة أبدعت جورية الحاجة قصة جميلة بعنوان "عاشق البحر" نالت جائزة فاطمة بنت هزاع لقصة الطفل العربي. (البلوشي 2007)

6- **القصص الدينية:** هي القصص التي تحض على الإيمان والتحلي بالقيم الدينية، وتعرف بالدين من جوانبه المختلفة، وتقدم هذه القيم عبر أسلوب شيق قريب إلى قلب الطفل فيكون من السهل أن يتمثلها ويقتنع بها. وللمتصفح الكتب المدرسية في مختلف المراحل وخصوصا الروضة والسنوات الأربع الأولى يجد هذا النمط من القصص في أكثر من منهاج منها اللغة العربية والتربية الإسلامية والتربية الوطنية وغيرها، وهذا الاتساع يعود إلى أن هذا اللون يقدم الدين وتعاليمه بطريقة مفيدة،

ومثال هذا قصة "المؤمن لا يغش" في كتاب منهاج الصف الأول الابتدائي.

7- **قصص الفكاهة والتسلية:** الطفل بطبعه مرح يميل إلى الضحك والفكاهة، ونجد الأطفال يحبون قصص النكات والمقالب فهي تثير لديهم الفرحة والسرور، ويتخذ هذا النوع من الهزل وسيلة لتوصيل المعلومات أو القيم التي يرغب الكتب لإيصالها للطفل، وقد اشتهر في التاريخ العربي كثير من القصص التي اتخذت من شخصية جحا أو أشعب طريقا لتقديم الفائدة والتسلية للطفل.

## ثالثا: المقـــال:

يتلازم المقال مع وسائل الإعلام المختلفة، وقد نما وتطور المقال عالميا ومحليا بشكل كبير، ويعود ذلك إلى توفر وسائل الإعلام وتطورها وتطور الفنون الأدبية وعلى رأسها لمقال.

ولا يختلف المقال عند الصغار عنه عند الكبار، وبطبيعته الفنية فإن المقال خفيف على نفس الطفل فنجده يقبل عليه وهذا ينمي لدى الطفل دقة الملاحظة من جانب ويرتفع بالملكات اللغوية والمعرفية لدى الطفل.

وقد حرصت مجلات الكبار كما فعلت مجلات الأطفال على نشر المقالات التي تقدم للطفل القيم المختلفة التي يرغبها المجتمع، وللمراقب أو المتابع أن يجد العديد من المقالات التي نشرت في صحف الإمارات المختلفة

- مجالات أدب الأطفال

- المجال الديني:

بطبيعة المجتمع الإماراتي والعربي عموما يحتل مجال التربية الدينية حيـزا مهـما لدى الأسرة والمجتمع على حد سواء، ومن هنا لا نكاد نجد أديبا كتب للأطفال إلا وكان الاهتمام بالتربية الدينية محط اهتمام خاص واستثنائي.

ويمكننا القول أن كتب المنـاهج المدرسـية تتضـمن في كـل مراحلها أشـعارا دينيـة تعلم الأطفال قيما وسلوكيات دينية إسلامية، وقـد كـان للمبدع الشاعر عارف الشيخ النصيب الوافر من المقطوعات التي تقدم في المراحل التعليمية المختلفة.

ففي منهاج الأول الابتدائي نجد له مقطوعة جميلة بعنوان "النظافة" قال فيها:

**تنظفوا تنظفوا يا أمة القرآن**

**فديننا يدعو إلى نظافة الأبدان**

**تنظفوا في الملبس في المكان**

**نظافة الإنسان علامة الإيمان**

وكذلك هناك العديد من القصص مثل قصـة "المـؤمن لا يغـش" التـي ضـمنت في كتاب الأول الابتدائي، وهذا ليس ببعيد عن المقال الذي يحظى

بانتشار كبير ومتابعة جيدة وقد قدمت مجلة ماجد مئات المقالات إن لم نقل الآلاف التي عالجت الجانب الديني.

- المجال الوطني

وحرصا على بناء المواطنة الصادقة، وترجمة لمكانة الوطن في النفوس، وتحقيقا للانتماء الوطني، دأبت المناهج التعليمية على غرس قيم الانتماء والولاء الوطني في نفوس الطلبة، وجعلت حب الوطن والإخلاص في خدمته قيمة تنمو مع الأطفال استعدادا ليكونوا بناة وحماة للوطن في المستقبل، وللحق نجد أن المناهج التعليمية في دولة الإمارات في ظل حرصها الشديد على هذه المسألة كانت بعيدة عن التعصب، وبذلت جهودا مهمة في جعل الانتماء الوطني منسجما وأرضية للانتماء القومي والإنساني.

صحيح أننا لسنا يصدد رصد الأعمال الأدبية وخصوصا الشعرية في هذا المجال إلا أننا نجد أعمال الشاعر أحمد الحمادي والشاعر عارف الشيخ علامة بارزة في هذا الإطار. ومن القصص الجميلة "شمس الاتحاد" للكاتبة فاطمة خلفان.

- المجال التعليمي

على خطى الأدب العالمي والعربي فقد كان أدب الأطفال في الإمارات مهتما إلى حد كبير بأن تحمل الأعمال الأدبية وخصوصا الشعرية كونها الأقرب إلى الطفل معلومات علمية مختلفة، وقد كانت الشاعرة هالة معتوق من المجيدين في هذا المضمار، وبإصدار مجموعتها الشعرية عبرت عن انطلاق

أدب الأطفال في الإمارات، وليس خلفها بل إلى جانبها الشاعرة رهف المبارك لتقدم لنا نموذجا جميلا للشعر التعليمي، ففي قصيدة "درس في المختبر" من ديوانها "أوتار الشمس" كتبت:

**كان سعيد في المختبر**
**هبت ريح.. غلق الباب**
**هب سعيد يدفع .. يدفع**

وقد قدمت الشاعرة حليمة عيسى منظمة شعرية مهمة عندما كتبت:

| | |
|---|---|
| **نحن طلاب المدارس** | **جميعنا للعلم حارس** |
| **قد غدونا للمعاني** | **مثل أسراب النوارس** |
| **مضينا في ثياب** | **دون يأس أو تقاعس** |
| **نملأ الأفق ابتساما** | **ليس فينا أي عابس** |

- المجال الاجتماعي:

عنيت المؤسسات الثقافية والتعليمية في الدولة بالأدب الذي يعالج القضايا الاجتماعية سواء بالشعر أو القصة أو المقال أو المسرح، واحتل هذا الجانب حيز الصدارة في المعالجات الأدبية التي قدمت في المناهج التربوية أو المجموعات الشعرية والقصصية، ومن الملفت للاهتمام أن الغالبية من هذه الأعمال وجدت رعاية ودعم من المؤسسات الرسمية والأهلية، ويلاحظ أن

المجموعات الشعرية التي خاطبت الأطفال لا تخل أي منها من القصائد الاجتماعية الهادفة تربويا من الناحية التعليمية والوطنية.

- المجال الترفيهي:

سعت المؤسسات الثقافية والتربوية في الإمارات العربية المتحدة على دعم ورعاية الأعمال الأدبية الترفيهية التي تهدف إلى التسلية وتمضية الوقت، إدراكا منها لأهمية أن تكون تمضية أوقات الفراغ والترفيه للأطفال من خلال الثقافة والأدب على اختلاف ضروبه، فلا يكاد يمضي أسبوع أو يوم إلا ونجد في الأسواق قصة أو مجموعة شعرية أو مسرحية تحمل في طياتها الترفيه عن الأطفال وإشغال وقتهم بالفائدة، ونستطيع القول أن كافة الإصدارات الثقافية التي تهتم بكل المجالات تندرج تحت الترفيه والتسلية وليس شرطا ما هو سائد لدى البعض أن الترفيه يعني الفكاهة والهزل.

- خاتمـــة

رغم ما أنجز على صعيد التنوع والانتشار لأدب الأطفال في الإمارات نجد إننا ما زلنا في بداية الطريق، وأن الساحة الأدبية تحتاج إلى أضعاف ما أنتج خلال العقود الماضية، ومن الملاحظ أن كما ليس قليلا من الأدب المنتج في دولة الإمارات وخصوصا الموجه للطفل ينتج عن طريق المقيمين وليس مواطني الدولة. من هنا نعتقد أن المخططين التربويين عليهم أن يعتنوا بتطوير وتوجيه ملكات الأطفال نحو الإبداع الفني والأدبي، وإقامة الورش الأدبية التي تعلم الأطفال فنون الكتابة.

# قائمة المراجع

1- المراجع العربية

1- أحمد أمين، وزكي نجيب محمود، قصة الفلسفة اليونانية، مكتبة مدبولي، مصر، 2003م.

2- د. إبراهيم ابوعمشة، الثقافة والتغير الاجتماعي، دار النهضة العربية، مصر، 1999م.

3- د.أحمد الهولي، د.طلال المسعد، الأسلوب المطور الملائـم في ريـاض الأطفـال بـين النظرية والتطبيق، مكتبة الطالب الجامعي، الكويت(2002).

4- بشير شريف، ثقافة إدارة التغيير، دار المدى للنشر، الأردن، 2004م.

5- أ.د جمال الخطيب، السلوك الإنساني، مكتبة الفلاح، الكويت، 2003م.

6- أ.د حامد عبد السلام زهران، علم نفس النمو( الطفولة والمراهقة)، عالم الكتب، السـعودية، 1990م.

7- د. خليل صابات، وسائل الاتصال (نشأتها وتطورها)، مكتبة الانجلو مصرية، مصر، 1979م.

8- د. خليل إبراهيم، الأدب العربي الحديث، الدار المصرية اللبنانية للنشر، مصر، 1981م.

9- أ.د. داوود سلوم، الدراسات المقارنة التطبيقية، الأكاديمية للنشر، الأردن، 2001م.

10- أ.د. سليمان صالح، الاتصال الجماهيري، مكتبة الفلاح، الكويت ، 2001م.

11- د. شاكر المحاميد، **علم النفس الاجتماعي**، مركز يزيد للنشر، الأردن 2003

12- أ.د شفيق علاونة، **علم النفس التطوري**، دار الميسرة، الاردن، 2008م.

13- د. صلاح الدين أحمد الجماعي، **تأثير برامج الاطفال التلفزيونية على تلاميذ المرحلة الأساسية**، بحث محكم، جامعة صنعاء، اليمن، 2005م.

14- د.عصام منصور، **الفكر التربوي المعاصر والبراجماتية**، دار الخليج للنشر، الاردن، 2009م.

15- أ.د. عبد الفتاح أبو معال، **أدب الأطفال**، دار الشروق للنشر، الأردن، 1995م.

16- عيسى محمود الحسن، **الصحافة المتخصصة**، دار زهران للنشر، الأردن 2009م.

17- د. عبد الواحد وافي، **اللعب والمحاكاة وأثرها في حياة الأنسان**، دار النهضة، مصر، 1998م.

18- د. عطا الله الرمحين، **الاعلام الجماهيري في حياة المجتمع**، دار حنين للنشر- سوريا 1996م.

19- فوزية يوسف العبدالغفور، **التربية ماقبل المدرسية وتطورها في كلية التربية الأساسية**، الكويت(1995).

20- فاطمة نذر، غازي العنيزان،أحمد معصومة، عبدالله إسماعيل ، ورقة عمل(**رؤية مستقبلية للنظام التربوي في دولة الكويت**)، المؤتمر الوطني لتطوير التعليم العام في دولـــة الكويت، (2002)الكويت.

21- أ.د. كمال الدسوقي، **النمو التربوي للطفل والمراهق**، دار عويدات للنشر، لبنان،2001م.

22- د. محمد فرماوي، د.حياة المجادي، ، مناهج وبرامج وطـرق تـدريس ريـاض الأطفـال وتطبيقاته العلمية، مكتبـة الفلاح، الكويت (1999).

23- د. المعتصم بالله الجوارنة، د. ديمـة وصـوص، التربيـة وإدارة التغيـير، دار الخلـيج، الأردن، 2008م.

24- أ.د. محمود علم الدين، أ.د. ليلى عبد المجيد، فن التحرير الصحفي، الدار العربيـة للنشر، مصر، 2009م.

25- د. محمود أدهم، الأسس الفنية للتحرير الصحفي، الدار العربية للنشر، مصر 1984م.

26- د. محمد معـوض، اعـلام الطفـل، دراسـات حـول صـحف الاطفـال واذاعـتهم وبـرامجهم التلفزيونية، دار الكتاب الحديث، الكويت، 1994م.

27- هدى محمد القناوي، سيلكوجية النمو، دار قباء، مصر، 2002م.

28- وزارة التربية الكويتية ،دليل المعلمة للخبرات التربوية، (2002) الكويت.

2- المراجع الأجنبية

1- Gillian Avery, Children's Patten: A study of Heroes and Heroines of Children's Fiction 1770-1950 London, Hodder and Stoughton, 1970.

2- Jean Piaget, The child and Reality, Penguin Book 9$^{th}$ . 1973.

3- Ray Brown, Children and Television, Collier Macmillan 1970.

4- John Rowe Townsend, Written for Children Penguin Book 1977.

Printed in the United States
By Bookmasters